AF188560

Markus Stubbig
Der OpenSwitch-Praktiker

Markus Stubbig

Der OpenSwitch-Praktiker

Datacenter-Switching mit Linux

Bibliografische Information der Deutschen Nationalbibliothek
Die Deutsche Nationalbibliothek verzeichnet diese Publikation in der
Deutschen Nationalbibliografie; detaillierte bibliografische Daten sind im
Internet über http://dnb.dnb.de abrufbar.

© 2019 Markus Stubbig
Herstellung und Verlag: BoD – Books on Demand, Norderstedt

1. Auflage 2019
ISBN: 978-3-7504-2128-8

Inhaltsverzeichnis

Vorwort

Ein Open-Source-Betriebssystem für Switches? Wofür? Jeder Switch hat doch bereits ein Betriebssystem. In der Welt der Netzwerker scheint jeder Hersteller sein eigenes *Network-OS* zu kochen. Das Spektrum der Ergebnisse reicht von vielseitig über kurzlebig, verwaist bis zu stabil und weltbekannt. Manche Distributionen beginnen als Fork und enden nur Monate später.

Was ist also so toll an OpenSwitch? Es ist ein reguläres Linux, in dem sich die Entwickler und Administratoren austoben dürfen. Alles ist erlaubt und machbar. Damit lassen sich die Netzwerke im Rechenzentrum individuell zusammensetzen. Kurz: OpenSwitch ist der Maßanzug für das moderne Netzwerk.

Auf der anderen Seite ist OpenSwitch ein *Bring your own Device* für Netzwerkswitches. Hersteller-OS runter und OpenSwitch drauf. Letztendlich ist ein Switch auch nur ein kleiner Server mit erstaunlich vielen Netzadaptern.

Die Entwickler, Partner und Sponsoren fördern das Projekt mit Ideen, Weitsicht, Programmcode und Anleitungen. Das OpenSwitch-Team produziert keine Hardware, sondern arbeitet mit Netzwerkausrüstern zusammen. Damit der Deckel perfekt auf den Topf passt, erhält OpenSwitch Einblick in die Hardwarespezifikation. Mit diesen Infos kommen die ASICs so richtig in Fahrt und treiben die Durchsatzraten in die Höhe.

Das Konzept hat leider ein operatives Problem: Für Netzwerker ist OpenSwitch zu viel Linux, Konfigurationsdateien und Skripte. Für Linux-Admins ist OpenSwitch zu viel Netzwerkerei, Protokolle und Adressen.
Zum Glück schließt sich diese Lücke langsam durch Kompatibilitätstests, gute Dokumentation, Erfolgsrezepte und ein hervorragendes Buch.

Viel Spaß beim Ausprobieren, Staunen und Fluchen.

Übersicht

Teil 1, *Für Einsteiger*, beginnt mit einer Kurzeinweisung für Ungeduldige. An-schließend entsteht eine Netzwerk-Umgebung mit physikalischen Geräten oder auf einer virtuellen Plattform. Die Switches erhalten ihr Betriebssystem und eine erste Konfiguration. Danach gesellen sich die grundlegenden Funktionen Routing und IPv6 dazu.

In Teil 2, *Für Fortgeschrittene*, bekommen die Switches ernsthafte Aufgaben, die in jedem Netzwerk erfüllt sein müssen. Dabei zeigen die Switchports ihre Tricks bei VLANs, Trunks und ihre Flexibilität beim Bündeln von meh-reren Leitungen.

Teil 3, *Für Experten*, taucht in Enterprise-Themen ein und beleuchtet den Einsatz im Rechenzentrum. OpenSwitch prahlt mit seinen Fähigkeiten bei Lastverteilung, Ausfallschutz und dynamischem Routing, um die Infra-struktur fast unbesiegbar zu machen. Für tiefere Einsicht in die Masse der Datenverbindungen ist sFlow im Gepäck.

In Teil 4, *Für Praktiker*, macht OpenSwitch eine gute Figur beim Einsatz in großen Umgebungen durch unkomplizierte Installation und Änderung. Danach kommen die Server ans Netz: redundant und hochverfügbar.

Teil 5, *Für Trickser*, zeigt viele kleine Handgriffe, die die tägliche Arbeit mit OpenSwitch reibungsfreier gestalten. Und zuletzt kommt die Architektur von OpenSwitch unter die Lupe.

Ressourcen

`https://www.openswitch.net`
Die Homepage von OpenSwitch liefert einen guten Einstieg ins Thema und verlinkt zur Dokumentation, zu Anwendungen und zum Download-Bereich.

`https://github.com/open-switch`
Die Entwickler hosten den Programmcode bei GitHub, wo jeder Einblick in den Fortschritt hat und sich an den Quellen bedienen kann. Daneben gibt es viele Demo-Projekte und Beispiele zum selber bauen.

`https://chat.openswitch.net`
Im offiziellen Chat sind Anwender und Entwickler vertreten und bereit für Ideen, Diskussionen und Support aus der Community.

Schriftkonventionen

`Nichtproportionalschrift` zeigt die erzeugte Ausgabe eines Kommandos.

`Schreibmaschinenschrift` wird für Konfigurationen und Schlüsselwörter benutzt, die buchstabengetreu eingetippt werden müssen.

`Nichtproportionalschrift Fett` zeigt Befehle, die eine Ausgabe erwarten.

`Hervorhebungen` weisen auf besondere Wörter oder Zeilen innerhalb von Kommandos oder Bildschirmausgaben hin.

```
ein-sehr-langer-kommando-aufruf --mit --sehr \
  --vielen "Optionen"
```

Kommandos mit vielen Argumenten können länger als eine Zeile sein. Für die bessere Übersicht werden diese Kommandos mehrzeilig abgedruckt und um zwei Zeichen eingerückt. Am Ende jeder Zeile steht der Backslash als Hinweis darauf, dass es in der nächsten Zeile weitergeht.

Rechtliches

Warennamen und Bezeichnungen werden ohne Gewährleistung der freien Verwendbarkeit benutzt. Es ist davon auszugehen, dass viele der Warennamen gleichzeitig eingetragene Warenzeichen oder als solche zu betrachten sind.

Bei der Zusammenstellung von Texten, Bildern und Daten wurde mit größter Sorgfalt vorgegangen. Trotzdem können Fehler nicht vollständig ausgeschlossen werden. Der Autor lehnt daher jede juristische Verantwortung oder Haftung ab. Für Verbesserungsvorschläge und Hinweise auf Fehler ist der Verfasser dankbar.

Einleitung

OpenSwitch ist ein quelloffenes Netzwerk-Betriebssystem für Switches. Es basiert auf Debian GNU/Linux und vereint Techniken wie VXLAN, iptables, Kanalbündelung und Routing unter einer gewohnten Kommandozeile. OpenSwitch läuft auf physischer Hardware oder als virtuelle Maschine. Jeder Ausrüster von Netzwerkkomponenten hat ein eigenes Betriebssystem im Angebot. OpenSwitch verkauft keine Switches. Die Grundidee ist: ein Linux-Betriebssystem für viele Hardwareplattformen anzubieten. OpenSwitch ersetzt auf *anderen* Switches das Betriebssystem und kann dann loslegen.

In dieser Nische hat sich OpenSwitch einen Namen gemacht. Dort punktet es in den Bereichen Funktionalität und Erweiterbarkeit. OpenSwitch verbindet die Flexibilität von Linux mit den Anforderungen eines Datacenter-Switches bei minimaler Budgetanforderung.

OpenSwitch ist:

Unvollkommen.   Und das ist positiv gemeint. Es gibt noch genug Raum zum Wachsen. Auch die Implementierung von Features hinkt etwas hinterher: bei der Multi-Chassis-Kanalbündelung und beim Paketfilter bestehen Nachholbedarf.

Open Source.   OpenSwitch setzt auf Linux als Betriebssystem und stellt viele seiner Eigenentwicklungen offen auf GitHub zur Schau [1]. Aber der Vorteil einer quelloffenen Lösung ist nicht immer ihr Preis. Denn kostenlos ist Open-Source–Software nicht! Es fallen zwar keine Lizenzgebühren an, aber die Arbeitszeit der Netzwerk-Admins zum Einarbeiten in die Linux-Welt darf nicht unterschätzt werden.

15

OpenSwitch hält das Zusammenspiel mit dem Chipsatz der Switches unter dem Deckmantel des proprietären Codes. Und diese Geheimniskrämerei kommt vermutlich auf Wunsch der Hersteller, die alle Details ihrer Netzwerkprozessoren als Firmengeheimnis hüten.

Try before Buy. Wie bei Shareware-Programmen kann (und sollte) OpenSwitch vor dem Einsatz getestet werden, bevor irgendwelche Investitionen in die Infrastruktur beginnen. Und wer freut sich über einen eingeschränkten Funktionsumfang, eine Evaluierungslizenz oder einen 30-Tage-Zeitraum?

In diesem Zusammenhang steht *Try* für Ausprobieren mit Beispielszenarien und *Buy* für den Einsatz in der eigenen Umgebung.

Hardware-frei. OpenSwitch ist Software. Diese Software braucht eine Hardware. Die Antwort der Hardware-Frage liefert eine Kompatibilitätsliste aus etwa zwanzig Geräten verschiedener Hersteller und Leistungsklassen. In der Vergangenheit gab es viele limitierende Gründe, warum eine softwarebasierte Lösung für Netzwerkinfrastruktur nicht an die Leistung der physikalischen Geräte herankam. Der Hauptgrund war das suboptimale Zusammenspiel von Software und Treiber mit der darunterliegenden Hardware. Bei der immens großen Auswahl von Netzwerkkarten, Mainboards, Prozessoren und Memory ist es für eine Software schwierig auf jede Kombination der Komponenten optimal vorbereitet zu sein.

Heutzutage sind normale Server oder eingebettete Systeme überraschend performant, sodass auch eine nicht-optimierte Software Bandbreiten jenseits von Gigabit durchbrechen kann.

Linux. Unter OpenSwitch läuft ein unveränderter Linux-Kernel. Der Zugriff aufs Betriebssystem ist nicht gesperrt. Über das Konsolenmenü oder eine SSH-Verbindung und einem einfachen `sudo bash` liegt der Zugang offen.

Das bringt Möglichkeiten zum Anpassen, Verbessern und Nachinstallieren von Tools. Dagegen steht die Gefahr, dass die eigene Änderung ungewollte Instabilität mitbringt.

Best Of. OpenSwitch erfindet an vielen Stellen das Rad nicht neu und bedient sich für seine Features an den vertrauten Linux-Diensten, die nach Jahren der Entwicklung eine hohe Stabilität erreicht haben. Die Implementierung der Routingprotokolle stammt von FRRouting, der SSH-Server gehört zu OpenSSH und beim Logging helfen Syslog und Journald. Diebstahl? Keineswegs! Eher ein Nachweis, dass Open Source funktioniert. Solange Lizenzbedingungen eingehalten werden, darf Fremdsoftware beigemischt werden. Gerade im Security-Umfeld ist es höchst erwünscht, dass Anwendungsentwickler keine eigenen Implementierungen stricken, sondern sich an den freien und stabilen Bibliotheken bedienen.

White-Box–Switches

Ohne Hardware kann auch OpenSwitch nichts ausrichten. Was im Serverumfeld gängige Praxis ist, erscheint in der Netzwelt skurril: Denn *White-Box–Switches*, oder *Bare-Metal–Switches*, sind Netzwerkgeräte *ohne* Betriebssystem. Damit ist nicht gemeint, dass das Betriebssystem vergessen wurde. Vielmehr hat der Kunde die freie Wahl und kann sich sein Wunschmodell so zusammenstellen, dass es in die Infrastruktur von Rechenzentrum, Monitoring, Verwaltung und Automatisierung passt.
Diese Entkopplung von Hard- und Software hat auf beiden Seiten Vorteile. Egal welcher Hersteller von White-Box–Switches im Netzwerk mitspielt, das Betriebssystem sieht auf allen Boxen gleich aus. Das vereinfacht die Administration und den Lernaufwand, auch wenn die Architektur unterschiedlich ist.
Welches Betriebssystem darf es denn sein? Grundsätzlich läuft auf einem White-Box–Switch auch eine Distribution von Red Hat oder Ubuntu. Allerdings sind diese Anbieter nicht auf die Ausstattungen von Netzwerkswitches vorbereitet. OpenSwitch als Netzwerkbetriebssystem (*network operating system*, NOS) hat eine starke Ausrichtung auf Switchports, Buffer, SFPs, ASICs, CLI und die Überwachung von Temperatur und Lüfter.
Auf der Hardwareseite schonen White-Box–Switches das Budget. Diese Switches sind damit nicht billig, aber deutlich preisgünstiger als ein klassischer Switch von einem renommierten Netzwerkausrüster. Denn eine offene Preispolitik und das erklärte Ziel, die White-Box–Switches am Markt zu etablieren, bringen finanzielle Vorteile für die Käufer.

Geschichte

Die Historie von OpenSwitch ist noch relativ kurz. Es beginnt im Oktober 2015: HP stellt OpenSwitch als Community-Projekt vor. Das Ziel ist ein offenes Betriebssystem für Netzwerkswitches, das auf Datacenter-Switches von namhaften Herstellern operiert und erweiterbar ist. Die Software unterstützt Switches von Edgecore und HP. Intern heißt das Projekt „OPS".

Im Juni 2016 wechselt OpenSwitch zur Linux Foundation und wird damit Hersteller-neutral. Die Linux Foundation ist eine gemeinnützige Organisation mit den Zielen, Linux bekannter zu machen und Open-Source–Software zu fördern. Das Projekt heißt fortan intern „OPX". Seit dem Wechsel hält sich HP mit Entwicklung und Support zurück. Dell/EMC wird die treibende Kraft.

Die Entwicklung zieht sich hin, aber im Februar 2017 veröffentlicht die Linux Foundation ihr neues „OpenSwitch" und beginnt mit der Versionsnummer 2.0.

In den folgenden Jahren beschäftigt sich das OpenSwitch-Projekt mit Entwickeln und veröffentlicht in unregelmäßigen Abständen ihre Ergebnisse. Parallel dazu portieren die Entwickler ihre Software auf weitere Switches und vergrößern damit die Kompatibilitätsliste. Im September 2018 erreicht OpenSwitch die Version 3.0 und bringt mit diesem Meilenstein zahlreiche Features.

OpenSwitch hat zum Entwicklungsbeginn bei Versionsnummer 0.1.0 gestartet und ist bisher (2019) bei Version 3.2.0 angekommen. Für eine Webrecherche sind die Schlagwörter „openswitch -vswitch" am aussagestärksten.

Teil I

Für Einsteiger

Kapitel 1

Quickstart

Dieses Kapitel ist eine Kurzanleitung zum ersten Umgang mit OpenSwitch und gibt eine Übersicht der Version, Netzadapter und die Gesundheit der Hardware.

Was ist OpenSwitch?

OpenSwitch OPX ist ein Betriebssystem für Netzwerkswitches. Es basiert auf Debian Linux und bringt viele Erweiterungen mit, welche die Hardwarekomponenten korrekt ansteuern. Die verwendete Linux-Distribution ist weitgehend im Urzustand. Damit lässt sich ein Switch mit OpenSwitch ähnlich verwalten und konfigurieren wie ein Server – mal abgesehen von netzwerkspezifischen Einstellungen wie Fan-Out, ACLs oder Spanning-Tree.

Zugang

Ein OPX-kompatibler Switch hat stets einen seriellen Konsolenport, einen Switchport für Management und viele Switchports für Server oder Uplinks. Der serielle Zugang erfolgt über einen RJ45-Port mit RS232-Signalisierung. Ein handelsübliches Konsolenkabel und eine Terminalsoftware öffnen ein Konsolenfenster für das erste Login.
Der Managementadapter erwartet eine Ethernetverbindung und einen aktiven DHCP-Server. Sobald sich der Switch erfolgreich eine IP-Adresse geholt hat, darf die SSH-Software ein Login wagen.

In beiden Fällen meldet sich der Switch mit der Linux-typischen Begrüßung und einem Login-Prompt. Die Anmeldung mit dem Benutzernamen *admin* und Kennwort *admin* öffnet die Tore und präsentiert die Linux-Shell Bash. Wenn höhere Berechtigungen benötigt werden, wechselt `sudo bash` das Benutzerkonto und die Shell läuft anschließend als `root`-User. Abbildung 1.1 zeigt das SSH-Login auf den ersten Switch im Labornetz, das in den folgenden Kapiteln vorgestellt wird.

```
                              admin@OPX
  File  Edit  View  Search  Terminal  Help
 root@labsrv#
 root@labsrv# ssh admin@sw01
 admin@sw01's password:
 Linux sw01 4.9.110 #1 SMP Debian 4.9.110-3+deb9u4 x86_64

 The programs included with the Debian GNU/Linux system are free software;
 the exact distribution terms for each program are described in the
 individual files in /usr/share/doc/*/copyright.

 Debian GNU/Linux comes with ABSOLUTELY NO WARRANTY, to the extent
 permitted by applicable law.
 admin@OPX:~$
 admin@OPX:~$ opx-show-version
 OS_NAME="OPX"
 OS_VERSION="unstable"
 PLATFORM="S3048-ON"
 ARCHITECTURE="x86_64"
 INTERNAL_BUILD_ID="OpenSwitch blueprint for Dell 1.0.0"
 BUILD_VERSION="unstable.0-stretch"
 BUILD_DATE="2019-06-21T19:04:22+0000"
 INSTALL_DATE="2019-09-30T09:17:58+00:00"
 SYSTEM_UPTIME= 6 days, 22 hours, 48 minutes
 SYSTEM_STATE= running
 UPGRADED_PACKAGES=no
 ALTERED_PACKAGES=yes
 admin@OPX:~$ █
```

Abbildung 1.1: SSH-Login in einen OPX-Switch

IP-Adresse

Wenn sich der Switch keine IP-Adresse per DHCP beschaffen konnte, erledigt dies das `ip`-Kommando per seriellem Zugang. Die Syntax ist identisch mit jedem anderen Linux-Server, da es sich um dieselben Befehle handelt. Das folgende Beispiel vergibt dem Verwaltungszugang die IPv4-Adresse 10.5.1.1 und nutzt 10.5.1.250 als Gateway.

```
1   ip address add 10.5.1.1/24 dev eth0
2   ip route del default
3   ip route add default via 10.5.1.250
```

Bei passender Infrastruktur ist jetzt ein Login via SSH möglich. Der SSH-Dienst ist in OpenSwitch automatisch aktiv und benötigt keine Ersteinrichtung.

Übersicht

Der Switch begrüßt den eingeloggten Admin schlicht mit admin@OPX und wartet auf Befehle. Welche Switchports hat das Gerät und in welchem Gesamtzustand befindet sich das System?

Zuerst stellt sich der neue Switch vor und informiert über seinen Hersteller und die Modellbezeichnung:

```
admin@OPX:~$ sudo opx-show-version
OS_NAME="OPX"
OS_VERSION="3.1.0"
PLATFORM="S3048-ON"
ARCHITECTURE="x86_64"
INTERNAL_BUILD_ID="OpenSwitch blueprint for Dell 1.0.0"
BUILD_VERSION="3.1.0.0-rc1"
BUILD_DATE="2018-12-19T12:31:44-0800"
INSTALL_DATE="2019-08-23T12:49:56+00:00"
SYSTEM_UPTIME= 1 minute
SYSTEM_STATE= running
UPGRADED_PACKAGES=no
ALTERED_PACKAGES=no
```

Die Führung geht weiter zu den Netzadaptern, die tabellenförmig aufgelistet werden. Erwartungsgemäß sind alle Anschlüsse (mit Ausnahme des Managementadapters) vorhanden und abgeschaltet:

```
admin@OPX:~$ sudo opx-show-interface --summary
Port       | Enabled | Operational status | Supported speed
---------------------------------------------------------------
e101-001-0 | no      | down               | 10M 100M 1G
e101-002-0 | no      | down               | 10M 100M 1G
e101-003-0 | no      | down               | 10M 100M 1G
```

```
e101-004-0 | no      | down           | 10M 100M 1G
e101-005-0 | no      | down           | 10M 100M 1G
[...]
e101-049-0 | no      | down           | 100M 1G 10G
e101-050-0 | no      | down           | 100M 1G 10G
e101-051-0 | no      | down           | 100M 1G 10G
e101-052-0 | no      | down           | 100M 1G 10G
eth0       | yes     | UNKNOWN        | UNKNOWN
```

Die Liste passt zu einem Modell mit 48 Gigabit-Adaptern und vier TenGigabit-Anschlüssen. Der Verwaltungszugang eth0 ist separat aufgeführt und beendet die Liste.

OpenSwitch benennt seine Netzadapter abhängig von ihrer Position an der Vorderseite des Gehäuses. Das Präfix *e101* und die Fan-Out–Nummer werden in Kapitel 3 beschrieben.

Zuletzt gibt der Switch in zwei knappen Kommandos Auskunft über seinen Gesundheitszustand.

```
admin@OPX:~$ sudo opx-show-system-status
System State:   running
No Failed Service
No Modified Package
admin@OPX:~$ sudo opx-show-alms
2019-08-23 14:52:51.395658      PSU 1 absent
```

Die Befehlsausgabe bestätigt, dass die Hardware schnurrt und lediglich das redundante Netzteil (PSU 1) vermisst.

Zusammenfassung

OpenSwitch lässt sich nicht in zehn Minuten erklären, aber für einen kurzen Einstieg reicht es. Hinter den blinkenden LEDs läuft ein Debian Linux, welches eine IP-Adresse im Netz benötigt und einen regulären SSH-Zugang anbietet. Nach einem erfolgreichen Login enthüllen OPX-spezifische Befehle eine Liste der Netzadapter, den Systemstatus und eventuelle Probleme.

Kapitel 2

Installation

Wenn der vorliegende Switch das Betriebssystem seines Herstellers mitbringt, gibt es mehrere Wege dies zu ändern. In allen Fällen wird die OPX-Software auf der Flashkarte installiert und davon gebootet. Danach startet der Switch, als hätte er nie ein anderes Betriebssystem gesehen.

Das Ziel dieses Kapitels sind viele installierte Switches – physisch oder virtuell. Zuletzt soll ein kleines Demo-Netz mit sechs Switches entstehen, welches im Verlauf des Buchs für Beispiele und Szenarien herhält. Abschnitt *Labor* ab Seite 32 liefert die Details.

Das geplante Labor benutzt OPX-Version 3.2.0 mit der Installationsdatei:

```
PKGS_OPX-3.2.0-installer-x86_64.bin
```

USB-Stick

Für einen White-Box–Switch oder ein kompatibles Modell stellt OpenSwitch ein schlüsselfertiges Installationsimage bereit [2]. Dieses ersetzt das eventuell vorhandene Betriebssystem. Die Kunst liegt darin, es auf die vorhandene Hardware zu kopieren und zu starten.

Genau für diesen Zweck benutzt OpenSwitch das *Open Network Install Environment* (ONIE). Diese Installationsumgebung hat den Zweck, unterschiedliche Betriebssysteme auf einem Switch zu starten. Damit hat der Anwender die Wahl zwischen mehreren Betriebssystemen oder der Installation eines neuen Netzwerk-OS, wie z. B. OpenSwitch OPX.

Ein genauer Blick auf ONIE enthüllt einen GRUB-Bootloader, der einen Linux-Kernel startet und eine Busybox-Umgebung bereitstellt. Dort werden vordefinierte Installationsquellen abgefragt und im Erfolgsfall beginnt die Installation. Die Suchfunktion durchstöbert den lokalen USB-Stick und gräbt anschließend neugierig im Netzwerk durch HTTP- und FTP-Server. Sobald ein passendes Installationsimage gefunden ist, endet die Suche und der Installer übernimmt die Leitung.

Vorbereitung

Damit dieser scheinbar einfache Plan Erfolg haben kann, muss der USB-Stick korrekt vorbereitet sein. Dazu gehören das passende Dateisystem und das Installationsimage mit einem Dateinamen, den die Suchfunktion erwartet. Die Installation über das Netzwerk erfordert serverseitige Vorbereitung und eignet sich für die massenhafte Installation von Switches. Dazu liefert Kapitel 17 ab Seite 225 die nötigen Handgriffe.
Für kleine Umgebungen ist der USB-Stick die schnellere Variante. Dieser benötigt das Dateisystem VFAT oder EXT3. Beim Dateinamen ist ONIE tolerant und probiert verschiedene Kombinationen aus Plattform, Hersteller, Modell und Architektur aus. Im einfachsten Fall heißt die Datei *onie-installer*.

Die Vorbereitung des USB-Sticks für eine lokale Installation von Open-Switch zeigen die folgenden Kommandos.

> **Achtung**
>
> Der Inhalt des USB-Sticks wird dadurch überschrieben.

```
1  parted --script /dev/sdb mkpart primary 2048s 100%
2  mkfs.ext3 /dev/sdb1
3  mount /dev/sdb1 /mnt
4  cp PKGS_OPX-3.2.0-installer-x86_64.bin /mnt/onie-installer
5  umount /mnt
```

Der USB-Stick wird in diesem Beispiel als sdb bereitgestellt. Das eigene Linux-System könnte auch eine andere Gerätedatei verwenden, z. B. sda oder sdc. Unbedingt vorab mit dmesg oder fdisk -l validieren.

Die `parted`-Kommandos beginnen das Fundament in Form einer Partition, die den gesamten USB-Stick einnimmt. Anschließend wird in Zeile 2 das Dateisystem gegossen. Wenn das erfolgreich war, lässt sich das Ergebnis in Zeile 3 in den lokalen Dateibaum einhängen und beschreiben. Danach macht sich `cp` ans Werk und setzt das Installationsimage oben drauf. Kollege `umount` schließt in Zeile 5 den Rohbau ab und übergibt den USB-Stick schlüsselfertig.

Installation

Der Bootloader von ONIE meldet sich nur beim Systemstart, also muss der Switch erst mal neu gebootet werden. Einblick in den Bootloader geben die Switches über einen Konsolenanschluss. Und der USB-Stick muss natürlich auch seinen Weg in einen freien USB-Anschluss des Geräts finden. Die Maßnahmen machen deutlich, dass diese Form der Installation für große Umgebungen zu aufwendig ist.

```
Dell S3048-ON (Console)                                    _ □ ✗
up.
Info: Trying DHCPv4 on interface: eth0
ONIE: Using DHCPv4 addr: eth0: 10.5.1.1 / 255.255.255.0
Info: eth1: Checking link... down.
ONIE: eth1: link down.  Skipping configuration.
ONIE: Failed to configure eth1 interface
Starting: dropbear ssh daemon... done.
Starting: telnetd... done.
discover: installer mode detected.  Running installer.
Starting: discover... done.

Please press Enter to activate this console. Info: eth0:  Checking link... up.
Info: Trying DHCPv4 on interface: eth0
ONIE: Using DHCPv4 addr: eth0: 10.5.1.1 / 255.255.255.0
Info: eth1: Checking link... down.
ONIE: eth1: link down.  Skipping configuration.
ONIE: Failed to configure eth1 interface
ONIE: Starting ONIE Service Discovery
EXT3-fs (sda4): error: couldn't mount because of unsupported optional features )
EXT2-fs (sda4): error: couldn't mount because of unsupported optional features )
ONIE: Executing installer: file://dev/sdb1/onie-installer
Initializing installer...OK
Verifying image checksum...OK
OPX Installer: machine: dell_s3000_c2338
Warning: The kernel is still using the old partition table.
The new table will be used at the next reboot.
The operation has completed successfully.
Creating physical volume on /dev/sda5 ...
  Physical volume "/dev/sda5" successfully created
CTRL-A Z for help |115200 8N1 |  NOR | Minicom 2.3   | VT102 |     Offline    ▼
```

Abbildung 2.1: Bootloader und ONIE installieren OpenSwitch vom USB-Stick

Nach einem Neustart präsentiert sich der Bootloader des vorhandenen Betriebssystems. Neben den normalen Bootmethoden sollte ein Eintrag mit *ONIE* beschriftet sein. Dieser führt zum Auswahlmenü des ONIE-Bootloaders. Neben der Installation sind auch die Deinstallation, Updates und eine Recovery-Option verfügbar. Der gewünschte Weg führt über den Eintrag *ONIE: Install OS*.

Unmittelbar danach beginnt der Discovery-Prozess mit der Suche nach dem Image (Abbildung 2.1 auf der vorherigen Seite). Das Installationsimage ist eine selbst-extrahierende Datei. Sie besteht aus ein paar Zeilen Shell-Skript mit Installationsanweisungen, gefolgt von binärem Programmcode für das spätere Betriebssystem. Der anfängliche Skriptcode enthält die hardwarespezifischen Anweisungen, um den Binärcode an der richtigen Stelle zu platzieren.

Danach startet OpenSwitch zum ersten Mal auf der neuen Hardware und begrüßt den Admin mit einem Login-Prompt.

Virtuelle Maschine

Grundsätzlich ist OpenSwitch ein Betriebssystem für physikalische Switches. Aber OpenSwitch kann auch als virtuelle Maschine laufen. In der virtuellen Welt lassen sich damit Features untersuchen und Netzdesigns durchspielen.

Hinweis

Dieses Kapitel kann kein Fachbuch über VirtualBox oder VMware ersetzen! Die Installation der VMs setzt Grundwissen in den jeweiligen Produkten voraus. Die Beschreibungen behandeln nur den Aufbau der neuen VM und nicht, warum die einzelnen Schritte notwendig oder vorteilhaft sind.

VirtualBox

VirtualBox ist eine Applikation für Windows, Linux und macOS, mit der virtuelle Maschinen erstellt und gehostet werden.

Es gibt mehrere Konfigurationsmethoden: Bei der normalen Installation ist der *Oracle VM VirtualBox Manager* mit im Boot. Er ist leicht zu bedienen, verlangt aber nach einer X11-Oberfläche. Alternativ (oder ergänzend) hilft *phpVirtualBox* [3], ein webbasierter Manager, der das Look-and-Feel des Oracle-Managers als Webseite bereitstellt.

Fans der Kommandozeile bekommen ebenfalls etwas geboten, denn der Laboraufbau lässt sich unter VirtualBox komplett skripten.

Das Download-Portal von OpenSwitch bietet leider kein Maschinen-Template (OVA) oder eine fertige VM an. Stattdessen gibt es ein Installationskommando, welches eine neue VM erstellt, bootet, installiert und zuletzt Konsolenzugriff anbietet. Fertig ist die OpenSwitch-VM.

Das folgende Beispiel installiert OpenSwitch in VirtualBox unter CentOS, wobei auch Windows und macOS unterstützt werden. Der Linux-Installer lvm benötigt die Binärdatei für OpenSwitch und die Installations-CD von ONIE.

```
wget https://archive.openswitch.net/installers/3.2.0/Dell-EMC/ \
   PKGS_OPX-3.2.0-installer-x86_64.bin
wget https://archive.openswitch.net/onie/onie-kvm_x86_64-r0.iso
wget http://archive.openswitch.net/vm-tools/lvm
chmod +x lvm
./lvm create openswitch --iso onie-kvm_x86_64-r0.iso \
   --bin PKGS_OPX-3.2.0-installer-x86_64.bin
```

Erst in der letzten Zeile beginnt lvm mit der Arbeit. Im VirtualBox-Manager taucht plötzlich eine neue VM auf, die scheinbar selbstständig ihr Betriebssystem installiert (Abbildung 2.2 auf der nächsten Seite). In der Kommandozeile berichtet lvm neutral über seinen Fortschritt:

```
OS-installer file: PKGS_OPX-3.2.0-installer-x86_64.bin
ONIE-Recovery file: onie-kvm_x86_64-r0.iso
Deleting VM name: "openswitch"
Initial boot in progress...............................................OK
ONIE is self-embedding.................................................OK
Wait for VM to boot....................................................OK
ONIE stop discovery....................................................OK
Load OS-installer. This operation may take a few minutes. Please wait..OK
Installing OS..........................................................OK
Configure OS...........................................................OK
Final Restart of VM....................................................OK
Setup complete! You can now connect using: ssh -p 2222 opxUser@127.0.0.1
```

29

Falls mehrere OPX-Switches benötigt werden, lässt sich die fertige VM klonen, oder der Installer lvm wird erneut gestartet.

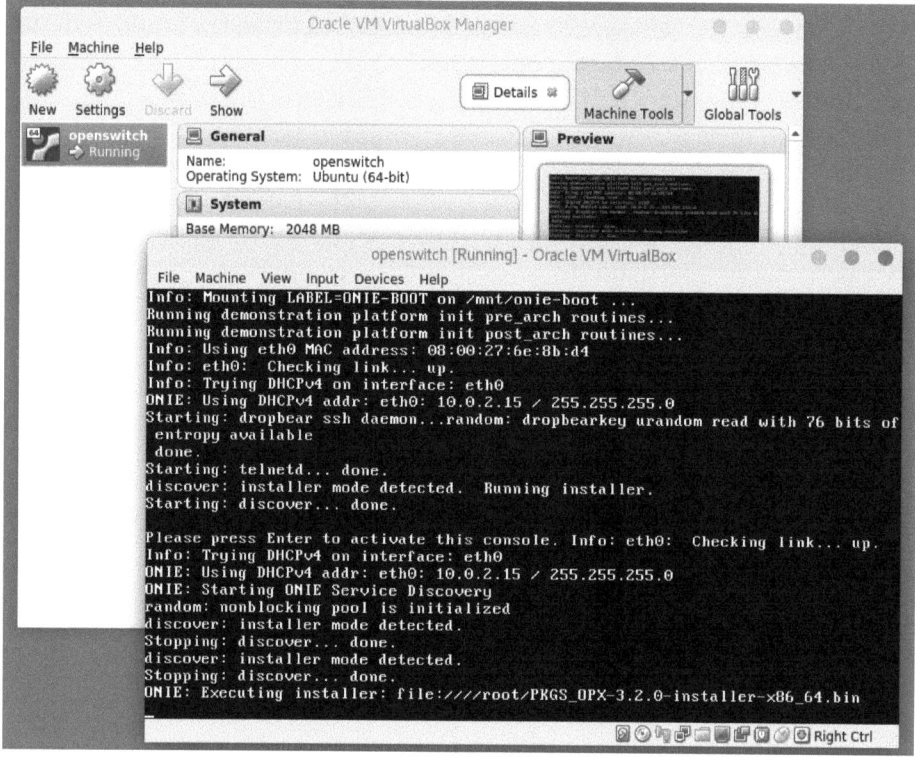

Abbildung 2.2: Das Werkzeug *lvm* installiert OpenSwitch in VirtualBox

Verbindungskabel

Die einfachste Methode zum Nachbilden eines Verbindungskabels ist der virtuelle Netzwerkadapter vom Typ *Internes Netzwerk*. Dieses Netz muss nicht vorab angelegt werden, sondern entsteht mit der Angabe eines Namens. Sobald zwei Netzadapter in einem internen Netz mit demselben Namen sind, haben sie eine Verbindung miteinander.

Vorteilhaft sind hier sprechende Namen, die das virtuelle „Kabel" gut beschreiben. Die beispielhafte Bezeichnung *kabel-sw01-sw12* kündigt eine Verbindung zwischen Switch sw01 und sw12 an.

OpenSwitch hat verschiedene Features, die im Hostsystem von VirtualBox den promiskuitiven Modus erfordern. Ein Netzadapter im *promiscuous mode* kann mehrere MAC-Adressen haben. Ohne diesen Modus wird beispielsweise die Netzbrücke in OPX keine Daten transportieren.

Der zweite Netzadapter vom Demo-Switch sw13 wechselt den Modus auf der Kommandozeile von VirtualBox:

```
VBoxManage modifyvm sw13 --nicpromisc2 allow-all
```

VMware

Offiziell unterstützt OpenSwitch nur VirtualBox, sodass die Installation unter VMware nur mit Umwegen möglich ist. Als Grundlage benötigt VMware die Festplattendatei, die nach der Installation unter VirtualBox auf der lokalen Festplatte liegt. Freundlicherweise kann VirtualBox über die Kommandozeile die HDD-Datei in das VMware-eigene Format umwandeln:

```
vboxmanage clonehd openswitch.vdi oponswitch.vmdk --format vmdk
```

Mit der resultierenden Datei openswitch.vmdk lässt sich eine VM in VMware erstellen und starten.

Die Produktpalette von VMware ist groß, aber für das Lab eignen sich hauptsächlich ESXi, Player und Workstation.

> **Achtung**
>
> In VMware ist die Nummerierung der Netzadapter bei OpenSwitch nicht einheitlich.

Damit kann es vorkommen, dass der *dritte* konfigurierte Netzadapter in der Verwaltungsoberfläche von VMware Workstation in OpenSwitch als *e101-008-0* auftaucht. Aus diesem Grund eignet sich VMware nur bedingt für die Virtualisierung von OpenSwitch. Falls ein Produkt von VMware dennoch für die Virtualisierung eingesetzt wird, sind die folgenden Hinweise zu beachten.

ESXi

In VMware ESXi wird die Festplattendatei beim Start der VM eventuell mit der Fehlermeldung „Unsupported or invalid disk type 2" zurückgewiesen.

Der ungültige Plattentyp lässt sich mit Bordmitteln auf der Kommandozeile von ESXi korrigieren:

```
vmkfstools -i openswitch.vmdk openswitch-esxi.vmdk
```

Hinweis

OpenSwitch ist kein *vSwitch* oder *Distributed Switch*.

Aus der Sicht von VMware ESXi ist OpenSwitch eine reguläre virtuelle Maschine mit vielen Netzadaptern. Die Verbindung von zwei Netzadaptern verschiedener OPX-Switches erfolgt über einen *Virtuellen Standard-Switch* (vSwitch) oder den *Distributed Switch*, den ESXi bereitstellt. Innerhalb des vSwitch entstehen Portgruppen, welche die Netzadapter der OPX-Switches gegeneinander abschotten. Dieses Durcheinander von Switches und Port-gruppen ist eine Besonderheit von ESXi und eignet sich lediglich für eine Laborumgebung.

VMware-Tools

Die Linux-Distribution von OpenSwitch hat ein Softwarepaket für die VMware-Tools im Repository, welches für den Betrieb als virtuelle Maschine stark empfohlen wird. Der Paketmanager holt die Tools und startet sie:

```
apt install open-vm-tools
```

Labor

Ein einzelner Switch ohne umgebendes Netzwerk ist wenig beeindruckend. Für den praxisnahen Einstieg gesellen sich die OPX-Switches in einem kon-struierten Labornetz zum Leben. In dieser Umgebung kann OpenSwitch Kapitel für Kapitel mit seinen Fähigkeiten glänzen.
Die folgenden Kapitel basieren alle auf demselben Netzaufbau. Es stellt ein kleines Rechenzentrumsnetz mit redundanten Verbindungen dar. Je nach Komplexität eines Themas reicht ein Teil des Labornetzwerks aus, um die Kernaussage zu beschreiben.

Wenn ein Abschnitt einen gesonderten Aufbau benötigt oder ein weiteres Gerät untersucht werden soll, gibt es am Anfang der Lektion einen entsprechenden Hinweis mit Erklärung.

Ressourcen

Der stets unveränderte Aufbau des Labornetzes hat den charmanten Vorteil, dass zwischen den Kapiteln nicht umgebaut werden muss. Kein Umverkabeln der Geräte oder Umkonfigurieren der virtuellen Umgebung. Das spart Zeit und verhindert Fehler. Und nach ein paar Kapiteln wird das Labornetz zum vertrauten Begleiter, denn die Namen der Switches, Server, Netzschnittstellen und IP-Adressen bleiben unverändert.

Das vollständige Labornetz ist als Netzdiagramm in Abbildung 2.3 auf Seite 36 dargestellt. Es ist als Grundlage für die nachfolgenden Kapitel konzipiert und orientiert sich an der Spine-Leaf–Architektur (vgl. Kap. 13). Da ein händischer Eingriff nach dem ersten Aufbau nicht mehr notwendig ist, kann das Lab auch „aus der Ferne" betrieben werden – Remotezugriff vorausgesetzt.

Die erforderliche Hardware ist stets abhängig vom geplanten Durchsatz. Für die Laborgeräte eignet sich jedes Gerät von der Kompatibilitätsliste [4]. Für virtuelle Umgebungen stellt OpenSwitch ein Installationsskript für VirtualBox zur Verfügung.

Manche Kapitel arbeiten isoliert, andere benötigen Internetzugriff. Der Zugang zum Internet läuft stets über das Managementinterface *eth0*. Hier reicht ein Uplink zum DSL-Router, aber grundsätzlich ist alles möglich, was letztendlich ins Internet führt.

Virtualisierung

Alle Geräte im Lab können vollständig virtualisiert werden. Jeder Switch im Labornetz ist dann eine eigene virtuelle Maschine (VM) mit virtuellen Netzwerkkabeln zu den benachbarten VMs. Das Verbindungsnetz zwischen zwei VMs ist ein *internes Netzwerk* (bei VirtualBox) oder *LAN Segment* (bei VMware). Eine physikalische Netzwerkkarte im Hostsystem ist nötig, wenn mit echter Hardware gemischt wird.

Welches Interface in welchem virtuellen Netz Zuhause ist zeigt Tabelle 2.1 auf Seite 37. Getestet und geprüft sind die Labs mit VirtualBox 5.2.

Hardware

OpenSwitch läuft auf physikalischen Switches mit x86_64-Prozessor. Bei der Auswahl von passender Hardware lohnt sich ein Blick in die Kompatibilitätsmatrix von OpenSwitch [4]. Für die Laborumgebung sind Hersteller und Modell zweitrangig, da das Beispielnetz Verständnis bieten soll und nicht Höchstleistung.
Die folgenden Kapitel verwenden Switches vom Hersteller Dell.

Netze

Die Netze zwischen den Switches basieren auf Ethernet. Jede Verbindung zwischen zwei Geräten besteht aus einem Kabel ohne weitere Teilnehmer. Das Übertragungsmedium und die Bandbreite spielen keine Rolle. Kupferkabel sind ebenso willkommen wie Glasfaserkabel.
Im Beispielnetz sind alle Netzverbindungen Kupferkabel mit einer Übertragungsrate von einem Gbit/s.

Switches

Die OPX-Switches verwenden die aktuelle Version 3.2.0. Wenn andere Versionen oder zusätzliche Switches mitspielen, wird das entsprechende Gerät ersetzt oder das Lab ergänzt.

Hinweis

Die beste Version eines Betriebssystems ist nicht immer die Aktuellste. Die Release Notes und ein Softwaretest in einer realistischen Umgebung liefern Entscheidungsgrundlagen für eine stabile Version.

Jeder Switch hat einen separaten Netzanschluss für den Managementzugriff. Darüber erreicht der SSH-Client sein Ziel und kann Konfigurationsänderungen unabhängig von der Topologie umsetzen.
Die Labor-Switches sind durchnummeriert. Diese Geräte-Nummer findet sich in den IPv4- und IPv6-Adressen wieder. Damit sind Adressen in einer Kommandoausgabe leichter dem passenden Gerät zuzuordnen. Die Nummer des Switchports ist stets am Gerätesymbol angeschlagen.

Adressierung

Die Subnetze für Server und Transitbereiche bauen auf private IPv4-Adressen bzw. Unique-Local IPv6-Adressen. Jeder Leaf-Switch verbindet mehrere Server, die meist nur zum Prüfen von Features oder zum Erzeugen von Datenverkehr benutzt werden. Mehr als ping, traceroute, netstat oder ein Webbrowser wird nicht gefordert.

Die Wahl des Betriebssystems der Server ist für die Szenarien nebensächlich; im Demo-Lab finden aus Popularitätsgründen VMware ESXi, Linux und Windows Server Verwendung.

Wenn das Labornetz zwischen internen und externen Netzbereichen unterscheidet, dann bedienen sich die externen Geräte aus den Adressblöcken für Dokumentation (RFC 5737): 192.0.2.0/24 und 198.51.100.0/24.

Die IPv6-Adressen stammen ebenfalls aus mehreren Bereichen, um eine Unterscheidung optisch zu vereinfachen: fd00::/16 für die internen LANs und 2001:db8::/32 für die äußeren Bereiche. Diese Unterscheidung soll die verschiedenen Netzbereiche verdeutlichen – funktionell ist sie nicht nötig. Die Adressen sind genau dafür vorgesehen und kollidieren nicht mit einem öffentlichen Bereich. Weiterhin ist die Adressierung bewusst einfach gehalten: Die Adressbereiche sind einheitlich strukturiert und haben nur „normale" Netzmasken von /24 (IPv4) oder /64 (IPv6).

Labor-Server

Alle zentralen Funktionen übernimmt der Labor-Server, der ebenfalls physikalisch oder virtuell integriert wird. Wenn die OPX-Switches auf ein Client/Server-Protokoll getestet werden, übernimmt der Labserver stets die Rolle des Gegenstücks. Er akzeptiert Anfragen zu NTP, DNS, Syslog, FTP/TFTP, sFlow und HTTP. Die Kommandobeispiele in den folgenden Kapiteln beziehen sich auf Debian 10.

Zusammenfassung

Mit dem vorgestellten Labornetz lassen sich die Features von OpenSwitch und die Themen im Buch praktisch nachbauen. Dabei sind die verwendeten Geräte, Adressen und der Netzaufbau nur ein Beispiel, welches sich beliebig variieren lässt.

Das beschriebene Netzdesign stellt für die Server redundante Switches bereit. Die Switches sind durch weitere Switches im Backbone verbunden. Der Aufbau entspricht dem Spine-Leaf–Prinzip (vgl. Kap. 13) und ist die praktische Basis für die weiteren Kapitel.

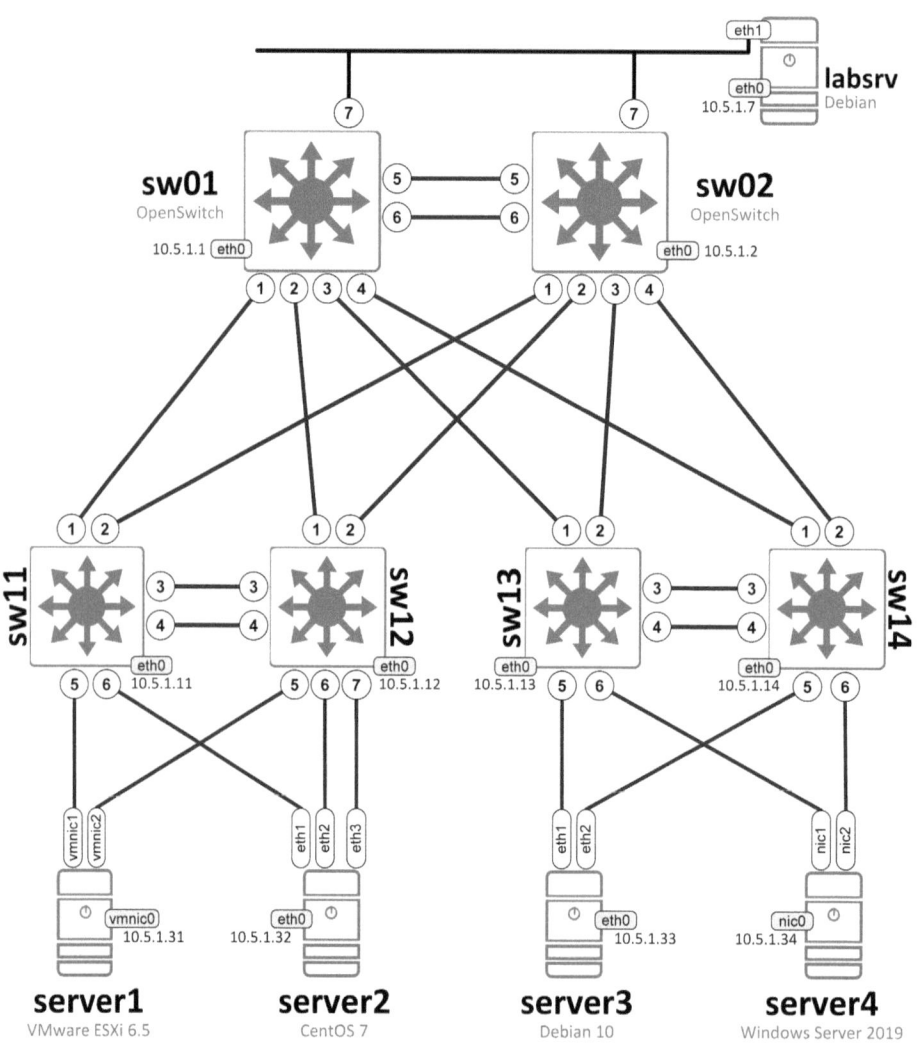

Abbildung 2.3: Das Labornetzwerk als Vorlage für alle Kapitel

Gerät	Interface	Funktion/Netz	IPv4	IPv6
sw01	eth0	Management	10.5.1.1	fd00:5::1
	e101-001-4	Spine–Leaf		
	e101-005,6	Spine–Spine		
	e101-007	vnet4	10.4.1.1	fd00:4::1
sw02	eth0	Management	10.5.1.2	fd00:5::2
	e101-001-4	Spine–Leaf		
	e101-005,6	Spine–Spine		
	e101-007	vnet4	10.4.1.2	fd00:4::2
sw11	eth0	Management	10.5.1.11	fd00:5::11
	e101-001,2	Leaf–Spine		
	e101-003,4	Leaf–Leaf		
	e101-005,6	Leaf–Server		
sw12	eth0	Management	10.5.1.12	fd00:5::12
	e101-001,2	Leaf–Spine		
	e101-003,4	Leaf–Leaf		
	e101-005-7	Leaf–Server		
sw13	eth0	Management	10.5.1.13	fd00:5::13
	e101-001,2	Leaf–Spine		
	e101-003,4	Leaf–Leaf		
	e101-005,6	Leaf–Server		
sw14	eth0	Management	10.5.1.14	fd00:5::14
	e101-001,2	Leaf–Spine		
	e101-003,4	Leaf–Leaf		
	e101-005,6	Leaf–Server		
labsrv	eth0	Management	10.5.1.7	fd00:5::7
	eth1	vnet4	10.4.1.7	fd00:4::7
server1	vmnic0	Management	10.5.1.31	fd00:5::31
	vmnic1,2	Server–Leaf		
server2	eth0	Management	10.5.1.32	fd00:5::32
	eth1-3	Server–Leaf		
server3	eth0	Management	10.5.1.33	fd00:5::33
	eth1,2	Server–Leaf		
server4	Ethernet0	Management	10.5.1.34	fd00:5::34
	Ethernet1,2	Server–Leaf		

Tabelle 2.1: Alle Geräte mit Netzadaptern, Funktion und Managementadresse

Kapitel 3

Erste Schritte

Die OPX-Switches sind installiert und erwarten die ersten Konfigurationsbefehle. Dieses Kapitel beginnt mit einer Einführung in die Bedienung von OpenSwitch mit den wichtigsten Kommandos. Dazu greift OpenSwitch auf viele bekannte Linux-Befehle zurück und spendiert zusätzlich eigene Kommandos, die stets mit opx- beginnen.
Kenner von Cisco-Switches werden hier auf Ungewohntes treffen. Wer mit Linux bereits vertraut ist, wird viele Ähnlichkeiten erfahren.

Bedienung

Die OpenSwitch-Kommandozeile (engl. *command-line interface*, CLI) ist die Standard-Shell von Debian Linux: Bash. Nach dem ersten Login mit dem Benutzernamen *admin* und dem Kennwort *admin* sieht das Konsolenfenster aus, wie bei einem herkömmlichen Linux-System. Ist es auch: OpenSwitch setzt auf Debian GNU/Linux „Stretch" (Version 9). Linux-Admins werden sich sofort heimisch fühlen, aber Netzwerker brauchen Konfigurationsbefehle, show-Kommandos und eine Schnellübersicht der aktiven Konfiguration des Systems.
OpenSwitch möchte es beiden Parteien Recht machen, und spendiert dem Betriebssystem zusätzliche Befehle, die allesamt mit den Buchstaben opx beginnen. Diese netzwerkorientierten Kommandos erstellen VLANs, konfigurieren Transceiver und zeigen den Gesundheitszustand der Hardware an. Für die regulären Arbeiten am Netzwerk hat Linux viele wunderbare Tools,

die mit OpenSwitch harmonieren. Das bekannte `ip`-Kommando steuert Netzadapter, vergibt IP-Adressen und setzt Routen in benachbarte Netze.

Berechtigung

Unter Linux müssen die meisten administrativen Kommandos unter dem *root*-User ausgeführt werden. Die Alternative ist ein vorangestelltes `sudo` vor den eigentlichen Befehl. Das Ergebnis ist dasselbe – der startende Befehl erhält die höchsten Rechte und darf am System wirken.
Ob das Kommandofenster als *root* läuft, oder vor jedem Befehl `sudo` steht, ist auch abhängig vom eigenen Geschmack.

Hinweis

Die Beispiele in diesem Buch setzen den *root*-User voraus und verzichten auf `sudo`, um die Befehle knapp zu halten.

Per `sudo` kann jeder Benutzer *root* werden, wenn er die entsprechende Befähigung aus Abschnitt *Benutzerkonten* auf Seite 43 erhalten hat. Die Kommandozeile wechselt vom Normalsterblichen zum Systemverwalter mit einem kurzen `sudo bash`.

Switchports

OpenSwitch hat seine eigene Methode, um die Netzadapter an der Vorderseite des Switches zu taufen. Jeder physische Anschluss erhält unter Linux einen Namen in der Form:

`eNMM-PPP-F.vvvv`

Die Buchstaben haben folgende Bedeutung:
e – ist eine feste Position und bezeichnet einen Ethernet-Port
N – ist die Switch-Nummer und immer 1
MM – ist die Modulnummer und immer 01
PPP – ist die Portnummer und an der Vorderseite des Gehäuses aufgedruckt (001 bis 999)
F – ist der Fan-Out–Anschluss bei 4x10 GE-Anschlüssen. Falls der Port ohne Fan-Out arbeitet, ist die Nummer stets 0.

vvvv – ist die VLAN-Nummer. Wenn keine VLANs verwendet werden, entfällt dieser Zusatz.

Der erste Netzadapter am Switch-Chassis hat unter Linux den Namen *e101-001-0*. Mit *e101-025-3* bezeichnet OPX den Fan-Out–Port 3 von Netzadapter 25.

Hinweis

Die Beispiele in diesem Buch arbeiten ohne Fan-Out. Die Abbildungen enthalten nur die Portnummer PPP, um übersichtlich zu bleiben.

Hilfe

Hilfe zum aktuellen Kommando, zur Vervollständigung oder zur Syntax wird in Linux nicht einheitlich behandelt. Grundsätzlich liefern die Kommandos durch Zugabe von --help oder -h eine kurze Übersicht der Syntax und der wichtigsten Optionen. Ausführlicher informiert die Man-Page über den Sinn und Zweck eines Befehls, gefolgt von einer präzisen Beschreibung aller Optionen.

Beispielsweise hat das ping-Kommando eine Menge zusätzlicher Optionen, welche die Kurzhilfe schnell ins Gedächtnis ruft. Die Bedeutung der Optionen erklärt die Man-Page ausführlich.

```
root@sw01:~# ping -h
Usage: ping [-aAbBdDfhLnOqrRUvV64] [-c count] [-i interval] [-I interface]
            [-m mark] [-M pmtudisc_option] [-l preload] [-p pattern]
            [-s packetsize] [-S sndbuf] [-t ttl] [-T timestamp_option]
            [-w deadline] [-W timeout] [hop1 ...] destination

root@sw01:~# man ping
PING(8)                 System Manager's Manual: iputils                PING(8)

NAME
       ping - send ICMP ECHO_REQUEST to network hosts

SYNOPSIS
[...]
```

Ersteinrichtung

Die ersten Kommandos füllen den Switch mit genug Informationen, damit ein Remote-Login möglich ist. Danach kann bequem mit dem bevorzugten SSH-Client, wie z. B. PuTTY oder SecureCRT, auf den Switch zugegriffen werden, um die feinere Konfigurationsarbeit zu beginnen. Das wiederholte Eintippen der Anmeldedaten lässt sich vermeiden, wenn Client und Server mit SSH-Schlüsseln für die Authentifizierung ausgestattet sind (vgl. Kap. 21).

> **Hinweis**
>
> Wenn die Konsole eigenartig aussieht oder ein ungewöhnliches Tastaturlayout verwendet, kann das `console-setup`–Paket nachbessern:
>
> ```
> apt install console-setup
> dpkg-reconfigure console-setup
> ```

Die minimale Konfiguration für Switch sw01 zeigt Listing 3.1. Der Systemname in Zeile 1 hilft bei der Unterscheidung, denn anfangs heißen alle Switches nur *OPX*. Zeile 2 stellt sicher, dass der neue Name auflösbar ist. Der begehrte SSH-Dienst ist bei OpenSwitch bereits aktiv. Das Management-Interface *eth0* erhält in Zeile 3 und 4 seine IP-Adressen – ein separates Aktivieren des Interfaces ist nicht erforderlich. Falls notwendig bringen Zeile 5 und 6 dem Switch eine Defaultroute bei, sodass er vom eigenen Client erreichbar ist.

```
1  hostnamectl set-hostname sw01
2  echo "127.0.1.1  sw01" >> /etc/hosts
3  opx-config-route create --ip_addr 10.5.1.1/24   --ifname eth0
4  opx-config-route create --ip_addr fd00:5::1/64 --ifname eth0
5  opx-config-route create --dst 0.0.0.0/0 --nh_addr 10.5.1.250
6  opx-config-route create --dst ::/0 --nh_addr fd00:5::250
```

Listing 3.1: Minimalkonfiguration des OPX-Switches sw01

Zur Orientierung: Die gleiche Wirkung erzielt die Konfiguration aus Listing 3.2 auf einen Cisco Nexus. Im Gegensatz zu NX-OS hat OpenSwitch mehrere Möglichkeiten für die Einrichtung: `ip`, `ifconfig` oder das hauseigene `opx-config-route`.

```
hostname sw01
interface ethernet 1/1
 no switchport
 ip address 10.5.1.1/24
 ipv6 address fd00:5::1/64
 no shutdown
ip route 0.0.0.0/0 10.5.1.250
ipv6 route ::/0 fd00:5::250
```

Listing 3.2: Minimalkonfiguration eines Cisco Nexus Switches

Weitere Kommandos zur Grundkonfiguration von OpenSwitch listet Tabelle 3.1 auf der nächsten Seite. Für Fans von Cisco Switches enthält die Tabelle auch den entsprechenden NX-OS–Befehl.

Weitere Einrichtung

So langsam wird die Umgebung von OpenSwitch vertrauter und die Befehle anspruchsvoller. Die folgenden Kommandos behandeln IPv4- und IPv6-Adressen gleichwertig.

Default Gateway

OpenSwitch erwartet das Standardgateway als Route zum Netz 0.0.0.0/0 oder als gateway. Die Kommandozeile lernt die Routen wahlweise über das ip-Kommando oder per opx-config-route. Das folgende Beispiel verwendet ip und Listing 3.1 hat bereits den entsprechenden OPX-Befehl demonstriert.

```
ip route add default via 10.5.1.250
ip -6 route add default via fd00:5::250
```

Benutzerkonten

Wenn mehr als ein Administrator beim Konfigurieren mitmischt, sind zusätzliche Zugänge zum Switch sinnvoll. Leider hat OpenSwitch keinen eigenen Befehl für Benutzerverwaltung, sodass auf Linux-Kommandos zurückgegriffen wird.

OpenSwitch	Cisco NX-OS

`ip addr add 10.5.1.1/24 \`
`   dev e101-001-0`
	`interface ethernet 1/1`
	`  no switchport`
	`  ip address 10.5.1.1/24`

`ip route add default \` `   via 10.5.1.250`	`ip route 0.0.0.0/0 10.5.1.250`
`ip route add 192.0.2.0/24 \` `   via 10.5.1.192`	`ip route 192.0.2.0/24 10.5.1.192`

`hostnamectl set-hostname`
`hostnamectl set-hostname`
edit /etc/resolv.conf
`timedatectl set-ntp true`
`timedatectl set-timezone`
	`hostname`
	`ip domain-name`
	`ip name-server`
	`clock protocol ntp...`
	`clock timezone`

edit /etc/rsyslog.conf
`useradd <> ; passwd <>`
SSH ist bereits aktiv
nicht notwendig
Das gibt es in OPX nicht
`reboot`
`shutdown now`
	`logging server`
	`username <> password <>`
	`crypto key generate rsa`
	`configure`
	`copy run start`
	`reload`
	Das gibt es in NX-OS nicht

`opx-show-interface --summary`
`opx-show-route`
Das gibt es in OPX nicht
	`show interface status`
	`show ip|ipv6 route`
	`show running-config`

Tabelle 3.1: OpenSwitch OPX und Cisco NX-OS–Kommandos gegenübergestellt

Ein neuer Benutzeraccount entsteht mit:

```
useradd <Username>
passwd <Username>
```

Grundsätzlich gibt es Benutzer mit Änderungsrechten und Benutzer, die lediglich in den Genuss von *opx-show*-Kommandos kommen. Wenn das frisch erstellte Konto die Lizenz zum Ändern erhalten soll und fraglos `root` werden darf, muss die `sudo`-Abteilung darüber Bescheid wissen:

```
echo "<Username> ALL=(ALL) NOPASSWD: ALL" \
  >> /etc/sudoers.d/opxusers
```

Anspruchsvollere Methoden für die Benutzeranmeldung liefert Kapitel 9.

Nameserver

Namensauflösung ist wichtig bei Updates und beim Nachinstallieren von Paketen, denn OpenSwitch muss die Namen der Repository-Server auflösen können. Für die reine Switchingfunktion können DNS-Server auch entfallen.

OPX hat hierfür kein separates Kommando und überlässt die Magie dem DNS-Resolver von Linux. Das funktioniert ohne Kommando, denn die verwendeten DNS-Server stehen hinter dem Schlüsselwort nameserver in der Datei /etc/resolv.conf.

```
cat <<EOF > /etc/resolv.conf
nameserver 10.5.1.253
nameserver 2001:4860:4860::8888
EOF
```

Datum und Uhrzeit

Die korrekte Zeitzone, in Verbindung mit einer synchronisierten Systemzeit, ist wichtig bei der Fehlersuche.

```
timedatectl set-timezone "Europe/Berlin"
timedatectl set-ntp true
```

Wenn ein bestimmter NTP-Server als Zeitquelle angezapft werden soll, benötigt dieser einen Eintrag in /etc/systemd/timesyncd.conf

Konfiguration speichern

Ein großes Manko in OpenSwitch ist der fehlende *Speichern*-Button. Nach einem Reboot sind die meisten Einstellungen weg und das Betriebssystem wieder im Urzustand. Damit der Switch nach einem Neustart seinen Platz im Netzwerk kennt und mitarbeiten kann, hat OpenSwitch mehrere Ansätze:

- *Dauerhaft speichern.* Alle Änderungen müssen in Konfigurationsdateien hinterlegt werden. Mit dieser Strategie arbeiten Linux-Server und -Clients erfolgreich seit vielen Jahrzehnten. Startskripte wandern in /etc/rc.local oder /etc/opx/opx-autoconf und die Netzadapter verewigen sich unterhalb von /etc/network/interfaces.d/

- *Provisioning.* Nach jedem Neustart kümmert sich eine Provisionssoftware um den gewünschten Systemzustand (vgl. Kap. 20).

- *vtysh.* Alle Einstellungen rund um IP-Adressen und Routing kann über die Cisco-ähnliche Kommandozeile von FRRouting erfolgen (vgl. Kap. 14). Diese hat den Vorteil, dass ein simples `write` die Konfiguration in einer Textdatei parkt und beim nächsten Systemstart wiederherstellt.

Die Entwickler von OpenSwitch bemühen sich um *persistente* Änderungen. Dazu speichern einzelne `opx-config`-Kommandos ihren Zustand in einer lokalen Datenbank.

Beim nächsten Systemstart schaut OpenSwitch in diese Datenbank und gestaltet die Umgebung und Dienste entsprechend der hinterlegten Konfiguration. Diese Arbeitsweise gilt noch nicht für Netzadapter und ihre IP-Adressen.

Repository

Das vorinstallierte Linux ist vollständig. Wenn zusätzliche Pakete installiert werden sollen, kann auf ein öffentliches Repository zurückgegriffen werden. Beispielsweise benötigen die Switches in Kapitel 9 einen Client für die Anmeldung per RADIUS-Protokoll, welches das Repository bereithält. Open-Switch bevorzugt das eigene Repository von `http://deb.openswitch.net` parallel zu den regulären Debian-Repositories.

Achtung

OpenSwitch basiert zwar auf Debian, bringt aber auch viele Eigenentwicklungen an Kernkomponenten mit. Jedes zusätzliche Softwarepaket, v. a. aus inoffiziellen Quellen, riskiert die Systemstabilität!

OpenSwitch basiert auf Debian 9 *Stretch*, welches vom Hersteller noch bis zum Jahr 2020 unterstützt wird. Danach greift der *Long Term Support* noch bis Mitte 2022.

Ein neues Paket wird Debian-typisch mit apt installiert. Das vorhergehende update-Kommando macht *kein* Systemupdate, sondern aktualisiert die lokale Paketliste.

```
apt update
apt install <Paketname>
```

Lizenz

OpenSwitch ist quelloffen und steht unter der Apache-Lizenz in der Version 2.0. Damit lässt sich OpenSwitch kommerziell nutzen, modifizieren und weiterverbreiten. Bei eigenen Änderungen am Programmcode müssen diese dokumentiert sein. Wenn die Software weitergegeben wird, muss die Lizenz und das Copyright beiliegen.

Anders sieht es bei der Haftung aus, denn der Anbieter oder Programmierer sind nicht haftbar für irgendwelche Schäden. Warenzeichen und Logos von OpenSwitch sind unter der Apache-Lizenz geschützt und dürfen nicht für die eigenen Produkte verwendet werden.

Damit ist OpenSwitch ein kostenloses Betriebssystem ohne Garantie, aber beliebig anpassbar an das eigene Rechenzentrum.

Zusammenfassung

Dieses Kapitel hat einen groben Abriss über die erste Einrichtung des OPX-Switches gegeben, ohne auf die Details einzugehen. Nach Abschluss der Systemkonfiguration und Einrichtung der Netzadapter mit den vorgesehenen IP-Adressen haben alle Laborgeräte eine Verbindung zueinander.

Kapitel 4

Konnektivität

Eine wichtige Komponente in Unternehmensnetzen sind Switches. Sie stellen Konnektivität für Server, Workstations und Laptops bereit. Switches sind Infrastrukturkomponenten, die auf der *Sicherungsschicht* (Schicht 2, engl. *Data Link Layer*) des OSI-Modells arbeiten und dabei Ethernet-Rahmen fehlerfrei übertragen. Sie orientieren sich beim Transport an der MAC-Adresse. Wenn der Switch über den Tellerrand schaut und Aufgaben der *Vermittlungsschicht* (Schicht 3, engl. *Network Layer*) übernimmt, bekommt er den Titel *Layer-3-Switch*. Dann blickt der Switch in die Kopfzeile des IPv4- oder IPv6-Pakets und entscheidet anhand der Ziel-IP-Adresse, wohin die Reise des Pakets gehen soll.
Routing und Switching von IP-Paketen ist das Kerngeschäft von OpenSwitch.

Dieses Kapitel macht direkte Nachbarn und entfernte Netze für den OPX-Switch sichtbar. Es beginnt mit statischem Routing von IPv4-Netzen und IPv6-Präfixen. In die Welt des dynamischen Routings taucht erst Kapitel 14 ein.

Routing

Ein OPX-Switch hat eine Routingtabelle, die alle bekannten Netze auflistet. Die Routingtabelle füllt sich automatisch mit den IP-Adressen der eigenen Netzadapter. Alle weiteren IP-Netze lernt der Switch durch manuelle Eingabe.

Im Auslieferungszustand sind die Netzanschlüsse (außer der Management-adapter *eth0*) abgeschaltet. Im eingeschalteten Zustand wird der Netzadapter zum Switchport und agiert mit seiner MAC-Adresse auf der Ethernet-ebene. Sobald der Switchport eine IP-Adresse erhält, begibt er sich auf die Routing-Ebene und sein Netzwerkprozessor entscheidet anhand von IP-Adressen. Für die Aufgabe als Router erhält sw01 ein paar statische IP-Adressen für seine Switchports *e101-001-0* und *e101-002-0*:

```
ip address add 10.1.1.1/24 dev e101-001-0
ip address add 10.2.2.1/24 dev e101-002-0
ip link set e101-001-0 up
ip link set e101-002-0 up
```

Ohne zusätzliche Routen sieht die IPv4-Routingtabelle von Switch sw01 recht übersichtlich aus. Das Kommando opx-show-route listet alle Einträge der Routingtabelle:

```
root@sw01:~# opx-show-route

VRF: default
Dest                     | Next hop               | Next hop VRF
-------------------------------------------------------------------
0.0.0.0/0                | 10.5.1.250  dev eth0   | default
10.1.1.0/24              | 0.0.0.0  dev e101-001-0 | default
10.1.1.1/32              | 0.0.0.0  dev e101-001-0 | default
10.2.2.0/24              | 0.0.0.0  dev e101-002-0 | default
10.2.2.1/32              | 0.0.0.0  dev e101-002-0 | default
10.5.1.0/24              | 0.0.0.0  dev eth0      | default
[...]
```

Wenn weitere IP-Netze erreichbar sein sollen, müssen diese als Pfadinforma-tionen in der Routingtabelle stehen. Eine Route besteht aus dem Zielnetz und einem Hinweis, *wie* dieses Zielnetz erreicht werden kann. Der Hinweis kann ein benachbarter Router sein oder ein ausgehendes Interface. Falls das Zielnetz unerreichbar sein soll, enthält der Hinweis dieses Verbot und der Router sendet dorthin keine Pakete.

Der Switchrouter sw01 vergrößert sein Routingmaterial um weitere IPv4-Netze mit verschiedenen Routing-Hinweisen.

```
1  opx-config-route create --dst 10.110.0.0/16 --nh_addr 10.1.1.110
2  opx-config-route create --dst 10.120.0.0/16 --ifname e101-002-0
3  ip route add blackhole 10.130.0.0/16
4  ip route add unreachable 10.140.0.0/16
```

Bei IPv6 funktioniert der Zauber genauso, wobei die längeren IPv6-Adressen das Zielnetz beschreiben.

```
ip -6 address add fd00:1::1/64 dev e101-001-0
opx-config-route create --dst fd00:110::/64 --nh_addr fd00:1::110
opx-config-route create --dst fd00:120::/64 --ifname e101-002-0
ip -6 route add blackhole fd00:130::/64
ip -6 route add unreachable fd00:140::/64
```

---

blackhole oder unreachable?

OpenSwitch unterscheidet zwischen *blackhole* und *unreachable* für unerwünschte Zielnetze. Beide Aktionen blockieren: *blackhole* verwirft das Paket stillschweigend, während *unreachable* es zwar auch verwirft, aber den Sender darüber per ICMP informiert.

Grundsätzlich verwendet man *blackhole* für Router in feindlichen Netzen (Internet), damit kein Antwortpaket generiert wird, welches Informationen verrät oder zu einem DDoS-Angriff beitragen könnte. Für freundliche Netze (LAN, WiFi) eignet sich *unreachable*, damit die Clients sofort Bescheid wissen und der Anwender nicht lange auf ein Timeout warten muss.

Die Routingtabelle füllt sich um die neuen Zielnetze und Switch sw01 listet stolz (verkürzt) sein Wissen über die Netzlandschaft auf (am Beispiel von IPv6 und dem ip-Kommando):

```
root@sw01:~# ip -6 route show
fd00:1::/64 dev e101-001-0 proto kernel metric 256  pref medium
fd00:110::/64 via fd00:1::110 dev e101-001-0 metric 1024  pref medium
fd00:120::/64 dev e101-002-0 metric 1024  pref medium
blackhole fd00:130::/64 dev lo metric 1024  error -22 pref medium
unreachable fd00:140::/64 dev lo metric 1024  error -113 pref medium
unreachable fe80::/64 dev lo proto kernel metric 256  error -101  [...]
fe80::/64 dev eth0 proto kernel metric 256  pref medium
fe80::/64 dev e101-001-0 proto kernel metric 256  pref medium
fe80::/64 dev e101-002-0 proto kernel metric 256  pref medium
```

Falls eine Route in der Tabelle nicht auftaucht, dann ist für den Kernel die Information nicht nutzbar oder ungültig. Die Ursache könnte ein inaktiver Netzadapter sein, hinter dem das nächste Gateway erreichbar wäre. Oder es handelt sich um eine unlogische Kombination aus Zielnetz, Maske und Gateway.

Default Route

Wenn der Router keine Ahnung hat, wie er ein bestimmtes Zielnetz erreichen soll, greift er auf die *Default Route* zurück. Sie ist die letzte Rettung,
damit das IP-Paket doch noch sein Ziel erreichen kann. Je nach Hersteller
und Übersetzung heißt diese Methode auch Standardrouter, Standardgateway, Default Gateway oder Standardleitpfad.

In der Konfiguration sowie der Routingtabelle wird die Standardroute mit
0.0.0.0/0 (IPv4) und ::/0 (IPv6) gelistet. Der OPX-Switch wird mit der
Default Route für IPv4 und IPv6 aufgeschlaut:

```
opx-config-route create --dst ::/0 --nh_addr fd00:1::110
opx-config-route create --dst 0.0.0.0/0 --nh_addr 10.1.1.110
```

Hinweis

Falls keine *Default Route* bekannt ist, landen alle Pakete mit unbe-
kanntem Ziel im Mülleimer. Ein freundlicher Router informiert den
Absender per ICMP über das „Destination unreachable".

Geschwindigkeit und Duplex

Im Idealfall einigen sich die Netzadapter automatisch auf eine Geschwindigkeit und einen Duplex-Modus. Falls die Aushandlung scheitert oder
statische Einstellungen gewünscht sind, gibt opx-config-interface die
Vorgaben.

Beispielsweise konnektiert Port *e101-049-0* einen Server mit 10 Gbit/s im
Vollduplex-Modus.

```
opx-config-interface --port e101-049-0 --speed 10G --duplex full
```

Hinweis

Ohne Angabe von --port gilt die gewählte Einstellung für *alle* Netzadapter.

Das Kommando opx-show-interface überprüft, ob die Änderung erfolgreich war.

Nachbarschaftserkennung

OPX-Switches verteilen auf allen Switchports ihre Visitenkarte an direkt benachbarte Geräte. Ob die Empfänger die Information nutzen oder nicht; die Visitenkarte wird regelmäßig ausgehändigt. Die benachbarten Geräte handeln dabei nichts aus – sie geben lediglich ihre Kontaktinformation weiter und freuen sich über eine Antwort. Der Nachbar weiß damit den Namen und die IP-Adresse des Switches und an welchem Port er angeschlossen ist. OpenSwitch setzt für die Nachbarerkennung auf das *Link Layer Discovery Protocol* (LLDP). Das Protokoll arbeitet auf der Ethernet-Ebene und funktioniert damit unabhängig von IP-Adresse oder Managementzugang. Die empfangenen LLDP-Frames leitet ein Switch *nicht* weiter, sodass jedes Gerät nur die *direkt* verbundenen Nachbarn erfährt.

Wenn sich alle Switches im Netz per LLDP bekannt machen, sind diese Informationen für die Fehlersuche nützlich. Denn auch das *Fehlen* von Nachbarschaften ist ein wertvoller Hinweis. Weiterhin lässt sich prüfen, ob Switches korrekt verkabelt sind, denn LLDP-Pakete enthalten Portstatus und -namen.

Wenn die Switches des Labornetzwerks nach dem Beispiel in Tabelle 2.1 auf Seite 37 verkabelt sind, dann zeigt ein Blick in die LLDP-Tabelle von sw01 folgende Nachbarn (Ausgabe gekürzt):

```
root@sw01:~# lldpcli show neighbors summary | egrep -i "Int|name"
Interface:      e101-001-0, via: LLDP
    SysName:        sw11
    PortID:         ifname e101-001-0
Interface:      e101-002-0, via: LLDP
    SysName:        sw12
    PortID:         ifname e101-001-0
Interface:      e101-003-0, via: LLDP
    SysName:        sw13
    PortID:         ifname e101-001-0
Interface:      e101-004-0, via: LLDP
    SysName:        sw14
    PortID:         ifname e101-001-0
Interface:      e101-005-0, via: LLDP
    SysName:        sw02
    PortID:         ifname e101-005-0
[...]
```

Wenn es etwas präziser sein darf, liefert OpenSwitch Details zu jedem einzelnen Switchport. Die Anzeige enthüllt vielfältige Informationen über die Gegenstelle.

```
root@sw11:~# lldpcli show neighbors port e101-001-0
-------------------------------------------------------------------
LLDP neighbors:
-------------------------------------------------------------------
Interface:    e101-001-0, via: LLDP, RID: 1, Time: 0 day, 00:01:14
  Chassis:
    ChassisID:    mac 0a:87:0f:f3:21:67
    SysName:      sw01
    SysDescr:     Debian GNU/Linux 9 (stretch) Linux 4.9.110 #1 SMP [...]
    MgmtIP:       10.5.1.1
    MgmtIP:       fe80::3617:ebff:fe34:2e00
    Capability:   Bridge, off
    Capability:   Router, on
    Capability:   Wlan, off
    Capability:   Station, off
  Port:
    PortID:       ifname e101-001-0
    PortDescr:    NAS## 0 2
    TTL:          120
-------------------------------------------------------------------
```

Technischer Hintergrund

LLDP ist ein offener Standard, der als IEEE 802.1ab festgeschrieben ist. Vor seiner Einführung hatten die namhaften Hersteller ihre eigenen Protokolle für die Nachbarschaftserkennung. Die geplante Interoperabilität von LLDP kommt bei den Herstellern gut an, sodass jeder große Netzwerkausrüster einen LLDP-Agenten in seine Geräte einpflanzt. OpenSwitch folgt diesem Trend und benutzt dieselbe freie Implementierung von LLDP, die auch bei der Upstream-Distribution *Debian* dabei ist.

Der LLDP-Daemon lldpd arbeitet im Hintergrund und sendet regelmäßig Informationen über das lokale System und den benutzten Switchport im Gewand eines LLDP-Frames. Empfangene LLDP-Rahmen speichert lldpd lokal und stellt sie strukturiert über das Kommando lldpcli bereit.

Hinweis

Die eingesetzte LLDP-Software kann nicht nur LLDP: In Kapitel 23 auf Seite 287 wird lldpd fit für das *Cisco Discovery Protocol*.

Persistenz

Die beschriebenen Einstellungen gelten nur bis zum nächsten Reboot. Open-Switch speichert nur wenige Einstellungen in einer lokalen Datenbank. Aber die Konfiguration der Netzadapter, Adressierung und Routen gehören nicht dazu.

Die Settings der Netzadapter müssen also in einer Konfigurationsdatei liegen, damit das Betriebssystem beim nächsten Systemstart die Switchports startet und betriebsbereit macht. Dabei ist es unwesentlich, *wie* die Konfigurationsdatei befüllt wird: manuelle Eingabe, Skript oder Automatisierer. Bei der Syntax muss sich der Inhalt an die Spielregeln von Debian halten. Diese erwarten ihre Anweisungen in der Datei /etc/network/interfaces oder als mehrere Dateien im Verzeichnis:

```
/etc/network/interfaces.d/
```

Debian liest aus beiden Quellen und konfiguriert die Netzadapter mit den vorgefundenen Werten. Das folgende Beispiel macht aus Switchport *e101-025-0* einen gerouteten Port mit IPv6-Adresse und erhöhter MTU.

```
1  cat <<EOF > /etc/network/interfaces.d/e101-025-0
2  auto e101-025-0
3  iface e101-025-0 inet6 static
4      address 2001:db8:101::25/64
5      autoconf 0
6      mtu6 9184
7  EOF
8  ifup e101-025-0
```

Die Einstellungen werden wirksam, sobald der Switch rebootet oder das gewünschte Interface einzeln startet (Zeile 8). Alternativ kann OpenSwitch per Kommando *alle* Netzwerkeinstellungen neu laden:

```
systemctl restart networking
```

In einem Switch mit 48 Netzadaptern entsteht zwangsläufig viel Konfigurationstext. Für wiederkehrende Aufgaben greift OpenSwitch in die Werkzeugkiste der Programmierer und benutzt eine Schleife, die Anweisungen über mehrere (oder alle) Netzadapter verteilt.

Die meisten kommerziellen Switches haben alle Switchports aktiviert und im selben VLAN. Mithilfe einer Schleife und den Konfigurationszeilen aus Listing 4.1 kann OpenSwitch dasselbe Verhalten erreichen.

```
1  cat <<EOF >> /etc/network/interfaces
2  auto br0
3  iface br0 inet manual
4    bridge_stp on
5  EOF
6
7  echo -n "  bridge_ports" >> /etc/network/interfaces
8  for port_id in {1..48} ; do
9    port=$(printf "e101-%03d-0" $port_id)
10   echo -n " ${port}" >> /etc/network/interfaces
11 done
12 ifup br0
```

Listing 4.1: Alle Switchport sind aktiv und im selben VLAN

Die Schleife in Zeile 8 zählt von 1 bis 48, baut daraus den Namen des Netzadapters und hängt diesen an die Portliste der Netzbrücke an.
Alles richtig? Dann formuliert `ifquery br0` die tatsächlichen Einstellungen, so wie das Betriebssystem sie verstanden und umgesetzt hat.

Zusammenfassung

Direkt verbundene Switches lernen sich automatisch kennen und wissen, welcher Switchport mit welcher Gegenstelle verbunden ist. Diese Information wird jedoch nicht weiter verwendet. Für Konnektivität auf IP-Ebene erhalten die Geräte in diesem Kapitel statische IP-Adressen und statische Routen. Damit können sich die Teilnehmer untereinander erreichen und den angeschlossenen Servern Zugang zum Netzwerk verschaffen.
OpenSwitch nutzt die Konfigurationsmethoden von Debian, um die Netzadapter einzurichten. Durch geschickte Kombination mit einer Programmschleife sind die vielen Switchports ohne großen Aufwand eingerichtet.

Teil II

Für Fortgeschrittene

Kapitel 5

Monitoring

Wenn der Switch erst mal läuft und richtig konfiguriert wurde, ist die administrative Tätigkeit abgeschlossen. Aber im operativen Bereich gilt es die Geräte zu überwachen, Fehler zu finden und auf kritische Zustände zu reagieren. OpenSwitch nutzt dafür die klassischen Methoden des Logbuchs und der Benachrichtigung.

Logging

OPX-Switches melden alle möglichen Zustände und Vorgänge und schreiben sie ins Logbuch. Das Spektrum reicht von kleinen Informationen bis zum kritischen Alarm. Diese Meldungen sind hilfreich für die Fehlersuche und notwendig für die Systemüberwachung.

OpenSwitch protokolliert mit dem modernen Journal von *systemd*. Das Journal speichert alle Meldungen binär und hat sein eigenes Werkzeug `journalctl` für die Auswertung (vgl. Kap. 18). Das Kommando für den Meldungsticker `journalctl -f` zeigt alle Nachrichten ungefiltert in Echtzeit an. Ins Journal fließen die Meldungen von Linux-Diensten und Anwendungen.

OpenSwitch bringt sein eigenes Steuerkommando `opx-config-log` mit, welches die Logfreudigkeit von OPX-Anwendungen einstellen kann. Jede Anwendung hat einen Modulnamen und ein Loglevel. Das Loglevel bestimmt die Detailschärfe der Meldungen, angefangen bei *emerg* (wenige wichtige Meldungen), *alert, critical, error, warning, notice, info* bis *debug* (alle Meldungen). In der Voreinstellung sind die Stufen *emerg* bis *notice* für alle OPX-Anwendungen ausgewählt.

Zu den OpenSwitch-Anwendungen gehören *ROUTE, SYSTEM* oder *INTER-FACE*. Die vollständige Liste von Anwendungen und Loglevel zeigt der Befehl opx-config-log -h.

Beispielsweise soll das Journal detaillierte Hinweise zum Modul *SYSTEM* anzeigen und über die Netzadapter *INTERFACE* zusätzliche Infos liefern.

```
opx-config-log enable --module INTERFACE --level info
opx-config-log enable --module SYSTEM
```

Anschließend füllt sich das Journal mit Nachrichten der gewählten Module und liefert OPX-spezifische Meldungen, wie beispielsweise:

```
Aug 30 11:40:55 sw01 opx_nas_daemon[750]: \
  [ev_log_t_INTERFACE:NAS-LAG], 7 Lag found
Aug 30 11:45:49 sw01 opx_nas_daemon[750]: [INTERFACE:NAS-INT], \
  Bridge CREATE  event received for br24
Aug 30 11:47:15 sw01 opx_nas_daemon[750]: [INTERFACE:NAS-INTF], \
  VLAN Interface create name e101-001-0.100 64
Aug 30 17:33:16 sw01 opx_nas_daemon[750]: [ev_log_t_SAI_PORT: \
  Switch Id: 0], Speed set 40000 failed for npu port 52 with \
  err: Invalid configuration
```

Die Einstellungen zum Logging bleiben solange bestehen, bis sie geändert oder ausgeschaltet werden. Eine Kurzübersicht der aktiven Module und ihr gewähltes Loglevel bringt der Befehl opx-show-log.

Syslog

OpenSwitch verwendet neben Journald zusätzlich den älteren Logdienst Syslog. Der Administrator kann wählen, aus welcher Quelle er seine Meldungen liest, denn beide Dienste liefern dieselben Informationen.

Der Syslog-Dienst speichert Logmeldungen dienstbezogen. Jede Software kann ihre eigene Logdatei haben. Somit bleibt der Logbereich übersichtlich und jede Rubrik lässt sich individuell filtern, betrachten oder weiterschicken. Alle Logdateien liegen im Dateisystem unterhalb von /var/log/ und sind in Tabelle 5.1 aufgeführt.

Datei	Funktion
dpkg.log	Aktionen des Paketmanagers apt und dpkg
kern.log	Meldungen vom Kernel, Hardware und Netz-adaptern
messages	Enthält allgemeine Systemmeldungen
pas_debug.txt	Nachrichten zum *Platform Adaptation Service*
redis/redis-server.log	Festspeicher für Konfigurationen
user.log	Quality of Service Meldungen
sys_status.log	Meldungen zu OpenSwitch, NAS, ACL und QoS
syslog	Enthält Meldungen von verschiedenen Diensten

Tabelle 5.1: OpenSwitch verteilt Logmeldungen zweckgebunden

Einblick in die jeweilige Logdatei funktioniert Linux-typisch mit den Datei-betrachtern more oder less, sowie mit einem Editor (vgl. Anhang A). Für die Fehlersuche ist das Kommando tail mit der Option -f unersetzlich, denn es zeigt fortlaufend die neuesten Meldungen. Erst die Tastenkombi-nation *Strg-C* beendet die Anzeige und die Kommandozeile wird wieder sichtbar.

Logdateien sind die Angelegenheit von root, also gesellt sich ein sudo vor den Aufruf. Die permanente Überwachung der allgemeinen Meldungen liefert:

```
tail -f /var/log/syslog
```

In welcher Logdatei sind fehlgeschlagene Anmeldeversuche? Oder Meldun-gen über verworfene Pakete? Falls das Logging-System die gewünschten Meldungen in unterschiedlichen Dateien einsortiert, oder die Zieldatei un-bekannt ist, kann tail noch weiter ausholen und dem gesamten Logarsenal folgen. Die Option -n0 zeigt ausschließlich neue Meldungen an.

```
tail -n0 -f /var/log/*
```

Auf einem viel beschäftigten Switch fliegen die Logmeldungen nur so durch. Daher funktioniert tail auch mit einem vordefinierten Filter. Gruppiert nach einem Thema liefert die Kombination von tail und grep nur noch Meldungen, die zu einem bestimmten Dienst oder Protokoll gehören. Bei-spielsweise zeigt

```
tail -f /var/log/* | grep "e101-005-0"
```

alle Meldungen von Switchport *e101-005-0* in Echtzeit an. Andere Nachrichten werden geloggt, aber nicht angezeigt.

Zentraler Log-Server

Eine einfache Übung für OpenSwitch bzw. den Syslog-Dienst, ist das Versenden von Logmeldungen über das Netzwerk. Ein zentraler Rechner empfängt die Nachrichten von allen OPX-Switches und speichert sie dauerhaft.
Dieser zentrale Loghost kann ein schlichter Syslog-Dienst mit Datei- oder Datenbank-Backend sein. Anspruchsvoller und vielseitiger ist ein Loggingserver, der den *Elastic Stack* [5] nutzt.
Im Zeitalter von *Big Data* und günstigem Speicherplatz dürfen die OPX-Switches alles verschicken, was im System so anfällt. Die Prüfung, Zusammenfassung und Analyse erfolgen im Logserver.
Diese Methode ist besonders interessant für Geräte ohne Festplatte, da Logeinträge meist im Arbeitsspeicher gehalten werden. Folglich sind die Logs nach einem Reboot weg und können nicht für spätere Analysen oder Nachweise herangezogen werden.

Das Kommando zum Verschicken von Systemmeldungen ist in OpenSwitch einfach gehalten. Die Geschwätzigkeit über das Netzwerk mit dem Logserver 10.5.1.7 beginnt mit:

```
echo "*.*   @10.5.1.7" > /etc/rsyslog.d/remotesyslog.conf
systemctl restart rsyslog
```

Wer sich Sorgen über die zusätzliche Netzlast macht, darf gerne die Menge der Meldungen durch Einschränkungen der Facility und Severity verringern.

Hinweis

Mit dieser Änderung sendet OpenSwitch nur Meldungen an den entfernten Server, die per Syslog behandelt werden. Dienste mit eigenem Logmechanismus profitieren somit nicht vom zentralen Loghost.

> **Hinweis**
>
> Der alternative Logdienst `journald` beherrscht die Kunst des Versendens nicht. Dafür setzt OpenSwitch auf den guten alten Rsyslog.

Direkte Alarmierung

Wirklich wichtige Meldungen gehören auf das Smartphone des verantwortlichen Administrators – und zwar in Echtzeit.

Bisher liegen alle Logeinträge im Dateisystem des Switches oder beim zentralen Loghost. Falls dieser Loggingserver keine Methode zum Versenden von kritischen Meldungen hat, können der Syslog-Dienst von OpenSwitch und der Socialmedia-Messenger *Telegram* [6] diese Aufgabe übernehmen. Streng genommen übergibt Syslog eine Kopie jeder wichtigen Nachricht an ein Skript zur Alarmierung. Das Skript kommuniziert mit der API von *Telegram* und berichtet die Meldung, sodass sie das Smartphone erreicht. Erklärung zum Inhalt und zur Einrichtung gibt es in Kapitel 23 ab Seite 289.

Auf der Seite von Syslog wird entschieden, welche Meldung tatsächlich berichtenswert ist. Die neue Konfigurationsdatei `telegram.conf` trifft die Entscheidungen anhand von Facility, Severity oder Suchmustern.

```
1  cat <<EOF > /etc/rsyslog.d/18-telegram.conf
2  # Meldungen vom Typ alert, emerg und crit
3  *.crit   ^/usr/bin/telegram.sh
4
5  # Switch hat neu gestartet
6  :msg, contains, "Reached target Network is Online" \
7    ^/usr/bin/telegram.sh
8
9  # Fehlgeschlagener Login
10 :msg, contains, "Failed password for invalid user" \
11   ^/usr/bin/telegram.sh
12 EOF
13 systemctl restart rsyslog
```

Zeile 3 betrachtet alle Meldungen vom Typ *Critical* (und höher) als bedeutsam und ruft zum Telegram-Skript. Danach folgen Meldungstypen, die in der eigenen Infrastruktur einen Alarm wert sind. Beispielsweise informiert Zeile 6 über den Neustart eines Switches, was außerhalb eines

Wartungsfensters nicht vorkommen sollte. Ob eine zurückgewiesene Benutzeranmeldung in Zeile 10 den Admin nachts aus dem Schlaf brummen sollte, mag übertrieben sein. Zuletzt erhält der Syslog-Dienst seine neuen Aufgaben durch einen Restart in Zeile 13.

Die Konfigurationssyntax von Rsyslog ist etwas eigensinnig. Das hat auch der Entwickler erkannt und einen *Regular Expression Checker/Generator* [7] als Webseite bereitgestellt. Dort lassen sich die Regeln bequem in einem Webformular erstellen.

Zum Testen der Alarmierung genügt eine harmlose Syslognachricht, die als *Alert* eingeht und von der Kommandozeile erzeugt wird:

```
root@sw01:~# logger --priority local0.alert  Telegram-Test
```

Alarm

OpenSwitch hat eine Alarmanlage, die Hardwarezustände überwacht und Abweichungen berichtet. Dazu gehören Temperatursensoren, Lüfterdrehzahlen und die Stromversorgung. Wenn ein Messwert außerhalb des Schwellenwerts ist, schlägt OpenSwitch Alarm. Die Alarmmeldung wandert ins Journal, an den zentralen Logserver oder direkt ans Monitoring-Team. Je nach Meldung schaltet der Alarm-Dienst am Gehäuse eine LED an, um die Störung optisch zu unterstreichen.

Ob der Switch einen Alarm ausgelöst hat, berichtet das `opx-show-alms`-Kommando:

```
root@sw01:~# opx-show-alms
2019-08-27 11:19:53.991340      PSU 1 absent
2019-08-27 11:19:57.732190      Fan tray 2 absent
```

Im Hintergrund läuft der Dienst *opx-alm-service*, welcher die Control-Plane–Services abfragt und nach vordefinierten Texten untersucht. Sobald ein Suchmuster zu einer Meldung passt, beginnen Alarmierung und Logging.

SNMP

Das standardisierte *Simple Network Management Protocol* (SNMP) darf auf keinem Netzwerkgerät fehlen. Seit Anfang der 1990er Jahre lässt sich über SNMP der IT-Fuhrpark überwachen, konfigurieren und Fehler melden. Die Konfiguration mittels SNMP wird in der Praxis nicht oft gesehen, weil es sicherheitstechnisch sehr bedenklich ist. Aber bei der Überwachung macht das Protokoll seinem Namen alle Ehre: simpel. Auf den Netzgeräten läuft der SNMP-Agent, der das System kennt und auf Anfragen vom SNMP-Manager horcht. Der SNMP-Manager kennt alle seine Agenten und plaudert mit diesen regelmäßig über Netzauslastung, Temperaturen oder Tabellenzustände. Was der Manager mit diesen Daten anfängt, ist dem SNMP-Protokoll letztendlich egal.

OpenSwitch macht sich hier das Leben einfach und bestückt sein Linux mit der frei verfügbaren Implementierung *PySNMP* [8]. Damit ist OpenSwitch ausgestattet für die SNMP-Versionen 1, 2c und 3, sowohl für IPv4 als auch für IPv6.

Im ersten Schritt eröffnet der Switch seine Pforten via SNMP und erlaubt den lesenden Zugriff auf allen seinen Netzadaptern.

```
cat <<EOF > /etc/opx/snmp/opx_snmp.conf
[system]
sysDescr:OPX
sysContact:der.openswitch.praktiker@gmail.com
sysLocation:DC, Cologne, rack 6D
sysName:$HOSTNAME
sysObjectID:1.3.6.1.2.1.1.2
sysServices:6

[version]
v3:no
EOF
systemctl restart opx-pysnmp
```

Anschließend kann die Managementkonsole mit den SNMP-Abfragen loslegen und verschiedene Werte und Zustände erfragen. Die Authentifizierung läuft über den Community-String, der wie ein Passwort funktioniert.

In der ersten Vorstellungsrunde fragt der Laborserver nach dem Namen des Gesprächspartners. Wenn die Kommunikation, der Community-String und die IP-Adresse passen, antwortet der Switch mit seinem Hostnamen.

```
root@labsrv ~> snmpwalk -v 2c -c public 10.5.1.1 \
   SNMPv2-MIB::sysName.0
SNMPv2-MIB::sysName.0 = STRING: sw01
```

65

Der Community-String *public* ist voreingestellt und lässt sich in der Konfigurationsdatei `opx_snmp.conf` nicht verändern. Der Wechsel zu einem stärkeren String erfolgt im Programmcode von:

```
/usr/sbin/SNMPAgent
```

In der Methode `add_v1v2_users()` lässt sich der String *public* durch einen beliebigen Text ersetzen. Nach vollbrachter Änderung erfährt es der SNMP-Agent durch einen Neustart:

```
systemctl restart opx-pysnmp
```

Bevorzugt wird auf den Community-String verzichtet und auf SNMPv3 umgeschaltet, so wie es der folgende Abschnitt *Sicherheit* beschreibt.

Management Information Base

In einer *Management Information Base* (MIB) ist festgelegt, welche Informationen ein SNMP-Agent erheben und rausrücken muss. Eine MIB umfasst immer ein Thema, z. B. enthält die IPV6-ICMP-MIB viele Statistiken über IPv6 ICMP.
Ein SNMP-Agent unterstützt so viele MIBs, wie es der Hersteller einbaut – OpenSwitch legt seinem Betriebssystem nur eine Minimalausstattung bei. An dieser Stelle wird erneut das Baukastenprinzip von OpenSwitch deutlich. Das Betriebssystem enthält nur das Grundgerüst: ein SNMP-Agent und eine Bibliothek. Anpassungen an die umgebende Infrastruktur muss das DevOps-Team leisten. Immerhin ist im offiziellen Wiki Schritt-für-Schritt beschrieben, wie zusätzliche MIBs hinzugefügt werden.

Sicherheit

In den Versionen 1 und 2 von SNMP flitzt der Community-String im Klartext durch das Netz. Mit einem abgefangenen String lässt sich der Switch nicht nur *auslesen*, sondern auch konfigurieren oder neustarten. Genau aus diesem Grund ist SNMP für Konfigurationsänderungen ungeeignet und auch das obige Beispiel erlaubt nur die *readonly*-Option für den Zugriff. Diesen fehlenden Schutz adressiert SNMP-Version 3 mit Verschlüsselung, Authentifizierung per Benutzername nebst Kennwort, und verschiedenen Kryptoalgorithmen. Der berüchtigte Community-String verschwindet. Die gewonnene Sicherheit geht sehr zulasten des simplen Protokolls, was die Verbreitung der neuen Version 3 hemmt.

Bezogen auf OpenSwitch benötigt die Konfigurationsdatei im Abschnitt [version] den Auftrag für SNMPv3 mit der Anweisung v3:yes. Die Securityeinstellungen folgen in einer weiteren Datei. Für die SNMP-Abfrage per Version 3 kommt der User *PRAKTIKER* dazu.

```
cat <<EOF >> /etc/opx/snmp/snmpv3.conf
PRAKTIKER,authPriv,usmHMACSHAAuthProtocol,Passwort123, \
  usmAesCfb128Protocol,Passwort123,(1,3,6)
EOF
```

Für die Managementkonsole gestaltet sich die Abfrage aufwendiger, denn die gewählten Werte für Verschlüsselung und Authentifizierung müssen übereinstimmen. Das folgende Beispiel holt dieselbe Information wie vorher, allerdings per SNMPv3.

```
snmpwalk -v3 -l authPriv -u PRAKTIKER -a SHA -A Passwort123 \
  -x AES -X Passwort123 10.5.1.1 SNMPv2-MIB::sysName.0
SNMPv2-MIB::sysName.0 = STRING: sw01
```

Traps

Bisher war der Monitoringserver stets in der *Hol*-Schuld und musste jeden Switch nach jedem Status aushorchen. Und die permanente Fragerei von hunderten von Switches erzeugt eine gewisse Grundlast für Netzwerk und CPU der Geräte.

Also dreht SNMP den Spieß um und lässt die Geräte selbstständig handeln. Wenn ein Wehwehchen auftritt, ist die Netzkomponente in der *Bring*-Schuld und berichtet mittels SNMP-Traps an den voreingestellten Server.

Ein SNMP-Trap ist im Wesentlichen die Antwort auf eine nichtgestellte Abfrage. Der Vorteil liegt darin, dass der Switch jederzeit ein Trap senden kann, ohne dass er auf die nächste Fragerunde warten muss.

OpenSwitch hat leider keine fertige Implementierung von SNMP-Traps. Die verwendete Bibliothek bietet die Traps zwar an, aber kein Teil von OpenSwitch verbindet Alarme mit Traps. Immerhin liegt dem Programmcode der Bibliothek Beispiele bei, die eine eigene Implementierung erleichtern.

Kommandozeile

OpenSwitch bietet auf der Kommandozeile einen Werkzeugkasten gefüllt mit Arbeitsgeräten für die tippfreudige Observierung. Die meisten dieser Überwachungstools gehören zu den üblichen verdächtigen Linux-Kommandos, die auch beim Troubleshooting gern gesehen sind und aus keiner Distribution wegzudenken sind. Falls einer der folgenden Befehle auf dem lokalen Switch fehlt, kann `apt install` das nachholen.

opx-ethtool

Das passende Werkzeug zum Anzeigen und Verändern von Stellschrauben der Netzadapter ist `opx-ethtool`. Die Änderung beschränkt sich auf Duplex und Geschwindigkeit. Dazu gibt es tiefen Einblick in den EEPROM von Adaptern und Transceivern. Im einfachsten Fall liefert `opx-ethtool -S` reichlich Statistiken zu einzelnen Netzadaptern.

tcpdump

Der Klassiker zum Anzeigen von Ethernet-Paketen, die gerade einen Adapter verlassen oder betreten. `tcpdump` greift dabei nicht in die Kommunikation ein, sondern listet die übermittelten Pakete in Echtzeit in der Konsole. Bei viel Datenverkehr kann das schon mal unübersichtlich werden, aber dafür hat `tcpdump` umfassende Filter, die nur das Wesentliche auf dem Bildschirm erscheinen lassen.

> **Hinweis**
>
> Auf Hardware-Switches verschweigt `tcpdump` Pakete, die *durch* den Switch fließen und zeigt nur die Pakete an, die zur Control-Plane wollen. Nur im virtuellen Umfeld präsentiert `tcpdump` wirklich alle Pakete.

opx-show-env

Alle Temperaturen, Drehzahlen, Spannungen und Leistungsangaben auf einen Blick liefert `opx-show-env`. Selbst kleine Switches bieten eine erstaunlich große Anzahl an Sensoren.

Technischer Hintergrund

Viele Werkzeuge aus diesem Kapitel sind Eigenentwicklungen von Open-Switch, die mit bestehenden Linux-Tools zusammenarbeiten (z. B. Journald) oder freie Bibliotheken benutzen (z. B. PySNMP).

Die OpenSwitch-Entwickler gestalten ihren Programmcode logfreudig. Sie verwenden dazu selbstentwickelte Header-Dateien, die in allen anderen Programmen eingebunden sind und sich ausschließlich ums Logging kümmern.

Sobald irgendein OPX-Dienst eine Meldung loslässt, kommt diese zuerst im hauseigenen Log-Subsystem an. Dort wird zuerst entschieden, ob die Meldung protokolliert werden soll oder nicht. Für die Entscheidung prüft der Logger die gewählten Einstellungen von `opx-config-log` aus Abschnitt *Logging* auf Seite 59. Die ausgewählten Module und Loglevel liegen im Textformat in der Datei `/etc/opx/evlog.cfg` vor.

Im weiteren Verlauf erhält die Meldung ein Präfix mit dem Namen und der Zeilennummer des aufrufenden Codes, den Modulnamen und einen Zeitstempel. Zuletzt übergibt der OPX-Logger die fertige Nachricht an Syslog bzw. Journald.

Dieser Umweg hat mehrere Vorteile. Zum einen lässt sich die Meldungsflut kurzerhand erhöhen, um auftretende Probleme im Netzwerk gezielt aufspüren zu können. Zum anderen ist bei Programmfehlern der Dateiname mit Zeilennummer eine unschätzbare Hilfe beim Debugging.

Beim SNMP-Agent setzt OpenSwitch auf die Bibliothek PySNMP [8]. Der Programmcode von OPX ist den Beispielen der Dokumentation von PySNMP sehr ähnlich. Die Bibliothek ist vollständig, aber die Entwicklung seitens OPX ist minimal. Wer verstärkt auf SNMP setzt, sollte fit in Python sein oder zum klassischen Net-SNMP zurückkehren (vgl. Kap. 23).

Zusammenfassung

Wenn die Applikationen mal etwas träge reagieren, wird zuerst das Netzwerk verdächtigt. Und schon liegt die Beweislast bei den Netzwerkern, die mit allerlei Kommandos, Diensten und Messungen auf Ursachenforschung gehen.

Der erste Blick führt in die Logdateien der einzelnen Switches. In größeren Umgebungen hat sich der zentrale Loghost etabliert, der alle Syslogmeldungen erhält, zusammenfasst und vielleicht sogar analysiert. Und wenn es ganz eilig ist, funkt der Switch seine Mitteilung direkt auf das Smartphone. Für die regelmäßige Überwachung von Leistungsdaten der Netzkomponenten steht das bewährte Protokoll SNMP bereit. Der SNMP-Manager sammelt regelmäßig Messwerte von den Switches ein und hat damit eine detaillierte Übersicht vom gesamten Netzwerk und seinem augenblicklichen Zustand. Mit den entsprechenden Paketen lässt sich OpenSwitch auch per Nagios oder Icinga überwachen, als wäre es ein herkömmlicher Linux-Server. Der Umweg über SNMP entfällt dann.

Bei nichttrivialen Problemen geht es runter auf die Kommandozeile. Dort stehen mächtige Werkzeuge bereit, die Experten für Netzverkehr, Treibereinstellungen und Zustandstabellen sind. Da alles im Stil von Linux gehalten ist, wird sich der Linux-affine Administrator schnell zuhause fühlen.

Kapitel 6

Management Interface

Der Switch benötigt eine erreichbare IP-Adresse für den Zugriff auf die Kommandozeile. Wenn diese Adresse zu den „normalen" IP-Adressen des Geräts gehört, spricht man von *In-band*–Management. Sobald dieses Interface getrennt wird, unter hoher Last arbeitet oder Paketverluste erleidet, wird der Verwaltungszugang unbenutzbar.

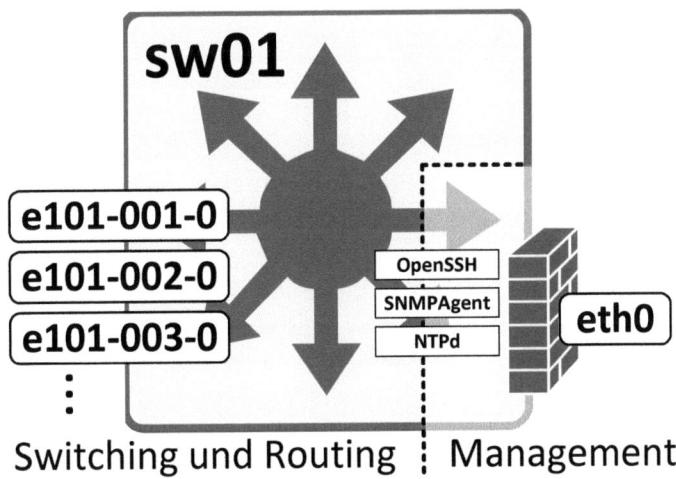

Abbildung 6.1: Out-of-band Management

Diese Situation wird vermieden, wenn der Switch einen separaten Netzwerkport mit einer zusätzlichen IP-Adresse bekommt (siehe Abbildung 6.1).

Dieser Port arbeitet *out-of-band* und:

- transportiert keine Nutzerdaten,
- erhält eine IP-Adresse, die vom normalen Routing ausgenommen ist,
- nutzt ein Regelwerk, das nur die verwendeten Managementprotokolle erlaubt,
- gestattet ausgehende Verbindungen nur in definierte IP-Bereiche.

Dieser gehärtete Zugang macht nur Sinn, wenn über die anderen Schnittstellen *kein* Managementzugriff möglich ist.
OpenSwitch erfüllt diese Anforderung auf zweierlei Weise. Denn jeder White-Box–Switch, der für OpenSwitch zertifiziert ist, hat einen separaten Netzadapter für die Verwaltung. Weiterhin kann OpenSwitch im Routing zwischen Management- und Applikationsverkehr unterscheiden.

Die folgenden Abschnitte sind eine praktische Vorgehensweise, um den Managementzugang eines OPX-Switches zu erstellen und abzusichern.

Management-Interface

Der Verwaltungsport sitzt am Gehäuse etwas abseits der normalen Switchports und ist meist durch den Schriftzug *Management* oder ein Symbol gekennzeichnet. Im Linux-Betriebssystem heißt dieser Netzadapter stets *eth0* und ist damit von den anderen Ports unterscheidbar, die mit *e101* und einer fortlaufenden Nummer angesprochen werden.
In einer virtuellen Umgebung ist das Management-Interface der erste Netzadapter der virtuellen Maschine. OpenSwitch führt die Tradition fort und tauft den Adapter *eth0*. Alle anderen heißen *e101-PPP-0* und ihre Nummer entspricht der Reihenfolge der virtuellen Netzadapter.
Auch im Labornetz ist stets der erste Netzadapter eines Geräts reserviert für den Verwaltungszugang.

Das Management-Interface erhält seine IP-Adresse genau wie die normalen Switchports (vgl. Kap. 3).

```
ip addr add 10.5.1.1/24 dev eth0
ip route add default via 10.5.1.250
```

Damit ist der Switch über eine separate Adresse erreichbar und verwaltbar – aber leider auch für den normalen Anwendungsverkehr. Eine strikte Trennung muss her! Dafür benutzt OpenSwitch eine einfache Form von *Virtual Routing and Forwarding*.

Virtual Routing and Forwarding

Eine weitere Technik, die in die virtuelle Welt ausweicht, ist die Routingtabelle. Mit dem Konzept *Virtual Routing and Forwarding* (VRF) erstellt der Router mehrere Routingtabellen, deren Inhalt unabhängig voneinander befüllt werden. Jede Routingtabelle gehört zu einer VRF-Instanz, welche eine Sammlung aus Netzadaptern, Firewallregeln und Nachbartabelle ist. Es entsteht ein virtueller Switch im physikalischen Switch.
VRF ermöglicht damit, mehrere Kundennetze über eine VRF-fähige Infrastruktur zu transportieren. Denn der Netzverkehr von Kunde A ist in seiner VRF-Instanz „gefangen" und hat keine Kenntnis der VRF-Instanz von Kunde B.

OpenSwitch sperrt den Management-Adapter in seine eigene VRF-Welt. In diese isolierte Umgebung kommen damit seine IP-Adresse, das Standardgateway und später noch der SSH-Dienst.

```
ip link set eth0 up
opx-config-vrf create --name mgmt
opx-config-vrf add --name mgmt --ports eth0
ip link set eth0 netns mgmt
ip netns exec mgmt ip addr add 10.5.1.1/24 dev eth0
ip netns exec mgmt ip route default via 10.5.1.250
```

Mit dieser Konfiguration gehört *eth0* nicht mehr zum regulären Switch, sondern zur VRF-Instanz mgmt. Und der DNS-Server ist ebenfalls über die neue Umgebung erreichbar. Die IPv4-Adresse 10.5.1.1 ist ab sofort nicht mehr über die normalen Switchports ansprechbar.
Damit der Verwaltungszugang dauerhaft separiert ist, wandert die entsprechende Konfiguration ins Dateisystem und erhält die Einstellungen aus Listing 6.1 auf der nächsten Seite für Switch sw01. Auf diese Weise behält der Switch einen separierten Managementzugang auch nach einem Reboot.

```
1  auto eth0
2  allow-hotplug eth0
3  iface eth0 inet manual
4    post-up ip link set eth0 up
5    post-up opx-config-vrf create --name mgmt
6    post-up opx-config-vrf add --name mgmt --ports eth0
7    post-up ip link set eth0 netns mgmt
8    post-up ip netns exec mgmt ip addr add 10.5.1.1/24 dev eth0
9    post-up ip netns exec mgmt ip route add default via 10.5.1.250
10   post-up ip netns exec mgmt ip link set eth0 up
```

Listing 6.1: Konfigurationsdatei /etc/network/interfaces.d/eth0 mit VRF

Die Anweisung in Zeile 10 ist doppelt gemoppelt, da der Link bereits ab Zeile 4 aktiv sein sollte. In der Praxis ist die Hardware manchmal träge und braucht eine zweite Aufforderung.

Dienste

Der Managementadapter lebt jetzt losgelöst von den restlichen Switchports. Aber die Verwaltungsdienste von SSH und SNMP gehören weiterhin zu beiden Welten. Diese müssen noch an die Management-VRF angehängt werden, damit sie bloß nicht vom restlichen Netz erreichbar sind.
Praktisch bedeutet das, den SSH-Dienst in der normalen Umgebung zu stoppen und in der Management-Umgebung zu starten.

```
1  systemctl stop ssh
2  ip netns exec mgmt /usr/sbin/sshd -o PidFile=/var/run/sshd-mgmt.pid
```

Damit der SSH-Daemon auch nach einem Neustart in der richtigen VRF aufwacht, benötigt die Konfigurationsdatei von SSH im Systemd-Manager bei allen Exec-Anweisungen das Präfix:

```
/sbin/ip netns exec mgmt
```

Da es sich insgesamt um vier Exec-Zeilen handelt, erledigt sed diesen Job:

```
sed -i -e 's!^Exec.*=!Exec\1=/sbin/ip netns exec mgmt !' \
  /lib/systemd/system/ssh.service
```

Die vollständigen Konfigurationsdateien sind über Anhang B verfügbar. Die Methoden zum Umhängen des SSH-Daemons in die Management-VRF sind beispielhaft und funktionieren auch für die anderen Verwaltungsdienste hsflowd, ntp, opx-pysnmp und Webmin (siehe Seite 76).
Anschließend sind Managementzugriffe zuverlässig vom normalen Netzverkehr getrennt.

Kommandos

Andersherum lassen sich Linux-Kommandos innerhalb der Management-VRF ausführen oder in der normalen VRF. Ein einfaches `ping` wird die Zieladresse in der Haupt-Routingtabelle oder in der Nachbartabelle suchen und anschließend loslegen. Falls der `ping` in der Management-Umgebung starten soll, muss das beim Kommandoaufruf explizit angegeben werden. Wenn der Switch sw01 den Laborserver mit dem knappen Aufruf von `ping 10.5.1.7` erreichen will, wird die Kommunikation scheitern. Denn das Netz 10.5.1.0/24, sowie der passende Netzadapter, wohnen in einer anderen VRF-Instanz. Ähnlich wie bei `sudo` steht vor dem eigentlichen Befehl der Hinweis auf die VRF. Eine SSH-Verbindung von der Management-VRF startet mit dem Präfix:

```
ip netns exec mgmt "ssh 10.5.1.7"
```

Der Zusatz ist auch bei anderen Kommandos möglich und muss stets *vor* dem gewünschten Kommando stehen.

```
ip netns exec mgmt ping6 fd00:5::7
ip netns exec mgmt traceroute 10.5.1.7
```

Ebenso ist die Sichtweise auf die Routingtabelle in den verschiedenen VRF-Instanzen unterschiedlich. Mit `ip route show` enthält die Ausgabe nur die Routen der Default-VRF. Einblick in die Tabelle der Management-VRF bietet:

```
ip netns exec mgmt ip route show
```

Die wiederholte Schreibweise vom Namensraum lässt sich durch ein Alias abkürzen:

```
alias mgmt="ip netns exec mgmt"
mgmt ip route
mgmt ping 10.5.1.7
```

Webmin

OpenSwitch lässt sich vollständig von der Kommandozeile konfigurieren, aber mit der Maus geht es bequemer. Dann kommt *Webmin* [9] ins Spiel, welches die Einrichtung von Linux auf die Weboberfläche anhebt. Damit lassen sich die Basics per Browser festlegen und die einfachen Dienste vorkonfigurieren.

Webmin ist unabhängig von OpenSwitch und installiert sich per Debian-Paket im lokalen Dateisystem. Die Software fehlt im Repository und erwartet die folgenden Befehle für ihre Installation:

```
apt install libnet-ssleay-perl libauthen-pam-perl libio-pty-perl \
   apt-show-versions unzip perl-openssl-abi-1.1 libapt-pkg-perl
wget https://downloads.sourceforge.net/project/webadmin/ \
   webmin/1.930/webmin_1.930_all.deb
dpkg -i webmin_1.930_all.deb
systemctl start webmin
```

Danach ist Webmin über den integrierten Webbrowser und TCP-Port 10000 erreichbar. Abbildung 6.2 zeigt die Möglichkeiten rund um den SSH-Dienst.

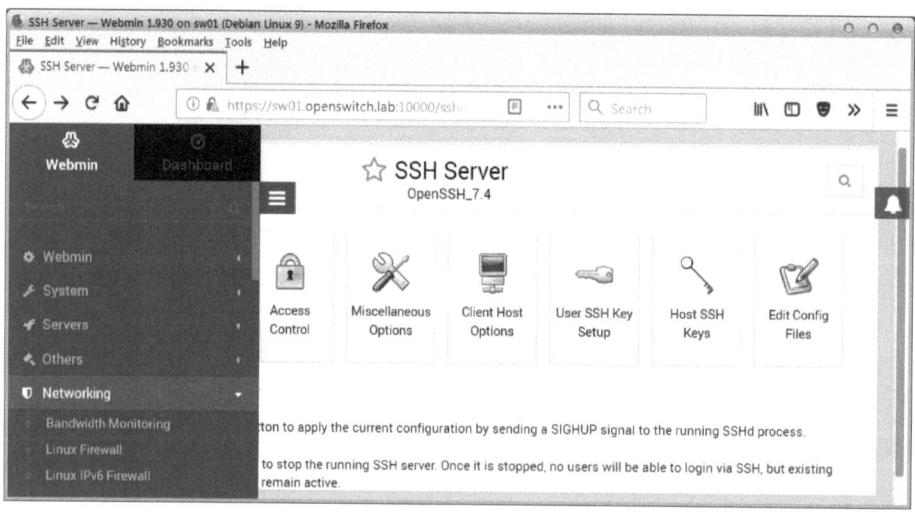

Abbildung 6.2: Konfiguration von OpenSwitch via Webbrowser

Technischer Hintergrund

Die Idee hinter *Virtual Routing and Forwarding* gibt es schon seit der Jahrtausendwende, war aber lange Zeit nur auf kommerziellen Routern zu finden. Im Linux-Betriebssystem hat man die Funktionalität von VRF mit *Network Namespaces* umgesetzt. Die Network Namespaces führen Namensräume ein, die eine gegenseitige Trennung erreichen und unabhängig voneinander arbeiten. Ein Namensraum ist prinzipiell ein weiterer Netzwerkstack im Linux-Kernel.

Eine Alternative zu den Network Namespaces gelangte im August 2015 in den Linux-Kernel. Das Modul `vrf.ko` bringt die Unterstützung direkt in den Kernel. Das `ip`-Kommando im Userspace erledigt die Konfiguration von VRF-Instanzen, IP-Adressen und befüllt die Routingtabellen. Die Linux-Distribution unter OpenSwitch bringt das Modul mit, aber die `opx`-Kommandos bevorzugen Namespaces.

Zusammenfassung

Die Verwaltung eines Switches sollte über einen separaten Netzadapter ablaufen, der besonders geschützt wird und vom Datenverkehr der Anwender unerreichbar ist. Das steigert die Sicherheit des Geräts und macht es weniger verwundbar gegenüber Angriffen oder einer Datenflut.

OpenSwitch nutzt für die Trennung das branchenübliche *Virtual Routing and Forwarding* und verbannt das Management-Interface mit seinen Diensten in einen separaten Namensraum. Dieses ist auf der IP-Ebene vom restlichen Datenverkehr getrennt und bietet einen adäquaten Schutz vor Neugierigen.

Kapitel 7

Switchports

Die vielen Anschlüsse an der Vorderseite eines OPX-Switches bieten Zugang zum Netzwerk für Server und andere Switches. Die Funktionsweise der Switchports lässt sich vielfältig einstellen. Neben dem simplen Ethernet-Switching mit oder ohne VLANs kann jeder Netzadapter seine eigene IP-Adresse erhalten, um Routingaufgaben zu übernehmen.

Dieses Kapitel beschäftigt sich mit der Einrichtung von VLANs und IP-Adressen für die Switchports. Zur Orientierung liefern die Beispiele stets die vergleichbare Konfiguration für Cisco Catalyst und Nexus Switches. Die Zusammenarbeit von mehreren Switchports zur Lastverteilung behandelt Kapitel 8.

Erste Schritte

In der Voreinstellung sind alle Switchports abgeschaltet. Lediglich der Management-Adapter *eth0* ist aktiv und sucht per DHCP seine IP-Adresse. Sobald der Switch gestartet ist, lassen sich die Switchports in Betrieb nehmen – entweder einzeln oder im Bündel.

```
1  ip link set e101-001-0 up
2  ip link set e101-003-0 up
3  for port_id in 5 6 8 10..21 24 28 ; do
4    port=$(printf "e101-%03d-0" $port_id)
5    ip link set $port up
6  done
```

Die `for`-Schleife in Zeile 3 iteriert über einer Liste von Zahlen oder Bereichen, baut sich daraus den korrekten Namen des Netzadapters (Zeile 4) und weckt den Port auf (Zeile 5).

Danach sind die Netzadapter nutzbar, haben aber noch keine Funktion. Hier ist ein gravierender Unterschied zu Switches von Cisco, welche nach einem `no shutdown` einsatzbereit sind und mit dem Switching beginnen. Bei OpenSwitch muss jeder Netzadapter explizit konfiguriert sein, bevor zwei Switchports auf Ethernetebene miteinander kommunizieren.

Switching

Die einfachste Form der Kommunikation zwischen zwei Switchports erfordert eine Netzbrücke (Bridge), welche die beiden Ports auf Ethernetebene verbindet. Abbildung 7.1 visualisiert eine Netzbrücke zwischen den ersten fünf Anschlüssen.

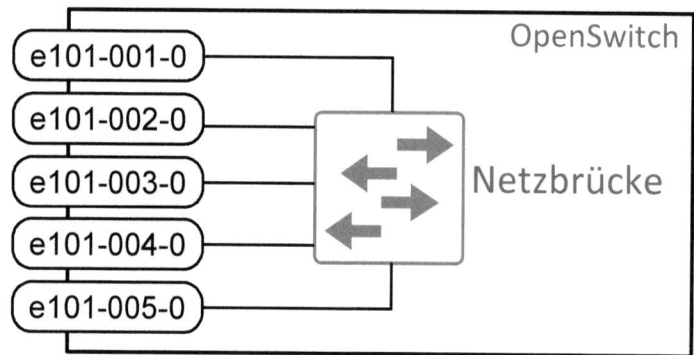

Abbildung 7.1: Eine Netzbrücke verbindet die Switchports auf OSI-Ebene 2

Alle Switchports, die sich miteinander unterhalten dürfen, werden Teil der Bridge. Diese Einstellung ist der Defaultwert in der Welt von Cisco.

```
brctl addbr br1
brctl addif br1 e101-001-0
brctl addif br1 e101-002-0
brctl addif br1 e101-003-0
brctl addif br1 e101-004-0
brctl addif br1 e101-005-0
ip link set br1 up
```

> **Achtung**
>
> Als Besonderheit benötigt OpenSwitch bei `brctl` in jeder Netzbrücke mindestens ein getaggtes Interface. Andernfalls wird der Netzwerkprozessor die Brücke zwar anlegen, aber keine Daten transportieren.

Dieser Wunsch von OpenSwitch kann dadurch entsprochen werden, dass die Netzbrücke ein weiteres Mitglied erhält. Der neue Teilnehmer ist das ungenutztes Interface *e101-030-0* mit der ungenutzten VLAN-Kennung 30:

```
ip link add link e101-030-0 name e101-030-0.30 type vlan id 30
brctl addif br1 e101-030-0.30
```

Virtuelles LAN

Ein kleines Netzwerk für Arbeitsgruppen oder für Zuhause benötigt einen Switch für die Konnektivität. Mehrere dieser Netze erfordern mehrere Switches, wobei die Teilnetze über einen Router verbunden sein können. Die Netze sind über physikalische Grenzen (der Switch) isoliert.

In größeren Umgebungen ist es unhandlich, wenn jede Rechnergruppe ihren eigenen Switch benötigt und zusätzlich eine Verbindung zum zentralen Router haben muss. Viel praktischer wäre es, wenn alle Teilnehmer mit *einem* Switch verbunden sind, und dieser die Netztrennung erledigt. Die einzelnen Netze werden *virtuell* nachgebildet. Es entstehen viele virtuelle LANs: VLANs. Die Trennung der einzelnen Netzbereiche erledigt der Switch per Software.

Damit der Switch seine VLANs unterscheiden kann, sind diese von 1 bis 4096 durchnummeriert. Welche VLAN-Nummer (VLAN-ID) zu welchem Netzwerk gehört, entscheidet der Netzdesigner oder Administrator. Eine Richtlinie für die Zuweisung existiert nicht.

Zwischen den VLANs herrscht Funkstille. Denn VLANs *sollen* die Kommunikation zwischen den Teilnetzen verhindern, genauso als wären es unterschiedliche physikalische Geräte.

Der Kontakt zwischen den Endgeräten läuft über eine Netzkomponente auf OSI-Ebene 3: ein Router. Dieser Router hat ein Beinchen in jedem virtuellen LAN und routet zwischen den VLANs.

In vielen Designs ist der zentrale Router, der die VLANs verbindet, ebenfalls virtualisiert. Dabei entsteht jedoch kein vRouter – die Aufgabe des VLAN-Routings übernimmt der Switch und wird zum *Multi-Layer-Switch*.

Access-Port

Wenn alle Switchports im selben VLAN sind, verhält sich OpenSwitch wie ein großer, dummer Switch. Meist sind die umgebenden Infrastrukturen anspruchsvoller und separieren die Datenflut in VLANs.

Wenn ein Switchport nur Pakete eines einzelnen VLANs transportiert, handelt es sich um einen *Access-Port*. Der angeschlossene Server hat keine Kenntnis von VLANs und benötigt keine gesonderte Konfiguration. Die verschiedenen Switchports können unterschiedliche VLANs bedienen.

Beispielsweise soll Port 1 des OPX-Switches nur Pakete von VLAN 10 verschicken und alle eingehenden Pakete als VLAN 10 behandeln:

```
opx-config-vlan create --id 10
opx-config-vlan set --id 10 --ports e101-001-0
```

Unter Cisco NX-OS erreichen die folgenden Befehle eine vergleichbare Konfiguration für Port *Eth2/1*:

```
interface ethernet2/1
  switchport
  switchport mode access
  switchport access vlan 10
```

Trunk-Port

Während der *Access-Port* nur den Datenverkehr für ein einzelnes VLAN überträgt, ist der *Trunk-Port* für mehrere VLANs zuständig. Im klassischen Umfeld werden Trunks *zwischen* Switches gebildet, damit die Teilnehmer der VLANs über mehrere Switches verteilt sein können. In virtuellen Infrastrukturen sind Trunk-Ports auch zwischen Switches und dem Hostsystem einer VM-Umgebung anzutreffen.

Bevor ein Paket den lokalen Switch über einen Trunk verlässt, wird der Netzadapter das Paket mit der VLAN-Nummer markieren. Der gegenüberliegende Switch oder Server weiß anhand der Markierung, zu welchem VLAN das eingehende Paket gehört.

Abbildung 7.2 zeigt zwei Switches mit mehreren VLANs, die über einen Trunk miteinander verbunden sind. Die Trunk-Ports transportieren alle VLANs, sodass die konnektierten Server desselben VLANs eine Ethernetverbindung zueinander aufbauen können.

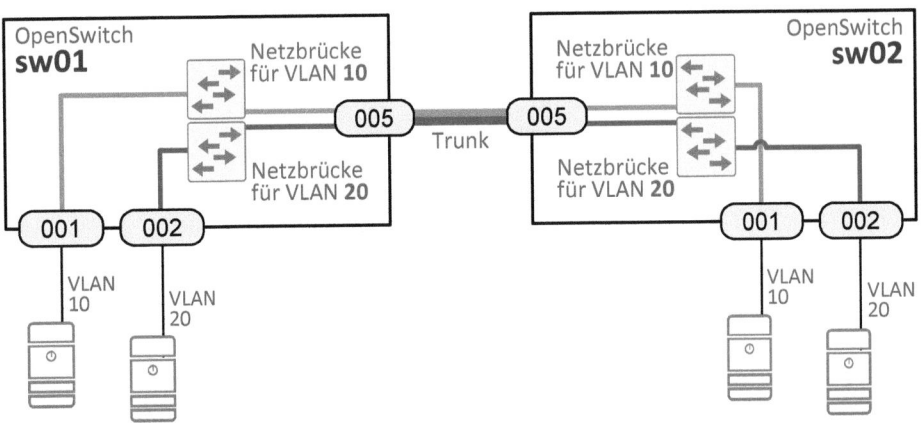

Abbildung 7.2: Der Trunk-Port transportiert alle VLANs der Access-Ports

Als Beispiel soll Switchport 5 ein Trunk-Port werden, der die VLANs 10 und 20 transportiert. Die CLI erledigt diesen Wunsch mit mehreren Anweisungen:

```
opx-config-vlan create --id 10
opx-config-vlan create --id 20
opx-config-vlan add --id 10 --taggedports e101-005-0
opx-config-vlan add --id 20 --taggedports e101-005-0
ip link set e101-005-0 up
ip link set br10 up
```

Viele Switchports und viele VLANs lassen die Konfiguration unübersichtlich werden. Welcher Port welche VLANs transportiert verrät das OPX-Kommando:

```
root@sw01:~# opx-show-vlan --summary
ID | Name | Type | Tagged ports | Untagged ports
-------------------------------------------------
10 | br10 | data | e101-005-0   | e101-001-0
20 | br20 | data | e101-005-0   | e101-002-0
```

Zur Orientierung vollbringen die folgenden Kommandos dasselbe Vorhaben auf einem Cisco Nexus.

```
interface ethernet2/5
  switchport
  switchport mode trunk
  switchport trunk allowed vlan 10,20
```

Native VLAN

Das *Native VLAN* ist ein Sonderfall bei einem Trunk-Port, denn es behandelt die transportierten Pakete eines VLANs *ohne* Markierung. Dieser Trick kann nur funktionieren, wenn beide Gegenstellen des Trunks dasselbe VLAN als *native* betrachten. Der Sender wird Pakete des *Native VLANs* ohne Kennung losschicken. Der Empfänger prüft das eingehende Paket und findet keine VLAN-Nummer. Folglich gehört es zum Native-VLAN und wird dementsprechend behandelt.

Jedes VLAN kann *Native* sein, allerdings gibt es pro Trunk maximal *ein* Native-VLAN. Um das obige Beispiel weiterzuführen, wird VLAN 30 zum Nativen. Die Auswahl ist willkürlich: VLAN 10 oder 20 wären ebenfalls eine akzeptable Wahl. Die Konfiguration der VLANs erweitert sich um:

```
opx-config-vlan create --id 30
opx-config-vlan add --id 30 --ports e101-005-0
```

Hinweis

Das Argument --taggedports versendet über den angegebenen Netzadapter *mit* VLAN-Kennung („tagged"). Das Argument --ports versendet *ohne* VLAN-Kennung und ist damit „untagged" bzw. *native*.

Ein Switchport hat maximal *ein* natives VLAN. Sobald ein weiteres ungetaggtes VLAN für exakt diesen Switchport eingerichtet wird, entfernt OpenSwitch das zuletzt konfigurierte. Als Referenz zum Cisco Nexus wird VLAN 30 ebenfalls zum nativen VLAN:

```
interface ethernet2/5
  switchport trunk allowed vlan 10,20
  switchport trunk native vlan 30
```

Layer-3-Ports

Im Gegensatz zum Switchport hat der Layer-3-Port eine IP-Adresse und kann damit Routingaufgaben übernehmen. Die IP-Adresse ist Voraussetzung für viele Protokolle, damit der Switch von den Clients oder von anderen Switches direkt angesprochen werden kann.

Switched Virtual Interface

Die englischsprachigen Überschriften nehmen zu, weil die deutschen Begriffe unüblich sind und eher Verwirrung als Verständnis hervorrufen. Beim *Switched Virtual Interface* (SVI) erhält das VLAN ein virtuelles Interface mit IP-Adresse. Damit kann das VLAN, welches bisher nur auf Ebene 2 des OSI-Modells tätig war, auch auf Ebene 3 agieren und darf in der IP-Welt mitspielen. Die Zusammenarbeit von Switchports, VLANs und einem SVI zeigt Abbildung 7.3.

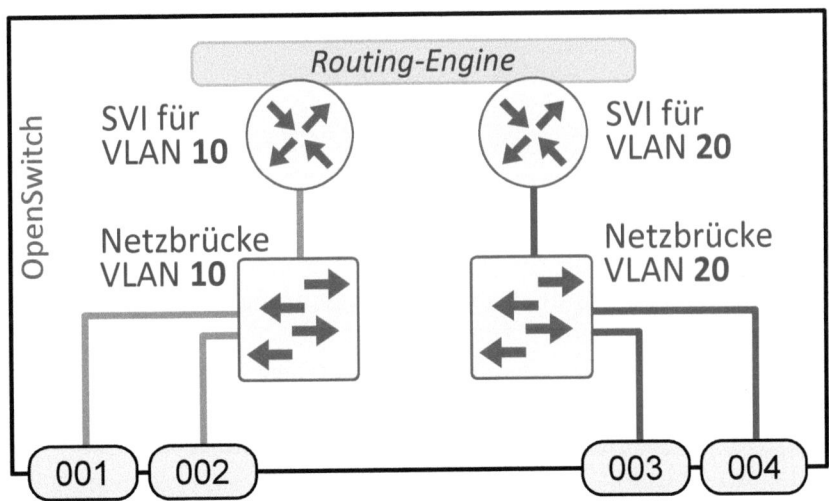

Abbildung 7.3: Das *Switched Virtual Interface* verleiht dem VLAN eine IP-Adresse

Das SVI gehört zu einem VLAN und nicht zu einem bestimmten Netzadapter. Es ist von allen Endgeräten in diesem VLAN ansprechbar. Sobald ein Switchport das zugehörige VLAN als Access- oder Trunk-Port transportiert, ist das SVI darüber erreichbar.

85

Pro VLAN und Gerät gibt es maximal *ein* SVI. Für den Switch ist das SVI ein
zusätzliches Interface; die normale VLAN-Tätigkeit wird nicht eingeschränkt
oder abgeschaltet.

Trotz seiner virtuellen Natur, lässt sich das SVI wie ein physikalischer Netzadapter konfigurieren: Per Kommandozeile erhält es eine IP-Adresse, ein
Routingprotokoll und kann auch deaktiviert werden.

In einem kleinen Beispiel erhält die Netzbrücke von VLAN 10 eine IP-Adresse
und wird damit zum *Switched Virtual Interface*.

```
ip addr add 10.1.10.1/24 dev br10
ip addr add fd00:1:10::1/64 dev br10
```

Wie sieht dieses Szenario auf einem Cisco Switch aus? Die Konfiguration
ist für Nexus und Catalyst ähnlich, wobei der Nexus einmalig die Fähigkeit
des VLAN-Interfaces aktivieren muss (Zeile 1).

```
1  feature interface-vlan
2  interface vlan 10
3    ip address 10.1.10.1 255.255.255.0
4    ipv6 address fd00:1:10::1/64
5    no shutdown
```

Routed-Port

Ernster wird die Situation bei einem gerouteten Netzadapter, welcher die
Switching-Funktion abschaltet und nur im Routing tätig ist. Das Interface
erhält eine IP-Adresse und verhält sich damit wie ein Router. Der geroutete
Port wird auf einem physikalischen Netzadapter konfiguriert und ist nur
auf diesem gültig (Abbildung 7.4).

Der Unterschied zwischen dem gerouteten Port und einem SVI liegt darin,
dass das SVI zu mehreren physikalischen Netzadaptern gehören kann. Der
Routed-Port ist ein einzelner Adapter und auf Ebene 2 von den anderen
Netzadaptern getrennt.

Die Einrichtung benötigt in der CLI den geringsten Aufwand. Der Switchport
erhält eine IP-Adresse und ist damit zum Routing-Port aufgestiegen.

```
ip addr add 10.1.6.1/24 dev e101-006-0
ip addr add fd00:1:6::1/64 dev e101-006-0
```

Bei den Switches der Cisco Catalyst-Serie muss die Switching-Funktion erst
abgeschaltet werden, bevor die Netzadapter eine IP-Adresse akzeptieren.

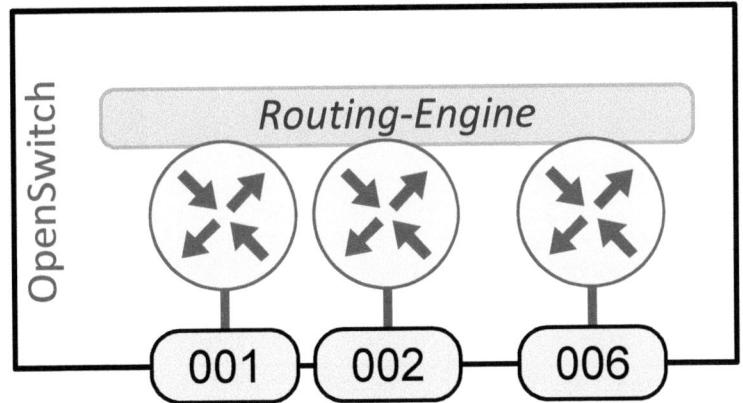

Abbildung 7.4: Der Netzadapter erhält eine IP-Adresse für das Routing

```
interface ethernet2/6
 no switchport
 ip address 10.1.6.1 255.255.255.0
 ipv6 address fd00:1:6::1/64
 no shutdown
```

Beispiel

Ein OPX-Switch ist nicht auf einen einzelnen Porttyp beschränkt. Die Konfiguration der physikalischen Anschlüsse kann bunt gemischt sein. Ob die Wahl auf Access-, Trunk- oder Routing-Port fällt, hängt vom Netzdesign und von der umgebenden Infrastruktur ab.
Zur Demonstration kommt Switch sw11 aus dem Labornetz genauer unter die Lupe. Abbildung 7.5 auf der nächsten Seite zeigt den Aufbau mit sw11 im Mittelpunkt.

- e101-001-0 und e101-002-0: Routing-Ports mit IP-Adresse. Die Kommunikation zwischen den Switches in diesem Netzdesign läuft über IP und verwendet ein Routingprotokoll.

- e101-003-0 und e101-004-0: Trunk-Ports zum benachbarten Switch sw12. Die Funktion *Trunk* ist nötig, damit alle VLANs auch zum funktionsgleichen Nachbarswitch weitergeleitet werden.

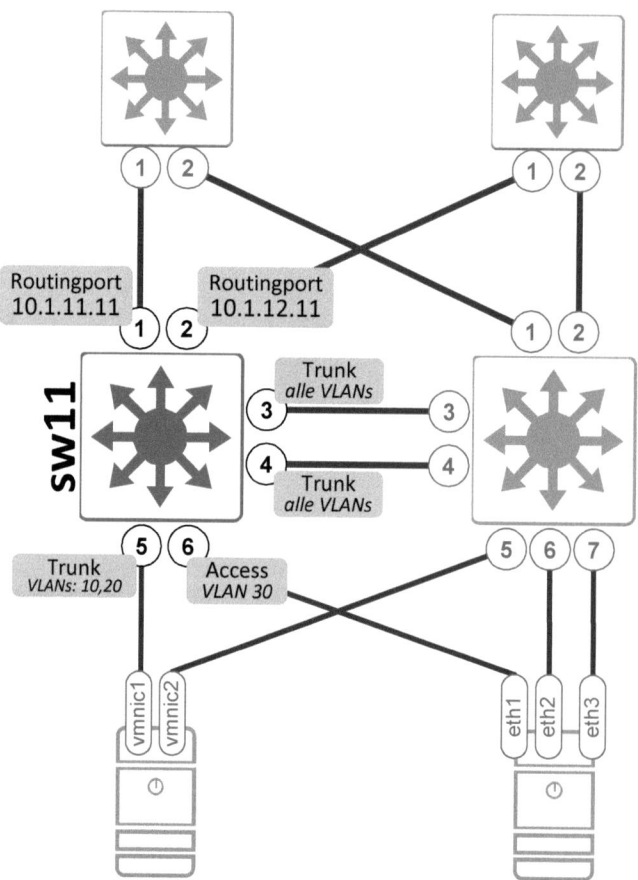

Abbildung 7.5: Das Netzdesign erfordert Access-, Trunk- und Routing-Ports

- e101-005-0: Trunk-Port zum Hostsystem einer VM-Umgebung. Das Beispiel nutzt die Funktion *Trunk-Port*, damit die virtuellen Maschinen in unterschiedlichen VLANs sein können.

- e101-006-0: Access-Port für VLAN 30. Der konnektierte Server ist damit automatisch Mitglied von VLAN 30 und hat keinen Einfluss auf VLANs oder Routing.

- VLAN 30 erhält noch ein SVI mit IP-Adresse. Damit übernimmt Switch sw11 die Rolle des Standardgateways für die Server im VLAN 30.

OpenSwitch setzt dieses Netzdesign in der Konfiguration wie folgt um:

```
1   ip addr add 10.1.11.11/24 dev e101-001-0
2   ip addr add 10.1.12.11/24 dev e101-002-0
3
4   opx-config-vlan create --id 10 --taggedports e101-003-0..e101-005-0
5   opx-config-vlan create --id 20 --taggedports e101-003-0..e101-005-0
6
7   opx-config-vlan create --id 30 --taggedports e101-003-0,e101-004-0
8
9   opx-config-vlan add --id 30 --ports e101-006-0
10
11  ip addr add 10.4.30.11/24 dev br30
```

Anschließend liefert die Übersicht der konfigurierten Netzadapter und die Routingtabelle ein gutes Feedback, ob alles seine Richtigkeit hat.

```
root@sw11:~# opx-show-vlan --summary
ID | Name | Type | Tagged ports                         | Untagged ports
----------------------------------------------------------------------------
10 | br10 | data | e101-004-0 e101-005-0 e101-003-0 | None
20 | br20 | data | e101-005-0 e101-004-0 e101-003-0 | None
30 | br30 | data | e101-004-0 e101-003-0            | e101-006-0

root@sw11:~# opx-show-route

VRF: default
Dest                   | Next hop                 | Next hop VRF
----------------------------------------------------------------------
0.0.0.0/0              | 10.5.1.250  dev eth0     | default
10.1.11.0/24           | 0.0.0.0  dev e101-001-0  | default
10.1.11.11/32          | 0.0.0.0  dev e101-001-0  | default
10.1.12.0/24           | 0.0.0.0  dev e101-002-0  | default
10.1.12.11/32          | 0.0.0.0  dev e101-002-0  | default
10.4.30.0/24           | 0.0.0.0  dev br30        | default
10.4.30.11/32          | 0.0.0.0  dev br30        | default
10.5.1.0/24            | 0.0.0.0  dev eth0        | default
[...]
```

Technischer Hintergrund

Für das Switching mit und ohne VLANs bringt OpenSwitch eigene Befehle mit, die via API mit der restlichen Hardware interagieren. Dieser Aufbau harmoniert mit der vorhandenen Implementierung im Linux-Kernel, sodass ebenfalls die Pakete *bridge-utils* und *iproute2* für die Konfiguration nutzbar sind. Dagegen ist technisch nichts einzuwenden, da es sich um ausgereifte Software handelt, die von allen Linux-Distributionen genutzt wird. Die eigentliche Kunst vollführt OpenSwitch im Hintergrund. Dort erreichen die Kommandos den Netzwerkprozessor und dieser programmiert die ASICs mit den neuen Werten. Mit dieser Methode kann Switching in Hardware ablaufen und damit hohe Gigabit-Raten erreichen (vgl. Kap. 22).

Zusammenfassung

Als Kernkomponente für das Rechenzentrum bietet OpenSwitch Routing und Switching auf allen Ports. Jeder Netzadapter lässt sich individuell einstellen und verwirklicht damit auch anspruchsvolle Netzdesigns.
Die Netzadapter können die Rolle Access-Port, Trunk-Port oder Routing-Port annehmen. Der Access-Port ist nur für ein einziges VLANs zuständig, während der Trunk-Port eine beliebige Anzahl von VLANs transportiert. Beide Porttypen arbeiten auf OSI-Ebene 2 und treffen ihre Entscheidungen anhand der Ethernet-Adresse. Beim Routing-Port erhält der Netzadapter eine IP-Adresse und belegt damit die OSI-Ebene 3. Pfadentscheidungen trifft der OPX-Switch anhand der IP-Adresse eines Pakets in Verbindung mit der eigenen Routingtabelle.
Im Hintergrund ist OpenSwitch kompatibel mit den üblichen Linux-Tools für Netzbrücken, VLANs und Trunks. Zusätzlich dazu bringt OPX eigene Befehle mit, die effizient mit Netzbrücken und -adaptern umgehen. Und das Zusammenspiel mit den ASICs liefert auf allen Switchports die erwarteten Durchsatzraten.

Kapitel 8

Ausfallschutz

Switches und ihre Verbindungen untereinander fallen manchmal aus. Und dann erfüllen sie ihre fundamentalste Aufgabe nicht mehr, die darin besteht, Pakete zu transportieren.

Und Switches fallen genauso gerne aus wie andere elektronische Bauteile. Das ist eine akzeptierte Tatsache und aus diesem Grund haben High-End-Geräte mehrere Netzteile, Lüfter, CPUs oder Uplinks. Zusätzlich hilft man sich meist damit, dass mehrere Switches als Gruppe (Cluster) auftreten. Dann entsteht ein Cluster für Hochverfügbarkeit und Ausfallschutz. Sehr beliebt ist auch die mehrfache Verkabelung zwischen zwei Geräten, um den Defekt einer einzelnen Verbindung abzufangen.

Link Aggregation

Wenn zwei Switches über mehrere Kabel miteinander verbunden sind, wird das *Spanning-Tree Protokoll* (STP, vgl. Kap. 12) aufmerksam und sperrt alle bis auf eine Verbindung. Das ist kein böswilliges Verhalten von STP, sondern die Strategie zum Vermeiden von Schleifen im Netz. Und sobald die einzige genutzte Verbindung ausfällt, wird STP eine der anderen Netzadapter entsperren und die Daten können wieder fließen.

Das Prinzip ist ganz brauchbar, aber *alle* redundanten Leitungen sind inaktiv. Das geht besser, wenn auch bei STP nur mit Tricks. Die vorteilhaftere Methode ist die Bündelung von mehreren physikalischen Leitungen zu einer logischen Portgruppe, wobei jede Leitung aktiv ist. Neben dem Ausfallschutz steht auch noch zusätzliche Bandbreite zur Verfügung. Für STP gibt es nur noch die eine logische Verbindung und keinen Grund diese zu blockieren. Die verschiedenen Hersteller waren bei der Namensgebung kreativ und die Bezeichnung der Kanalbündelung reicht vom standardisierten *Link Aggregation* über *Bonding* im Linux-Umfeld, *EtherChannel* bei Cisco, *Port Trunk* bei HPE und *Teaming* bei Microsoft Windows.

Grundlagen

Sobald mehrere Leitungen zwischen zwei Geräten als gemeinsamer Kanal arbeiten, hat der Sender die Aufgabe, die ausgehenden Pakete auf die verschiedenen Leitungen zu verteilen. Die parallele Nutzung kann eine höhere Bandbreite erreichen; im Maximum die Summe aller einzelnen Leitungen. Die beiden Endpunkte eines Kanals müssen nicht unbedingt Switches sein. Üblich ist auch die mehrfache Anbindung eines Servers oder Routers an einen Switch.

Für die Bündelung gibt es den allgemein anerkannten Standard *Link Aggregation Control Protocol* (LACP nach IEEE 802.3ad) und häufig noch herstellerspezifische Erweiterungen. OpenSwitch setzt auf LACP ohne weitere Zusätze.

Beide LACP-Partner verhandeln über ihre physikalischen Ports und bilden daraus den logischen Kanal. Im laufenden Betrieb tauschen die Partner kontinuierlich LACP-Pakete aus, um defekte Leitungen zu erkennen oder Änderungen zu propagieren.

Die Voraussetzungen für eine Kanalbündelung sind:

- Alle Leitungen müssen dieselbe Bandbreite haben.

- Alle Leitungen müssen im Vollduplexmodus arbeiten.

- Die Leitungen verbinden exakt zwei Geräte.

Interessanterweise gehört die Kenntnis von LACP nicht zu der Liste, denn ein OpenSwitch-Gerät bündelt auch Verbindungen zu unwissenden Partnern. Der Trick liegt darin, dass beide Geräte die konfigurierten Netzadapter bedingungslos zum Bündel hinzufügen und darauf vertrauen, dass die Gegenstelle dasselbe macht.

Die Anzahl der Ports im Bündel folgt keiner festen Regel. Der Algorithmus zum Verteilen der Last streut die ausgehenden Pakete brav über alle konfigurierten Interfaces, auch wenn die Anzahl ungerade ist.

Was ist mit der alten Daumenregel, dass die Anzahl der Ports immer auf der Basis von Zwei sein muss, um die Last optimal verteilen zu können? Diese Weisheit galt für Switches mit älteren Netzwerkprozessoren, die bei Bündeln aus 3, 5 oder 7 Netzadaptern relativ schief verteilt haben. OpenSwitch hält sich beim Austeilen strikt an den Algorithmus, ohne einen bestimmten Ausgang zu bevorzugen. Auf moderner Hardware sind alle Ports im Bündel gleichmäßig beteiligt.

Laboraufbau

Die Kanalbündelung kann zwischen beliebigen Teilnehmern stattfinden, solange mindestens zwei Kabel von derselben Quelle zum selben Ziel verlaufen. Für den praktischen Anfang bilden die Switches sw01 und sw02 über ihre jeweiligen Netzadapter *e101-005-0* und *e101-006-0* eine gebündelte Leitung (Abbildung 8.1).

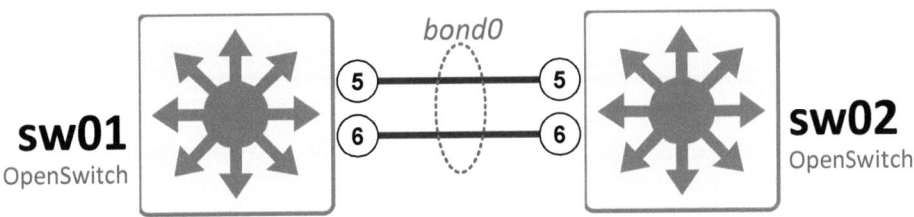

Abbildung 8.1: Die beiden Switches formen einen gemeinsamen
Kanal per LACP

Das fertige Bündel erhält einen eigenen Netzadapter mit einem passenden Namen. Die Vorgabe von Linux ist *bond0*, wobei der Name auch den Zweck beschreiben kann, z. B. *bond_sw01_sw02*. Die Konfiguration erwartet auf beiden Enden den Namen des Multi-Link–Adapters und seine Teilnehmer.

```
1  ip link del bond0
2  ip link add bond0 type bond mode 802.3ad
3
4  ip link set e101-005-0 master bond0
5  ip link set e101-006-0 master bond0
```

```
6  ip link set dev e101-005-0 up
7  ip link set dev e101-006-0 up
8  ip link set dev bond0 up
```

Die letzten drei Zeilen stellen lediglich sicher, dass die Interfaces auch angeschaltet sind. Davor bündelt das passsende opx-Kommando die einzelnen Adapter. Der Verbund ist sofort einsatzbereit:

```
root@sw01:~# opx-show-lag --summary
Ifindex | Name  | Member ports            | Admin state | Oper state
-------------------------------------------------------------------
15      | bond0 | e101-005-0 e101-006-0 | up          | up
```

Ausfallschutz

Die Switches sw01 und sw02 sind nun mehrpfadig verbunden und gewappnet, falls eine einzelne Leitung versagt. Dabei muss es sich nicht um einen physikalischen Defekt handeln. Geplante Umverkabelung im Serverschrank ohne Wartungsfenster ist ebenfalls eine mögliche Ursache für einen unvollständigen Leitungsverbund.

In beiden Fällen bemerkt LACP den Wegfall eines Netzadapters und schickt die Datenpakete über eine andere Leitung. Das LACP-Bündel bleibt im Status *UP*, aber nicht alle Teilnehmer sind bereit für die Arbeit. Die nutzbare Bandbreite reduziert sich um die Bandbreite des havarierten Netzadapters.

```
opx-show-interface --port e101-005-0,e101-006-0 --summary
Port         | Enabled | Operational status | Supported speed
----------------------------------------------------------------
e101-005-0 | yes     | down               | 1G 10G 40G
e101-006-0 | yes     | up                 | 1G 10G 40G
```

OpenSwitch protokolliert den Ausfall mit einer knappen Meldung im eigenen Logbuch.

```
Aug 16 14:26:46 sw01 kernel: bond0: link status definitely down \
   for interface e101-005-0, disabling it
```

Im Fehlerfall wünscht sich das Monitoring-Team bestimmt eine Alarmierung und so kann OpenSwitch seinen Besitzer per Syslog und/oder SNMP-Trap benachrichtigen (vgl. Kap. 5).

Lastverteilung

In der Voreinstellung hält sich OpenSwitch brav an den vorgegebenen Algorithmus von Linux. Dieser berücksichtigt Quell- und Ziel-MAC-Adresse. Diese Informationen wandern in eine XOR-Operation und das Ergebnis ist die Nummer des ausgehenden Netzadapters. Folglich werden alle Verbindungen eines Clients zu seinem Server immer über denselben Adapter versendet, denn während einer Verbindung ändern sich die Ethernetadressen nicht.

Der Bonding-Treiber von Linux bietet alternative Methoden für die Lastverteilung, von denen nicht alle kompatibel mit LACP sind. Die *Transmit Hash Policy* `layer2+3` verwendet MAC- und IP-Adressen für die XOR-Operation und harmoniert mit 802.3ad. Abseits des Standards bewegt sich die Policy `layer3+4`, welche Quell- und Ziel-IP-Adresse und – falls vorhanden – die TCP/UDP-Portnummer berücksichtigt.

Die Hash-Policy wird beim Anlegen des neuen Adapters festgelegt. Wenn das nächste Bündel eine erweiterte Lastverteilung benutzen soll, dann lautet das beispielhafte Kommando:

```
ip link add bond1 type bond xmit_hash_policy layer2+3
```

Interoperabilität

Sobald die ersten Switches mit OpenSwitch im eigenen Datacenter an die Tür klopfen, beginnen die Prüfungen zur Verträglichkeit mit der Hausmarke. In der Theorie ist das kein Problem, denn LACP stellt eine gemeinsame Sprache für alle Hersteller dar. Die Praxis bringt kleinere Hürden, die einer der beiden Partner angleichen muss.

Die LACP-Implementierung von OpenSwitch nutzt den Linux-Kernel und hat damit seine Flexibilität. Wenn es beim Zusammenspiel mit Switches anderer Hersteller zu Problemen kommt, sind zwei Ursachen häufig anzutreffen:

- Die Rate der LACP-Statuspakete ist unterschiedlich. Es gibt zwei Raten: Schnell (jede Sekunde) oder langsam (alle 30 Sekunden) und beide Partner müssen dieselbe Rate nutzen. Empfohlen ist die schnelle Rate.

- Die Konfiguration und Liste der VLANs sind unterschiedlich. Die transportierten VLANs auf beiden Enden des Bündels müssen identisch sein. Das gilt auch für das *Native VLAN*.

Bei LACP gibt es noch den passiven und aktiven Modus, der bestimmt, ob die Aushandlung selbstständig begonnen werden darf, oder nur auf Rückfrage der Gegenstelle. Falls beide Partner passiv bleiben, beginnt keine Verhandlung und die Kanalbündelung bleibt aus. OpenSwitch verzichtet auf den passiven Modus, sodass beide Teilnehmer immer aktiv werden und keine Fehlerquelle darstellen.

Wenn sich beide Partner gar nicht einigen wollen, bietet OpenSwitch eine Alternative: Mit der Option *balance-xor* handelt der Switch nicht mehr nach Standard, sondern deaktiviert LACP und aktiviert alle Netzadapter im Bündel. Die Entscheidung für eine bedingungslose Lastverteilung in einem neuen Bond trifft das Kommando:

```
ip link add bond0 type bond mode balance-xor
```

Technischer Hintergrund

Die IEEE-Norm 802.3ad *Link aggregation* definiert, wie sich zwei Switches verhalten, um Datenpakete über mehrere aktive Leitungen auszutauschen. Der Standard ist seit dem Jahr 2000 verfügbar und alle namhaften Hersteller und Betriebssysteme haben gute Unterstützung dafür. 2008 strukturiert die IEEE um und führt den Standard unter der Bezeichnung 802.1AX fort. Für die Implementierung von LACP setzt OpenSwitch auf den vorhandenen bonding-Treiber des Linux-Kernels. Damit übernimmt OpenSwitch alle Fähigkeiten eines Linux-Bonds ohne in zusätzliche Programmierarbeit zu investieren. Der Ansatz ist legitim, da der Treiber unter der Lizenz GPL steht und die Weiterverwendung gestattet.
Die Einrichtung eines Bonds übernehmen wahlweise die Kommandos ip oder opx-config-lag. Falls die Aussage von opx-show-lag über Status und Statistik mal zu knapp ist, liefert /proc/net/bonding/bond0 die volle Palette an Informationen über den Bond (hier bond0).

Ausblick

Der Verbund von mehreren Netzadaptern zu einem starken Multi-Gigabit-Bündel ist klasse, hilft aber nicht, wenn der gesamte Switch die Arbeit einstellt. Alternativ könnten ein paar Leitungen des Bündels zu einem weiteren Switch führen, um den Ausfall eines Chassis abzufangen, aber das macht LACP nicht mit.

Der Weg führt zur *Multi-Chassis Link Aggregation* (MLAG), die genau diesen Ansatz erlaubt. Zwei Switches stellen ein *Multi-Chassis*–System dar, welches eine gemeinsame Kanalbündelung zum Partner ermöglicht. Für den Partner sieht das Multi-Chassis-Gerät wie ein einzelner Switch aus, der sogar LACP spricht.

Der Trick bei MLAG ist, dass sich beide Teile des Chassis nach außen als *ein* Switch verkleiden und sich an den LACP-Standard halten. Nach innen gibt es zwischen den Geräten intensive Kommunikation, um den Schein nach außen zu wahren.

MLAG hat sich nie als Standard etabliert, sodass jeder Hersteller seine eigene Implementierung zusammenstrickt. Leider gehört OpenSwitch nicht dazu. Im Open-Source–Bereich sind nur wenige Implementierungen bekannt, von denen noch keine ins Linux-Repository eingezogen ist. Wenn der eigene OPX-Switch fit für MLAG werden soll, muss sich eine passende Software finden und im Anschluss kompilieren, einrichten und testen.

- *MC-LAG* aus dem SONiC-Projekt. Die Bemühungen von Microsoft für einen soliden Netzwerkswitch mit Features für Ausfallschutz verlangen nach MLAG. Sowohl OpenSwitch als auch SONiC basieren auf Debian Linux, sodass eine Portierung gute Chancen auf Erfolg hat.

- *MLAG* von Cumulus Networks. Der Vorreiter von offener Software für Switches im Rechenzentrum hat bereits eine stabile Implementierung für MLAG im eigenen Betriebssystem *Cumulus Linux* eingebaut. Die Software basiert auf Python und ist damit portierbar. Aber Vorsicht: Teile des Programmcodes stehen unter einer proprietären Lizenz, die einen finanziellen Invest erwartet.

- *MLAG* von Open-Ethernet. Endlich eine fertige *und* kostenlose Implementierung. Allerdings ist der Quellcode auf Red Hat Enterprise Linux abgestimmt und liegt bereits seit mehreren Jahren unverändert auf GitHub rum.

Zusammenfassung

OpenSwitch kann mehrere Netzadapter zusammenschalten und alle involvierten Leitungen aktiv benutzen. Damit erreicht der Switch höhere Bandbreiten und gleichzeitig noch Ausfallschutz. Denn wenn eine einzelne Leitung in den Status DOWN wechselt, bleibt das Bündel aktiv und benutzt die verbliebenen Verbindungen für den Datentransport. Bei der Auswahl der Gegenstelle zeigt sich OpenSwitch offen, denn es unterstützt den marktüblichen Standard LACP, der Kanalbündelung herstellerunabhängig macht.

Kapitel 9

Zentrale Authentifizierung

Beim Zugriff auf die Managementinstrumente müssen sich die Admins gegenüber dem OPX-Switch ausweisen. Für die Anmeldung führt der Switch eigene Benutzerkonten oder kann auf einen externen Authentifizierungsserver zugreifen.

In diesem Kapitel koppelt OpenSwitch die Anmeldeversuche seiner User mit dem Verzeichnisdienst *Active Directory* von Microsoft. Für den sicheren Austausch von Kennwörtern stehen die bekannten Protokolle *LDAP* und *RADIUS*, sowie der Klassiker *TACACS+* zur Verfügung.

Das *Active Directory* steht stellvertretend für einen Verzeichnisdienst, der in der eigenen Infrastruktur betrieben wird und meist über ein lokales Netz mit seinen Authentifizierung-Clients verbunden ist.

Protokolle

Zwischen dem Authentifizierungsserver und dem -client muss eine einheitliche Sprache bestehen. Ein gutes Protokoll schützt die übertragenen Informationen gegen Mitleser, verbindet Systeme unterschiedlicher Hersteller und prüft das Benutzerkennwort (Authentifizierung) sowie dessen Berechtigung (Autorisierung).

OpenSwitch unterstützt die bewährten und weit verbreiteten Protokolle *LDAP*, *RADIUS* und *TACACS+*.

LDAP

Das *Lightweight Directory Access Protocol* (LDAP) ist eine Zugriffssprache zum Abfragen und Manipulieren von Datensätzen in einem Verzeichnisdienst. Da Benutzernamen und Kennwörter in einer zentralen Datenbank liegen, eignet sich LDAP auch für die Authentifizierung und Autorisierung. Das Microsoft *Active Directory* stellt seine Informationen per LDAP zur Verfügung. Ein Domänencontroller ist damit automatisch ein LDAP-Server. Der Zugriff ist natürlich kennwortgeschützt und bei Bedarf auch verschlüsselt.

RADIUS

Ein waschechtes Authentifizierungsprotokoll ist der *Remote Authentication Dial-In User Service* (RADIUS), denn ihm geht es hauptsächlich um Authentifizierung und Autorisierung. Um die Verwaltung der Benutzerkonten schert sich RADIUS nicht, sodass irgendein Verzeichnisdienst her muss.
Die Möglichkeiten von RADIUS sind vielseitiger als bei LDAP, denn in die Entscheidung zur Anmeldung können auch Tag und Uhrzeit, sowie IP-Adresse des Anfragenden einfließen.
Ein Windows-Server bringt Unterstützung für RADIUS in seinem *Netzwerkrichtlinienserver* (Network Policy Server, NPS) mit, der als zusätzlicher Dienst installiert wird.

TACACS+

Das *Terminal Access Controller Access-Control System Plus* (TACACS+) wurde von Cisco entwickelt, um ein zentrales Benutzermanagement zu ermöglichen. Es basiert in vielen Ideen auf dem offenen Standard TACACS (ohne Plus), aber die Erweiterungen von Cisco machen die beiden Protokolle inkompatibel zueinander.
TACACS+ geht noch einen Schritt weiter als RADIUS und trennt die Authentifizierung von der Autorisierung. Den proprietären Ansatz hat Cisco 1995 aufgegeben und die Spezifikation veröffentlicht [10].
Ob TACACS+ oder RADIUS das „bessere" Protokoll ist, bleibt häufig eine Philosophiefrage. Tabelle 9.1 zeigt die Featurematrix der Authentifizierungsprotokolle, die OpenSwitch unterstützt.

Merkmal	LDAP	RADIUS	TACACS+
Transportprotokoll	TCP	UDP	TCP
Ports	389	1812, 1813	49
	636 (TLS)	oder 1645, 1646	
Verschlüsselung	Passwort	Passwort	Ganzes Paket
Authentifizierung und	getrennt	kombiniert	getrennt
Autorisierung			
Standard	RFC	RFC	Cisco [10]
Verfügbar seit	1993	1997	1995
Popularität	1.	2.	3.

Tabelle 9.1: Vergleich der Authentifizierungsprotokolle

Laboraufbau

Der Switch sw01 wird zur zentralen Drehscheibe der Authentifizierung, denn gegenüber diesem Host können sich die Admins über alle Dienste anmelden, die eine Authentifizierung erfordern. Aktuell sind dies die Textkonsole, der SSH-Zugang und die Weboberfläche Webmin. Die Zugangsdaten dieser Dienste liegen in zusätzlichen Servern, welche der OPX-Switch über LDAP, RADIUS und TACACS+ ansprechen wird.

In Abbildung 9.1 ist dieser Authentifizierungsserver ein *Windows Server 2019* mit einem *Active Directory* und dem Netzwerkrichtlinienserver für Anfragen via RADIUS.

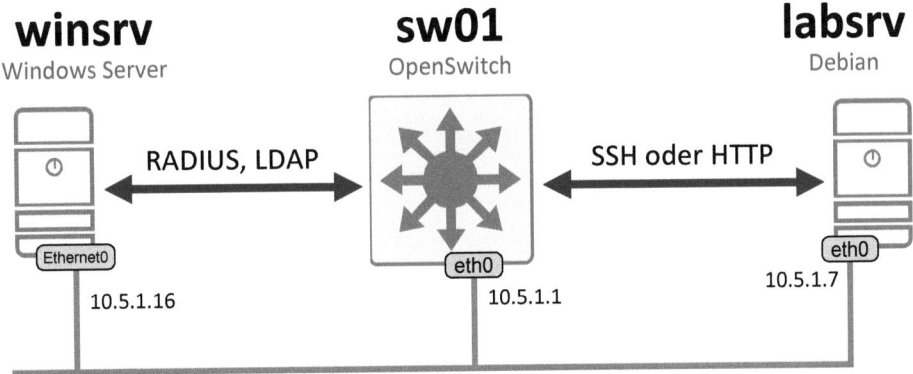

Abbildung 9.1: Laboraufbau zur Authentifizierung mit Active Directory

Mit TACACS+ hat der Microsoft Server nichts am Hut, aber die Linux-Welt hat mehrere TACACS+ Implementierungen im Angebot. Als vorteilhaft zeigt sich die Software *tac_plus* [11], da sie eine Weboberfläche für die Konfiguration mitbringt und für große Umgebungen konzipiert ist.

Hinweis

Alle Kommandos der folgenden Abschnitte benötigen root-Rechte. Also vorab mit dem Einzeiler sudo bash den Benutzer wechseln.

Microsoft Server

Der Directory-Server von Microsoft steht stellvertretend für ein Authentifizierungssystem, welches Benutzerdaten verwaltet und eine Anmeldung per LDAP oder RADIUS akzeptiert. Alternative Produkte sind *OpenLDAP* oder *Novell eDirectory*. Die Beispiele und Anleitungen beziehen sich auf den Microsoft Windows-Server, da diese Lösung in Unternehmensnetzen am weitesten verbreitet ist.

Der Windows Server speichert Benutzerinformationen, Kennwörter, Gruppen und -mitgliedschaften in seinem Verzeichnisdienst *Active Directory* (AD). Damit wird der Server zum *Domain Controller* und stellt automatisch einen LDAP-Dienst bereit. Für die Laborumgebung lautet die Stammdomäne *openswitch.lab* und daraus leitet sich auch der Pfad innerhalb der LDAP-Struktur ab.

Hinweis

Der Microsoft Windows Server wird per LDAP niemals das Kennwort eines Benutzers preisgeben.

Auf welche Weise kann der OPX-Switch ein Benutzerkennwort beim LDAP-Server prüfen? Die Echtheit des Kennworts kontrolliert der Switch nicht selber, sondern meldet sich mit den Zugangsdaten des Benutzers beim LDAP-Server an. Eine erfolgreiche Anmeldung zeigt, dass das Kennwort des Anwenders gültig ist.

Sicherheitsbewusste kombinieren LDAP mit TLS und schützen damit die Übertragung gegen Mitlesen und Manipulation. Aus LDAP wird LDAPS – die Funktionalität ändert sich nicht.

Ein neuinstallierter Server hat noch keine Funktionen aktiviert und benötigt die Rolle *Active Directory-Domänendienste*, um zum Domain Controller aufzusteigen.

Das vorerst blanke Active Directory wird verschönert mit mehreren Organisationseinheiten (Organizational Unit, OU), in welchen sich die Objekte tummeln können.

Abbildung 9.2 zeigt die administrative Sicht auf das konstruierte Active Directory *openswitch.lab* mit den organisatorischen Einheiten *Admins, Operator, Dienste* und *Gruppen*. In die OU *Dienste* kommen die AD-Objekte von nicht-personellen Konten, wie z. B. eines Switches, der sich per LDAP verbinden möchte.

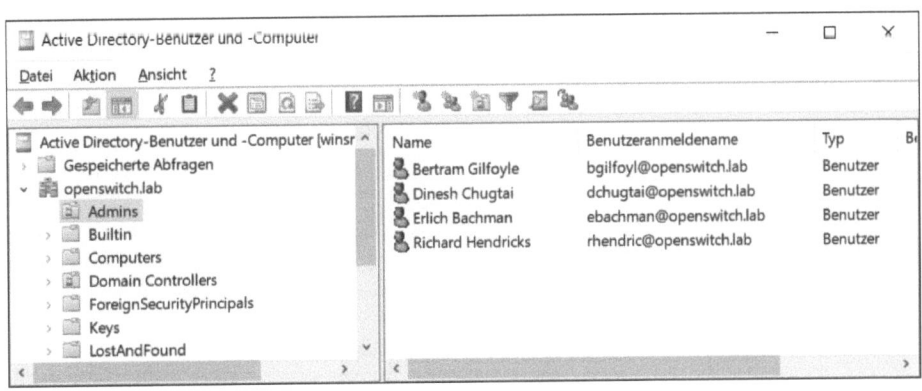

Abbildung 9.2: Active Directory mit Benutzern und Gruppen

Vorbereitung

Linux-User haben stets einen Benutzernamen (`uid`), eine Benutzernummer (`uidNumber`) und eine Gruppennummer (`gidNumber`). Diese Felder sind dem Windows Server bekannt, aber anfangs leer. Wenn sich Linux-Clients per LDAP anmelden, muss der Windows LDAP-Server die entsprechenden Werte kennen.

Jedes AD-Userobjekt muss diese Felder ausgefüllt haben. Abbildung 9.3 zeigt einen beispielhaften Benutzer mit seinen Attributen.

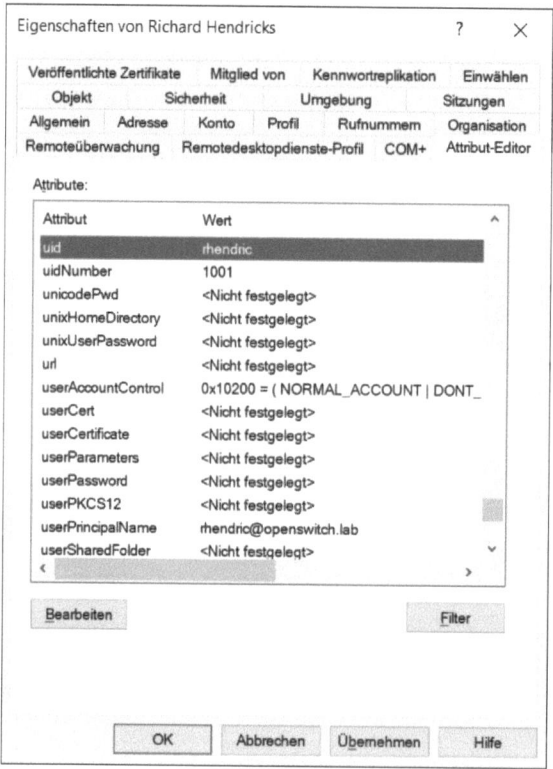

Abbildung 9.3: Active Directory Objekt mit POSIX-Attributen

LDAP

Die über LDAP sichtbare Verzeichnisstruktur orientiert sich an der Windows-Domäne und den Organisationseinheiten. Die Konfiguration der LDAP-Authentifizierung bei OpenSwitch muss deshalb zum eigenen Aufbau im Active Directory passen und wird hier nur beispielhaft gezeigt.

Auf der Gegenseite erwartet OpenSwitch zuerst eine Clientsoftware, die den Switch LDAP-fähig macht, wie beispielsweise nslcd. OpenSwitch stellt die benötigten Pakete in seinem Repository bereit und die Installation verläuft über den Paketmanager apt:

```
apt update
apt install libnss-ldapd libpam-ldapd ldap-utils nslcd
```

Nach der Installation von nslcd ruft der Paketmanager zum Interview und befeuert den Admin mit Fragen über die LDAP-Umgebung. Diese können für den Laboraufbau mit der Voreinstellung beantwortet werden.
Die Konfiguration eines LDAP-Servers verläuft über die Konfigurationsdatei /etc/nslcd.conf. Die Werte in Listing 9.1 passen zum vorgestellten AD.

```
1   uid nslcd
2   gid nslcd
3
4   binddn cn=sw01,ou=Dienste,dc=openswitch,dc=lab
5   bindpw OpenSwitch22
6
7   uri ldap://10.5.1.16/
8   base dc=openswitch,dc=lab
9   scope sub
10  ldap_version 3
11  ssl off
12
13  pagesize 1000
14  referrals off
15  idle_timelimit 1000
16
17  filter passwd (&(Objectclass=user) \
18    (memberOf=CN=Operator,OU=Gruppen,DC=openswitch,DC=lab))
19  map    passwd  homeDirectory  "/home/$uid"
20  map    passwd  gecos          displayName
21  map    passwd  loginShell     "/bin/bash"
```

Listing 9.1: OpenSwitch als LDAP-Client

Bei dieser Konfiguration ist jeder Benutzer des Active Directory berechtigt, der durch den LDAP-Filter in Zeile 17 passt – ein korrektes Passwort vorausgesetzt. Dieser Filter wird bei der Anmeldung durchlaufen. LDAP-Filter haben den Operator vorne und die Bedingungen dahinter in Klammern.

Die folgenden Beispiele aus der Praxis liefern Möglichkeiten, die Dienste eines Netzgeräts auf ausgewählte Benutzer oder Gruppen zu limitieren.

```
&(ObjectClass=user)(memberOf=CN=DC-Admins,OU=Gruppen, \
  DC=openswitch,DC=lab)
```

Die Bedingung des Filters ist erfüllt, wenn beide Checks innerhalb der Klammern wahr sind. Der anmeldende Benutzer muss ein user-Objekt sein, welches Mitglied (memberOf) der Gruppe *DC-Admins* ist. Das führende Zeichen & steht für eine logische UND-Verknüpfung.

```
|(memberOf=CN=Operator,OU=Gruppen,DC=openswitch,DC=lab) \
  (memberOf=CN=Helpdesk,OU=Gruppen,DC=openswitch,DC=lab)
```

Dieser Filter erlaubt den Zugriff, wenn der Anmelder Mitglied einer der beiden Gruppen ist: *Operator* oder *Helpdesk*. Das einleitende Zeichen | bedeutet eine logische ODER-Verknüpfung.

Als bind-Zugangsdaten kommt jeder gültige AD-Benutzer infrage, allerdings empfiehlt sich ein dedizierter Service-Account (hier *sw01*), der im Ernstfall überwacht und deaktiviert werden kann. Danach macht sich der Dienst mit systemctl restart nslcd an die Arbeit.

Die Anmeldeprozedur steuert Linux über den *Name Service Switch* (NSS) und seine Konfigurationsdatei nsswitch.conf. Dort wird die LDAP-Methode einfach an die bestehenden Authentifizierungsformen angehängt.

```
sed -i -e 's/^passwd:.*/& ldap/' /etc/nsswitch.conf
sed -i -e 's/^group: .*/& ldap/' /etc/nsswitch.conf
sed -i -e 's/^shadow:.*/& ldap/' /etc/nsswitch.conf
```

Hinweis

Die Anmeldung mit einem lokalen Benutzerkonto ist trotz LDAP-Authentifizierung noch möglich und sollte nicht unterbunden werden. Damit ist der Zugriff auf das System gewährleistet, falls der LDAP-Server unerreichbar ist.

Anschließend ist OpenSwitch bereit, den LDAP-Server als Türsteher für eine Authentifizierung zu beschäftigen.

> **Hinweis**
>
> OpenSwitch erwartet eine UID größer als 1000.

Wenn das vorhandene AD bereits Konten enthält, deren UID kleiner als 1000 ist, lässt sich das Authentifizierungssystem von OpenSwitch zu kleineren Nummern überreden:

```
sed -i -e 's/minimum_uid=1000/minimum_uid=300/' /etc/pam.d/common-*
```

Fehlersuche

Selten ist die Konfiguration auf Anhieb perfekt und genau dafür hat Linux kleine Helferlein. Eine gute Quelle für problematische Anmeldungen ist der LDAP-Nameservice. Im normalen Modus ist `nslcd` eher wortkarg; erst die Debug-Option macht den Dienst zur Quasselstrippe.

Bei gestopptem Dienst verspricht das folgende Kommando einen Wortschwall an Details, die während der Anmeldung zwischen Client, Switch und Server anfallen.

```
/usr/sbin/nslcd --debug --nofork
```

Wenn die Fehlersuche beendet ist, muss der Dienst wieder im Normalbetrieb laufen.

```
systemctl start nslcd
```

Wenn sich der LDAP-Server stur verhält, eignet sich das Suchkommando `ldapsearch` für eine gezielte Diagnose. Dafür muss `nslcd` *nicht* gestoppt werden.

```
ldapsearch -H ldap://10.5.1.16 -n -b "dc=openswitch,dc=lab" \
  -D "cn=sw01,ou=Dienste,dc=openswitch,dc=lab" -w OpenSwitch22
```

Das Kommando ist erfolgreich, wenn es *keine* Fehlermeldung auswirft. Durch die Option -n wird außer dem LDAP-BIND nichts weiter gemacht. Wenn es nicht klappt, gibt die Kommandozeile eine entsprechende Fehlermeldung:

ldap_bind: Invalid credentials (49)   Das Benutzerkonto ist unbekannt oder das Passwort ist falsch. Dieser Fehler tritt auch auf, wenn der *Distinguished Name* (DN) des Users inhaltlich fehlerhaft ist.

ldap_sasl_bind(SIMPLE): Can't contact LDAP server (-1) Der LDAP-Server ist nicht erreichbar. Die Ursache reicht von einer zwischengeschalteten Firewall, über fehlende (Internet-)Konnektivität, bis zu einer falschen IP-Adresse im `ldapsearch`-Kommando.

ldap_bind: Invalid DN syntax (34) Die Schreibweise des Anmeldekontos ist inkorrekt. Der Pfad innerhalb der Verzeichnisstruktur muss in der LDAP-Syntax angegeben sein. Im Zweifel kann man auf den grafischen LDAP-Client *LDP* zurückgreifen und durch die Verzeichnisstruktur browsen.

RADIUS

Der Windows Server bietet einen separaten RADIUS-Dienst, allerdings ist dieser nicht einfach so dabei, sondern beginnt seine Arbeit mit der zusätzlichen Serverrolle *Netzwerkrichtlinien- und Zugriffsdienste*. Nach der Installation steht der *Netzwerkrichtlinienserver* bereit, der in der englischsprachigen Dokumentation als *Network Policy Server* (NPS) bekannt ist und die Authentifizierung per RADIUS übernimmt.
Microsoft verleiht seinem RADIUS-Dienst mehr Entscheidungsfreude als bei LDAP. Die Bedingungen, ob eine Anmeldung erfolgreich sein wird oder nicht, können bei RADIUS nicht nur aus Benutzer, Windows-Gruppe oder Computer bestehen. Zusätzlich dazu kann die Anmeldung von der Uhrzeit abhängen (z. B. nur während der Arbeitszeit von 8 bis 17 Uhr) oder vom Wochentag (z. B. Montag bis Freitag). Zuletzt kann sogar die IPv4- oder IPv6-Adresse Teil der Entscheidung werden.

Bei der Authentifizierung per RADIUS übernimmt der Server die Entscheidungslogik. Dem Client sind interne Strukturen, wie Gruppen oder Organisationseinheiten, egal. Er sendet lediglich Benutzername mit Kennwort und erwartet eine Antwort. Folglich ist auch die Einrichtung des Netzwerkrichtlinienservers etwas anspruchsvoller.
Die Konfiguration beginnt im Windows Server bei *Start → Windows-Verwaltungsprogramme → Netzwerkrichtlinienserver*. Im Bereich *RADIUS-Clients* erwartet der NPS die IPv4/IPv6-Adresse jedes einzelnen RADIUS-Clients, der den Dienst benutzen darf. Beim Windows Server der *Datacenter Edition* akzeptiert die GUI auch IP-*Bereiche* und fasst damit viele Clients zusammen.

Der gemeinsame geheime Schlüssel ist ein vorbestimmter Kurztext, mit dem Teile des RADIUS-Pakets während der Kommunikation verschlüsselt werden. Abbildung 9.4 zeigt den RADIUS-Client für Switch sw01.

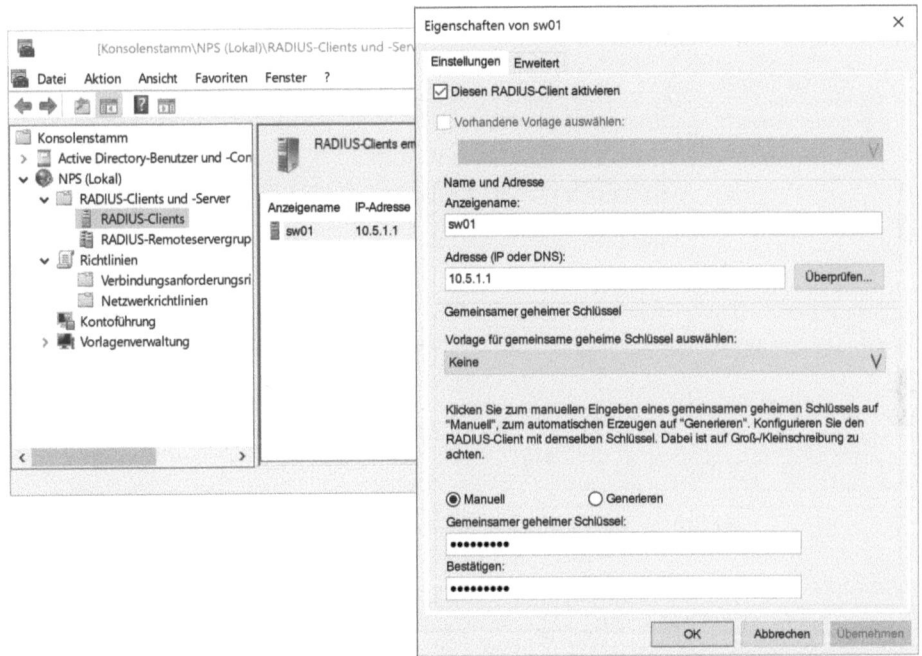

Abbildung 9.4: Netzwerkrichtlinienserver mit einem RADIUS-Client

Unter welchen Bedingungen sich ein Anwender über diesen RADIUS-Client einwählen darf, steuern die *Netzwerkrichtlinien*. Die Einstellungen in Abbildung 9.5 auf der nächsten Seite prüfen, ob der anmeldende User Mitglied der Gruppe *Operator* oder *Helpdesk* ist. Genau wie bei LDAP sind hier Verknüpfungen von mehreren Gruppen mit ODER möglich. Wenn die Bedingung erfüllt ist, verhält sich der NPS so, wie unter *Einstellungen* festgelegt ist. In diesem Fall wird der Zugriff gewährt.

Die *Netzwerkrichtlinien* können aus mehreren einzelnen Richtlinien bestehen, die von oben nach unten durchlaufen werden. Sobald die Bedingung einer Richtlinie auf den einwählenden Benutzer passt, wird sie vollzogen. Wenn keine Richtlinie gefunden wird, behandelt der RADIUS-Server seine

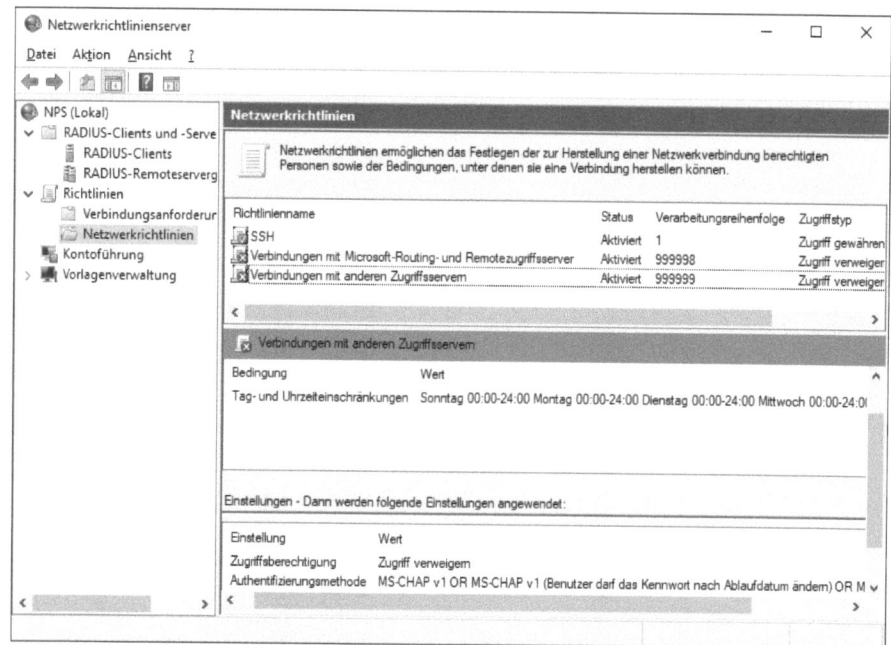

Abbildung 9.5: Netzwerkrichtlinien beim NPS

Clients stets mit Ablehnung. Die Abarbeitungslogik entspricht dem Paket-filter einer Firewall, allerdings nicht für IP-Pakete, sondern für RADIUS-Clients.

> **Hinweis**
>
> Der Netzwerkrichtlinienserver schreibt seine Entscheidungen per Vor-einstellung in eine Logdatei unter `C:\Windows\system32\LogFiles`

Bei OpenSwitch beginnt die Installation eines kompakten RADIUS-Clients mit:

```
apt update
apt install libpam-radius-auth
```

Da die harte Arbeit im RADIUS-Server verrichtet wird, sind die Einstellun-gen auf Clientseite überschaubar. Es werden die IP-Adresse des Servers und das gemeinsame Geheimnis benötigt. Listing 9.2 zeigt den Eintrag für den

```
1  # Server[:Port]       shared_secret    Timeout (secs)
2  10.5.1.16:1812        OpenSwitch22     5
```

Listing 9.2: RADIUS-Konfiguration per Datei /etc/pam_radius_auth.conf

Windows-Server. Im Gegensatz zu LDAP und TACACS+ befüllt das Paket *libpam-radius-auth* die Konfigurationsdateien der *Pluggable Authentication Module* (PAM) leider nicht automatisch. Diesen kleinen Nachteil gleicht das folgende Kommando aus, welches beispielhaft den SSH-Dienst und die Konsolenanmeldung beim RADIUS-Server nachfragen lässt.

```
sed -i '1i \
auth sufficient pam_radius_auth.so
' /etc/pam.d/sshd,login
```

Zuletzt benötigt jeder RADIUS-User einen lokalen Account. Diese Einschränkung stammt nicht von OpenSwitch, sondern von PAM. Denn das RADIUS-Authentifizierungsmodul ermittelt lediglich, dass die Kombination von Benutzername und Kennwort korrekt ist. Die Informationen zu UID, Gruppennummer und HOME-Verzeichnis muss das Betriebssystem beisteuern.

Wenn die Anmeldung mit einem gültigen Benutzer erfolgreich war, honoriert der NPS diese Aktion durch einen Eintrag in seine Logdatei (gekürzt):

```
"WINSRV","IAS",09/13/2019,21:28:17,2,,"openswitch.lab/Admins/ \
   Richard Hendricks",,,,,,,,,,0,"10.5.1.1","sw01",,,,,1,2,1,"SSH", \
   0,"311 1 10.5.1.16 09/13/2019 18:47:50 29",  [...]
```

Auch eine gescheiterte Anmeldung wird protokolliert. Für eine Fehlersuche oder eine Sicherheitsanalyse erhält die Logdatei den (gekürzten) Eintrag:

```
"WINSRV","IAS",09/13/2019,20:56:43,3,,"OPENSWITCH\rhendric",,,, \
   ,,,,0,"10.5.1.1","sw01",,,,,,,,1,,16, \
   "311 1 10.5.1.16 09/13/2019 18:47:50 2",  [...]
```

Der wesentliche Unterschied der beiden Zeilen ist die markierte Antwort des RADIUS-Servers: Der Pakettyp 2 steht für eine erfolgreiche Anmeldung (Access-Accept) und Typ 3 bedeutet die Ablehnung (Access-Reject).

Fehlersuche

Wenn die Anmeldung per RADIUS fehlschlägt, ist die beste Quelle für die Ursachenforschung die Logdatei des RADIUS-Servers. Wenn diese zu aussageschwach ist oder nicht zur Verfügung steht, bietet Linux ein RADIUS-Kommando für die Fehlersuche.

Falls der Fehler eher im Bereich des PAM-Subsystems vermutet wird, lassen sich die RADIUS-Module im Debug-Modus betreiben. Das simple Schlüsselwort debug hinter dem Modulnamen führt zur gewünschten Informationsmenge.

```
sed -i -e 's/pam_radius_auth.so\s*$/pam_radius_auth.so debug/' \
  /etc/pam.d/common-*
```

Anschließend landen die Meldungen in der Datei /var/log/auth.log und geben Einblick in das Leben von PAM. Im Normalbetrieb sollte das debug-Wort aus den PAM-Dateien wieder verschwinden, um die Logdateien nicht unnötig aufzublähen.

Einen vollständigen RADIUS-Client bringt OpenSwitch nicht mit. Für die Fehlersuche auf der Kommandozeile eignet sich das Paket *freeradius-utils* aus dem Debian-Repository.

```
apt install freeradius-utils
```

Anschließend steht das Kommando radtest zur Verfügung, welches eine RADIUS-Authentifizierung vollbringen kann.

```
radtest USER PASSWORT \
  SERVER:1812 100 SHARED_SECRET
```

Benutzername und Kennwort erscheinen im Kommandotext und in der folgenden Ausgabe im Klartext. Eine erfolgreiche Anmeldung mit einem gültigen Benutzer und korrekter Gruppenmitgliedschaft meldet diese Ausgabe:

```
radtest rhendric OpenSwitch22 10.5.1.16:1812 100 OpenSwitch22
Sent Access-Request Id 114 from 0.0.0.0:51879 to 10.5.1.16:1812 length 78
        User-Name = "rhendric"
        User-Password = "OpenSwitch22"
        NAS-IP-Address = 127.0.1.1
        NAS-Port = 100
        Message-Authenticator = 0x00
```

```
        Cleartext-Password = "OpenSwitch22"
Received Access-Accept Id 114 from 10.5.1.16:1812 to 0.0.0.0:0 length 78
        Framed-Protocol = PPP
        Service-Type = Framed-User
        Class = 0x8f81084c00000137000102000a05011000000000bd [...]
```

Alternative Antworten liefert `radtest`, wenn der RADIUS-Server die Anmeldung verweigert. Aus der Fehlermeldung lässt sich auf die Ursache schließen, wobei die angegebene *Id* in jeder Antwort wechselt und nicht für die Ursachenforschung relevant ist:

Received Access-Reject Id 162 from 10.5.1.16:1812 Die Benutzeranmeldung ist fehlgeschlagen. Im einfachsten Fall ist nur der Benutzername unbekannt oder das Kennwort fehlerhaft. Möglicherweise ist das verwendete Userkonto auch nicht Mitglied der Gruppe, die der RADIUS-Server für eine erfolgreiche Anmeldung voraussetzt.

No reply from server for ID 41 socket 3 Der RADIUS-Server sendet keine Antwort. Mit ping lässt sich sogleich eine Ende-zu-Ende–Kommunikation auf Netzwerkebene prüfen, aber RADIUS-Server verweigern auch ihre Aussage, wenn das *Shared Secret* unterschiedlich ist.

TACACS+

OpenSwitch ist fit für TACACS+. Das Gegenstück auf der Serverseite ist für dieses Szenario nicht der Windows Server, sondern die freie Implementierung *tac_plus* [11] für Linux auf dem Labor-Server.
Auf die Installation und Konfiguration des TACACS+ *Servers* wird nicht weiter eingegangen. Wichtig für die Zusammenarbeit mit dem OpenSwitch-Client sind ein gemeinsamer Schlüssel und die Benutzerkonten der Admins. Der OPX-Switch holt sich über den Paketmanager die Clientsoftware und positioniert anschließend Module, Befehle und Konfigurationsdateien im lokalen Dateisystem.

```
apt update
apt install libpam-tacplus
```

Die Einrichtung ist ähnlich schlank wie beim RADIUS-Client, denn auch bei TACACS+ liegt die Entscheidungslogik beim Server. Die Clients unterscheiden sich lediglich in der Syntax.

Der Client muss wissen, welchen Server er anspricht und mit welchem Kennwort er die Pakete verschlüsselt. Listing 9.3 adressiert den Laborserver (server=) für alle Angelegenheiten rund um die Anmeldung. Das gemeinsame Geheimnis (secret=) muss identisch auf dem Server vorliegen.

```
sed -i 's/pam_tacplus.so/& server=10.5.1.7 secret=OpenSwitch22/' \
  /etc/pam.d/common-*
```

Listing 9.3: Anmeldung am TACACS+-Server mittels PAM

Für die exakte Anpassung an den eingesetzten TACACS+-Server hält das PAM-Modul noch die Optionen login, timeout, service und protocol bereit.

Genau wie bei RADIUS benötigt auch TACACS+ einen Eintrag in der lokalen Benutzerliste für jeden User, der sich via TACACS+ anmelden darf.

Fehlersuche

Auf der Serverseite ist ein Blick in die Logdatei der erste Schritt zur Fehlerfindung. Ihr Inhalt und die Menge der Informationen sind abhängig von der Implementierung. Die hier verwendete Software verkündet ihre Nachrichten in die Datei /var/log/tac_plus.log abhängig vom Debuglevel. Der TACACS+ Client kann über das PAM-System Einblick in den Ablauf erhaschen. Dazu hält das Authentifizierungsmodul pam_tacplus.so den Zauberspruch debug bereit. Sobald dieser in derselben Zeile einer Datei von /etc/pam.d/common-* auftaucht, erhält Syslog die begehrten Meldungen. Zu den typischen Fehlerbildern gehört ein inkorrektes Passwort, welches PAM und Syslog mit den folgenden Meldungen bestätigen:

```
Sep 11 21:19:31 sw01 PAM-tacplus[30155]: auth failed: 2
Sep 11 21:19:33 sw01 sshd[30155]: Failed password for rhendric \
  from 10.5.1.7 port 54320 ssh2
```

114

Falls das Benutzerkonto im Server nicht bekannt ist, gibt PAM dazu einen typischen Kommentar.

```
Sep 11 21:21:56 sw01 sshd[30499]: Failed password for invalid \
  user mhall from 10.5.1.7 port 60885 ssh2
```

Wenn Benutzer und Kennwort gültig sind, ist eventuell der Server nicht erreichbar oder der Dienst ausgefallen. Dann lautet die passende Meldung:

```
Sep 11 21:23:29 sw01 PAM-tacplus[30719]: connection failed srv 0: \
  Transport endpoint is not connected
```

Eine weitere Clientmethode ist das Kommando tacc [12], welches eine waschechte TACACS+ Anmeldung durchführt, ohne dass sich tatsächlich ein Benutzer irgendwo anmeldet. Damit lässt sich prüfen, ob das gemeinsame Geheimnis passt, ein Benutzerkonto aktiv ist oder das Passwort stimmt. tacc hat keine Vorkenntnisse über den Server, sodass alle Informationen über die Kommandozeile bekannt gegeben werden:

```
tacc --authenticate --username=rhendric --password=OpenSwitch22 \
  --server=10.5.1.7 --remote=10.5.1.1 --service=shell \
  --protocol=ssh --secret=OpenSwitch22 --tty ttyS22
Authentication OK
```

Hinweis

Die Funktion tacc ist übrigens eine hervorragende Ergänzung zu einem Monitoring-System, denn es prüft gleichzeitig, ob der TACACS+ Server erreichbar ist, seine Dienste laufen und funktionieren.

Autorisierung

Ein angemeldeter Benutzer darf erst mal nichts. Ernsthafte Änderungen weist das Betriebssystem zurück. Für die Autorisierung vertraut OpenSwitch auf die Methoden von Linux. Aber die *lokale* Autorisierung passt so gar nicht zur *zentralen* Authentifizierung.

Die folgenden Konzepte sind Beispiele für eine Autorisierung und gelten grundsätzlich auch für andere Linux-basierte Systeme. Da sie nicht spezifisch für OpenSwitch sind, werden die Methoden nur kurz angesprochen:

- *sudo*. Unter Linux steuert *sudo*, welche authentifizierten Anwender in die Fußstapfen von `root` treten dürfen. Dazu kann *sudo* granular steuern, welcher User welche Befehle ausführen darf.
  Im einfachsten Fall lässt die Autorisierung alle User alle Befehle ausführen. Freie `root`-Rechte für alle vergibt der folgende Einzeiler:

```
echo "ALL ALL=NOPASSWD: ALL" > /etc/sudoers
```

  Anschließend wird ein `sudo bash` nicht mehr hinterfragt und steht allen angemeldeten Benutzer offen.

- *sudo-ldap*. Der große Bruder von *sudo* kann beim LDAP-Server nach den Benutzerrechten fragen. Damit liegt die Konfiguration von *sudo* im zentralen Server und gilt für alle Switches.
  Die Einrichtung in OpenSwitch ist einfach: Das Paket `sudo-bash` installieren und den LDAP-Server hinterlegen. Die Einstellungen ähneln den Werten aus Listing 9.1 auf Seite 105, wobei die Schlüsselwörter unterschiedlich sind.
  Auf der Serverseite ist die Einrichtung komplexer, da hier ein vollständiges Berechtigungskonzept realisiert werden muss. Zusätzlich dazu verlangt *sudo-bash* eine Erweiterung im *Active Directory*-Schema, um die neuen Attribute ablegen zu können.

- *PAM*. Das Authentifizierungssystem von Linux hat für die Berechtigung *nach* der Anmeldung nichts im Angebot. Während der Anmeldung kann zumindest das *account*-Modul beim Server nachfragen, ob der anmeldende User für den lokalen Switch berechtigt ist. Sobald hier ein *Ja* zurückkommt, gibt PAM die Session frei und stellt keine weiteren Fragen.
  Bei der Autorisierung via PAM kann das Konzept zumindest festlegen, welcher Admin oder welche Gruppe auf welche Switches zugreifen darf.

Sicherheit

Wenn Kennwörter (oder ihre Hashes) über das Netz verschickt werden, ist besondere Vorsicht geboten. Denn die Vertraulichkeit und Implementierung der gewählten Authentifizierungsmethode darf das bestehende Sicherheits-niveau nicht untergraben.

LDAP arbeitet grundsätzlich unverschlüsselt. Nicht einmal das Passwort ist gegen neugierige Mitleser geschützt.

Sicherheitsbewusste kombinieren LDAP mit TLS und schützen damit die Übertragung gegen Mitlesen und Manipulation.

Hinweis

Per Voreinstellung bietet der Windows Server nur unverschlüsseltes LDAP. Für die verschlüsselte LDAP-Kommunikation benötigt der Server ein Zertifikat.

Dazu müssen die *Active Directory-Zertifikatsdienste* installiert sein und es muss explizit ein Zertifikat für den LDAP-Dienst angefordert werden. Danach lauscht der Server auf Port 636 und beantwortet verschlüsselte Anfragen.

Auf der Seite des Clients ändern sich der Ressourcenbezeichner und die SSL/TLS-Optionen von Listing 9.1 auf Seite 105 zu

```
uri ldaps://10.5.1.16/
ssl on
tls_reqcert never
```

Der Kollege RADIUS geht etwas professioneller vor und verschlüsselt zu-mindest das Kennwort während der Übertragung. Ein abgefangenes *Access-Request*–Paket der RADIUS-Kommunikation offenbart dann Benutzername, IP-Adressen und Dienste, aber *nicht* das Kennwort.

Verbesserte Sicherheit bringen hier stärkere Verschlüsselungsmethoden innerhalb des RADIUS-Protokolls: CHAP oder die Microsoft-Variante MS-CHAP.

Ohne weitere Mühe verschlüsselt TACACS+ alle vertraulichen Daten, bevor sie über das Netz fliegen. Das mitgeschnüffelte Paket zeigt lediglich, ob es sich um eine Authentifizierung oder einen Autorisierungswunsch handelt. Weder Usernamen, noch Kennwörter, Dienste oder Berechtigungen sind erkennbar.

Zugegeben: Wenn einem Angreifer der gemeinsame Schlüssel bekannt ist, kann dieser das TACACS+-Paket mit einfachsten Methoden entschlüsseln.

Ein wirksamer Schutz dagegen ist die Absicherung der Übertragung mit IPsec oder einem gesicherten Tunnel per TLS. TACACS+ über TLS ist (noch) kein allgemeingültiger Standard[1], sodass eine Implementierung aufwendig wird und die zusätzliche Verschlüsselung per IPsec die bevorzugte Methode darstellt.

Technischer Hintergrund

Die externe Authentifizierung setzt auf *Pluggable Authentication Module* (PAM) von Linux, die exakt für diesen Zweck entwickelt wurden. Kaum ein Linux-Dienst macht sich die Mühe und bastelt seine eigene Anmeldeprozedur. OpenSwitch bringt mit den Paketen für LDAP, RADIUS oder TACACS+ die passenden Konfigurationsdateien und Authentifizierungsmodule für PAM mit.

Welcher Dienst welche Anmeldemethoden verwendet, steuert die gleichnamige Textdatei im Verzeichnis /etc/pam.d/. Ob der SSH-Server auf LDAP steht, lässt sich in der Datei

```
/etc/pam.d/sshd
```

nachlesen. Dort ist festgeschrieben, welche Formen der Authentifizierung, Autorisierung und Accounting durchlaufen werden und was erfüllt sein muss, damit der Anwender Zugriff erhält.

OpenSwitch orientiert sich beim Aufbau der PAM-Dateien stark an der Upstream-Distribution *Debian*. Diese fasst gemeinsame Teile von unterschiedlichen Diensten als common-Datei zusammen, welche von den spezifischen Diensten inkludiert werden. Die wesentlichen Teile einer SSH-Anmeldung bestimmt common-auth, welche ebenso den Ablauf von *cron*, *sudo* und der Textkonsole vorschreibt.

Und die common-auth hat schließlich den Bezug zum Anmeldemodul. Im Fall von RADIUS lautet die verkürzte Zeile:

```
auth  [authinfo_unavail=ignore success=2 ...]  pam_radius_auth.so
```

Bei TACACS+ ist die Anweisung funktionsgleich; nur der Hinweis auf die Moduldatei ändert sich.

---

[1]https://tools.ietf.org/html/draft-dahm-opsawg-tacacs

```
auth  [authinfo_unavail=ignore success=2 ...]  pam_tacplus .so
```

Ebenso bringt die Verwendung von LDAP als Authentifizierungssprache keine Überraschung mit:

```
auth   [success=1 default=ignore]   pam_ldap.so use_first_pass
```

Durch geschicktes Kombinieren der auth-Zeilen sind auch mehrere Formen der Anmeldung möglich. Dieses Szenario eignet sich bei unterschiedlichen Authentifizierungsservern oder wenn RADIUS *und* TACACS+ im Einsatz sind.

Zusammenfassung

Die zentrale Authentifizierung von OpenSwitch ist eine pfiffige Methode, um die Anmeldung von Administratoren zu vereinheitlichen. Damit gehört die Zeit der verstreuten Useraccounts der Vergangenheit an, da jeder Berechtigte in seiner Rolle mitspielen darf. Ebenso schnell lassen sich Konten auch wieder sperren und der Passwortzoo bleibt übersichtlich.

Die Unterstützung von Protokollen beschränkt OpenSwitch auf LDAP, RADIUS und TACACS+, was aber zu den üblichen Authentifizierungsservern passt. Bei unsicheren Verbindungen arbeitet LDAP mit TLS zusammen und verschlüsselt die Paketinhalte. RADIUS und TACACS+ haben von Hause aus schon eine Kryptofunktion, die mindestens das Kennwort schützt.

Für die Fehlersuche geben die Login-Dienste im „Debug"-Modus bereitwillig Auskunft und bieten damit sogar hartnäckigen Problemen eine Chance auf Lösung.

Kapitel 10

Systemverwaltung

Wenn die Switches konfiguriert sind und stabil arbeiten, beginnt der Regelbetrieb und die kontinuierliche Systempflege und -verwaltung. Dazu gehören Aktualisierungen von Betriebssystem und Softwarekomponenten, Updatestrategie, Support und eventuell die Neuinstallation eines Austauschgeräts.

Updates

OpenSwitch verpackt alle Aktualisierungen in regulären Debian-Paketen. Der Paketmanager *apt* installiert diese Pakete automatisiert oder manuell bei geplanten Wartungsintervallen. Der Ablauf ist marktüblich und unterscheidet sich nicht von anderen Linux-Distributionen.

Online-Updates

Die Repository-Server von OpenSwitch sind über das Internet erreichbar und stehen jedem Anwender für die Updates seiner Switches bereit. Eine spezielle Form der Authentifizierung sieht OpenSwitch nicht vor.
Der schlichte Aufruf von `apt update` überprüft, ob die Updateserver neuere Versionen der installierten Pakete haben. Falls ja, informiert `apt` über die Updatemöglichkeit, führt aber keine Aktualisierung durch. Das Softwareupdate beginnt mit dem ähnlich klingenden Kommando

```
apt upgrade
```

Je nach Umfang des Updates ist ein abschließender Reboot obligatorisch. Wenn alle Funktionen des Geräts redundant ausgelegt sind, könnte der Neustart im laufenden Betrieb erfolgen. Andernfalls ist ein Wartungsfenster die bessere Wahl für Update und Reboot.

Die regulären Online-Updates halten den Switch innerhalb einer Versionsnummer aktuell. Ein Update von Version 3.1 zu 3.2 ist damit machbar, aber nicht von Version 2 zu 3. Welche Version benutzt der vorliegende Switch? Die Kommandozeile hat darauf die passende Antwort.

```
root@sw01:~# opx-show-version
OS_NAME="OPX"
OS_VERSION="3.1.0"
PLATFORM="S3048-ON"
ARCHITECTURE="x86_64"
INTERNAL_BUILD_ID="OpenSwitch blueprint for Dell 1.0.0"
BUILD_VERSION="3.1.0.0-rc1"
BUILD_DATE="2018-12-19T12:31:44-0800"
INSTALL_DATE="2019-08-23T12:49:56+00:00"
SYSTEM_UPTIME= 1 minute
SYSTEM_STATE= running
UPGRADED_PACKAGES=no
ALTERED_PACKAGES=no
```

Wenn neue Softwarepakete innerhalb der 3er-Version verfügbar sind, bringt ein Dreizeiler den Switch auf den neuesten Stand.

```
apt update
apt upgrade
reboot
```

Update per Webproxy

Das Online-Update benötigt Internetzugriff aller Switches. Davon kann nicht immer ausgegangen werden, da der Managementzugang auf den Netzkomponenten besonders gesichert sein sollte und meist nicht frei im Internet herumsurfen darf. Wenn ein Proxyserver bereitsteht, kann *apt* diesen per Konfigurationsdatei ansteuern.
Das folgende Beispiel verwendet den Proxyserver 10.5.1.101 an TCP-Port 3128. Der Proxydienst erwartet eine Benutzeranmeldung mit dem Usernamen *openswitch* nebst Passwort *secret*.

```
sudo bash
cat <<EOF > /etc/apt/apt.conf.d/http_proxy
Acquire::http::Proxy  "http://openswitch:secret@10.5.1.101:3128";
Acquire::https::Proxy "http://openswitch:secret@10.5.1.101:3128";
EOF
```

Anschließend stellt *apt* seine Anfragen und Updatewünsche an den Proxy, der stellvertretend die Pakete vom öffentlichen Repositoryserver holt.

Eigenes Repository

Der Aufbau eines eigenen Update-Servers ist möglich und empfiehlt sich:

- wenn die Sicherheitsrichtlinie den Internetzugriff verbietet,

- wenn sehr viele Switches zum Update rufen,

- wenn die Switches beim Update nicht die neueste Version erhalten sollen, sondern eine ältere Versionsnummer.

Der lokale Repository-Server ist eine Linux-Maschine mit 10 Gigabyte freiem Speicherplatz und einem Webdienst. In der Laborumgebung kann der Lab-Server mit Debian dafür herhalten. Alternativ eigenen sich auch Red Hat und CentOS, die häufig im Serverumfeld anzutreffen sind. Am Beispiel von Debian Linux füllt der werdende Updateserver seine Dateisysteme mit OpenSwitch-Paketen und stellt diese per Weboberfläche zum Download bereit.

```
apt install apt-mirror
cat <<EOF > /etc/apt/mirror.list
deb http://deb.openswitch.net/stretch unstable main opx opx-non-free
deb http://deb.openswitch.net/stretch 3-updates main opx opx-non-free
EOF
apt-mirror /etc/apt/mirror.list
ln -s /var/spool/apt-mirror/mirror/deb.openswitch.net/stretch/ \
  /var/www/html/
systemctl start apache2
```

Wenn der eigene Updatemirror stets aktuell bleiben soll, muss er sich regelmäßig bei seiner Quelle auf den neuesten Stand bringen. Unter Linux erledigt cron mühelos diese Aufgabe und hält das lokale Repository mit wenigen Kommandos jung:

123

```
cat <<EOF > /etc/cron.d/apt-mirror
0 */6 * * *   root   /usr/bin/apt-mirror /etc/apt/mirror.list \
  >> /var/log/apt-mirror
EOF
```

Damit die anderen Switches den neuen Server als Updatequelle akzeptieren, muss die Namensauflösung von deb.openswitch.net die IP-Adresse des eigenen Servers liefern. Alternativ erhalten die Switches einen statischen Host-Eintrag, der zum lokalen Ersatz-Repository führt:

```
sudo sh -c "echo '10.5.1.7    deb.openswitch.net' >> /etc/hosts"
```

Anschließend bezieht der Paketmanager seine Softwareupdates vom benachbarten Server und betankt damit das Dateisystem.

Rollback

Wenn ein Update scheitert, oder die installierte Software schlechter ist als erwartet, dann führt der Weg rückwärts zur letzten stabilen Version. Der Paketmanager erlaubt ein Downgrade der Debian-Pakete, aber dieser Vorgang ist riskant, da Abhängigkeiten der Pakete untereinander unstimmig werden können und das Gesamtsystem noch instabiler wird.
OpenSwitch hält ein Reserve-Betriebssystem vor, welches im Auswahlmenü beim Systemstart kurz als *OPX-B* aufflackert. Wenn das letzte Update in die Hose gegangen ist, dann startet OPX-B ein frisches Linux mit OpenSwitch. Alle Änderungen, Anpassungen und Updates seit der Erstinstallation sind in diesem Dateisystem nicht vorhanden. Damit startet der Switch ein funktionierendes Betriebssystem und benötigt die Anpassungen, z. B. per Ansible (vgl. Kap. 20). Die internen Abläufe und Zusammenhänge sind in Kapitel 22 auf Seite 283 beschrieben.

Installation

Wenn sich ein irreparabler Softwarefehler eingeschlichen hat, sind Paketmanager und Reservepartition mit ihrem Latein am Ende. Für einen funktionierenden Softwarestand muss der Switch neu installiert werden. Die Installation per USB-Stick beschreibt Kapitel 2. Mit der Installation

„übers Netzwerk" und automatischer Konfiguration beschäftigt sich Kapitel 17.

Versionierung und Support

OpenSwitch verwendet die semantische Versionierung. Das Schema unterteilt eine Versionsnummer in drei Zahlen, die die Aktualität der Software widerspiegelt und den Unterschied zwischen zwei Versionen verdeutlicht. Die Version besteht aus den Teilen HAUPT.NEBEN.PATCH und hat folgende Bedeutung:

- *HAUPT* (engl. *major*). Diese Zahl wird erhöht, wenn die neue Software signifikante Veränderungen mitbringt oder mit der bestehenden Software inkompatibel ist.

- *NEBEN* (engl. *minor*). Diese Nummer wird erhöht, wenn neue Funktionen hinzukommen, die kompatibel zum Rest der *NEBEN*-Releases sind.

- *PATCH*. Die *PATCH*-Zahl zeigt korrigierte Programmfehler und Sicherheitsupdates.

Viele Anwendungen benutzen dieses Versionsschema, sodass das „Spiel mit den Zahlen" relativ geläufig sein sollte.
OpenSwitch bringt die Versionssprünge im Halbjahresrhythmus. Diese Planungssicherheit kommt in der Community gut an, wobei wichtige Sicherheitsupdates auch zwischendurch erscheinen und nicht bis zum nächsten Major-Release warten müssen.

OpenSwitch richtet sich zwar an Enterprise-Kunden und Serviceprovider, hält sich aber beim kommerziellen Support zurück. Unterstützung bekommen die Nutzer über GitHub, Mailinglisten und den Chat. Die Mailinglisten bringen gute Antworten, aber teilweise erst Tage später und eignen sich primär für die Recherche. Im Chat sind viele Entwickler vertreten, die zeitnah Auskünfte liefern. Und GitHub ist der bevorzugte Kanal, wenn die Supportanfrage auf fehlerhafte Software abzielt. In Summe sind diese Methoden kein garantierter Support, ohne festgelegte Reaktionszeiten und bei komplizierten Themen bleiben vereinzelt die Antworten aus.

Auf der kommerziellen Seite bietet der Netzausrüster Dell für seine Hard-
waremodelle in Verbindung mit OpenSwitch ein Supportangebot an. Die
Unterstützung beginnt, sobald der Kunde ein *Enhancement Package* erwirbt
und das Paket auf seinem Switch einspielt. Dabei handelt es sich tatsächlich
um ein Debian-Paket mit dem Präfix OPX_EP_ und der Endung deb.
Dell vermarktet die Kombination aus OpenSwitch und Support als *OS10
Open Edition*.
Der Listenpreis des *Dell EMC OPX Enhancement Package* liegt bei 500 USD
für Switches mit 10-Gigabit-Netzadapter oder höher. Für einen Switch mit
Gigabit-Netzadapter reduziert sich der Preis auf 250 USD, wobei nur ein
einzelnes Modell von der Kompatibilitätsliste [4] diese Anforderung erfüllt.

Abbildung 10.1 zeigt die Linien der Versionen von OpenSwitch. Die Version 2 befindet sich bereits am Ende des Supports. Version 3 ist der Hauptzug
und auf Version 4 wird spekuliert.

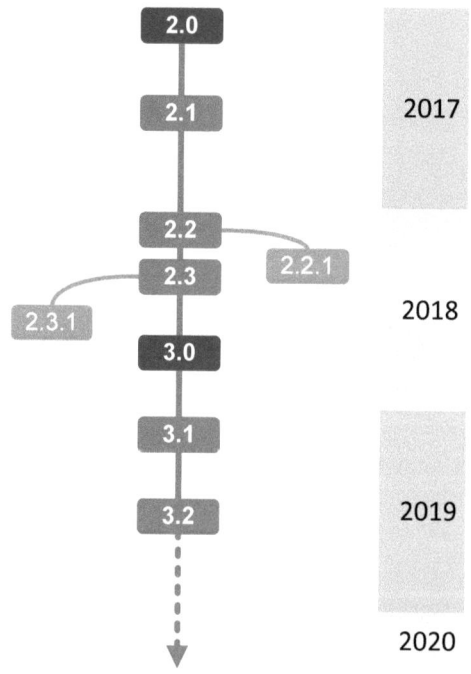

Abbildung 10.1: Versionierung von OpenSwitch

Zusammenfassung

Das Softwareupdate von OpenSwitch besteht aus zwei Befehlen. Dabei holt der Paketmanager die aktuellen Pakete vom öffentlichen Downloadserver und verteilt sie im Dateisystem. Nach einem Reboot ist der Switch up-to-date.

Grundsätzlich spricht nichts dagegen, die Switches auf dem aktuellsten Stand zu halten. Der notwendige Reboot der Geräte verträgt sich jedoch nicht mit jeder Infrastruktur, sodass das Update ein Wartungsintervall fordert.

Den klassischen Support übernimmt Dell für seine Switchmodelle in Verbindung mit OpenSwitch und tauft die Kombination aus Hardware und Software in *OS10 Open Edition*. Der genaue Umfang der Supportzusage bleibt etwas schwammig, sodass bei speziellen Auskünften auch gerne die Community per Chat, Mailingliste und GitHub ausgefragt werden kann.

Teil III

Für Experten

Kapitel 11

sFlow

Switches sind fleißig, aber schweigsam. Ihrem Besitzer geben sie einen Einblick in die Statistik der Netzadapter. Mehr als übermittelte Bytes und verworfene Pakete verrät diese Ansicht allerdings nicht.

Ein Switch wird deutlich redseliger, wenn das Zauberwort *sFlow* fällt. Damit wird OpenSwitch zur Quasselstrippe, protokolliert die übermittelten IP-Pakete und sendet die Proben per UDP an einen sFlow-Kollektor.

Der Kollektor sammelt alle Werte von den Geräten und hat damit eine ausgezeichnete Informationsquelle für Statistiken, Analysen oder Kapazitätsplanungen. Die gesammelten Daten lassen sich auch bei der Fehlerfindung, Sicherheitsaudits oder für die Abrechnung nutzen.

Inhalt einer Probe

In einem sFlow-Paket sind die Steckbriefe mehrerer IP-Pakete. Jeder Datensatz enthält statistische Informationen und die Kopfzeilen des transportierten Pakets. Bei der gängigen sFlow-Version 5 umfasst jede Probe mindestens:

- Paketgröße in Bytes
- Quell- und Ziel-IP-Adressen
- IP-Protokoll (TCP, UDP, ICMP)
- Quell- und Ziel-Ports (bei TCP oder UDP)

- Eingehendes und ausgehendes Interface des Switches

- QoS-Informationen

- Samplingrate

Der Switch erhebt diesen Datensatz aber nicht für jedes Paket. Das würde den Kollektor und die Verbindung zu ihm schnell überfordern. sFlow pickt aus den transportierten Paketen nur Stichproben heraus und berichtet diese an den Kollektor. Wie viele Stichproben bei welcher Bandbreite vereinbart werden, beschreibt Abschnitt *Samplingrate* auf Seite 135.

sFlow basiert auf dem verbindungslosen UDP-Protokoll. Daher erhält der Switch kein Feedback, ob der Kollektor die Pakete tatsächlich erhält, oder ob diese während der Übertragung verloren gehen.

Labor

Als professionelles Betriebssystem hat OpenSwitch einen Exporter für sFlow in seinem Repository. sFlow lässt sich nicht einfach anschalten. Die Einrichtung dreht sich um drei zentrale Fragen: An welchen lokalen Interfaces soll der Verkehr protokolliert werden? Wohin werden die Daten gesendet? Und welche Samplingrate ist sinnvoll?

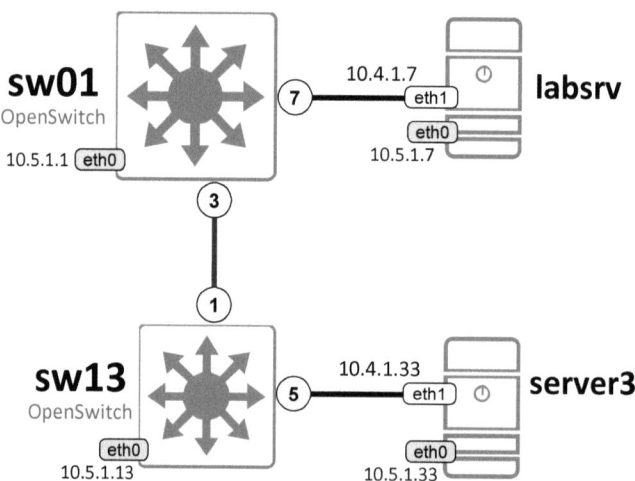

Abbildung 11.1: Switch sw01 berichtet per sFlow

In diesem Szenario berichtet der Switch sw01 dem Laborserver stichprobenartig über die transportierten Pakete. Die Einrichtung übernimmt das OPX-Kommando `opx-config-sflow`.

Das ansonsten so ruhige Labornetz benötigt für dieses Szenario ein bisschen Datenverkehr, damit der sFlow-Exporter eifrig berichten kann. Die Rolle des Bandbreitenfressers übernimmt der Rechner Server3, der jede Menge Daten durch Switch sw01 schiebt.

Der Laboraufbau ist in Abbildung 11.1 dargestellt. Die beteiligten Geräte sind in den gemeinsamen Netzen 10.4.1.0/24 und fd00:4::/64.

Die verschiedenen Rollen des sFlow-Konzepts zeigt Abbildung 11.2. Ein sFlow-Kollektor ist nicht auf einen einzelnen Exporter beschränkt. Je nach Hardwareausstattung können tausende von Switches ihre Verkehrsdaten an den Kollektor senden.

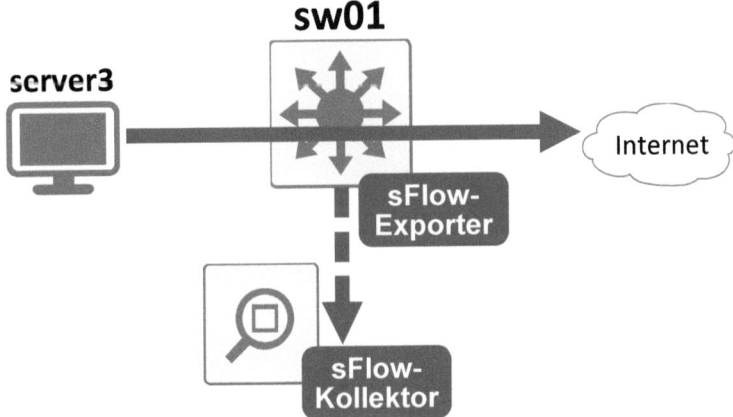

Abbildung 11.2: sFlow-Exporter und Kollektor arbeiten zusammen

Exporter

Der OPX-Switch sw01 übernimmt die Rolle des Exporters. Dazu betrachtet er den Datenverkehr, der durch seine Netzadapter fließt, und verschickt die Information strukturiert als sFlow-Paket an den vordefinierten Kollektor.

Die Konfiguration der Switchports von sw01 und sw13 benötigen keinen aufwendigen Aufbau. Für die Demonstration von sFlow sind alle Ports im selben Segment und lassen den Verkehr ungehindert fließen:

```
ip link set e101-003-0 up
ip link set e101-007-0 up
opx-config-vlan create --id 1 --ports e101-003-0,e101-007-0
```

Die Funktionalität lernt OpenSwitch über ein Softwarepaket, welches per Paketmanager im lokalen System Fuß fasst. Mit den Kommandos aus Listing 11.1 ist die Anwendung eingerichtet und startbereit.

```
1   sudo bash
2   wget https://github.com/sflow/host-sflow/releases/download/ \
3     v2.0.19-1/hsflowd-opx_2.0.19-1_amd64.deb
4   dpkg -i hsflowd-opx_2.0.19-1_amd64.deb
5   cat <<EOF > /etc/hsflowd.conf
6   sflow {
7     collector { ip=10.5.1.7  udpport=6343 }
8   }
9   EOF
10  systemctl enable hsflowd
11  systemctl start hsflowd
```

Listing 11.1: Installation und Einrichtung von `hsflowd`

Die beispielhafte Konfiguration ist vollständig und bewirkt, dass der Dienst `hsflowd` seine Proben an die hinterlegte IPv4-Adresse per UDP-Protokoll (Zeile 7) sendet.

Über *welche* Switchports soll berichtet werden? Per Voreinstellung horcht OpenSwitch an allen Netzadaptern, die eingeschaltet sind und eine Verbindung mit einem Teilnehmer haben. Das Kommando `opx-show-sflow` zeigt die inkludierten Switchports:

```
root@sw01:~# opx-show-sflow --summary
Session ID | Direction | Rate | Port
----------------------------------------
1          | ingress   | 1000 | e101-003-0
2          | ingress   | 1000 | e101-007-0
```

Falls der gewünschte Anschluss in der Liste fehlt, kann `opx-config-sflow` nachbessern. Die Angabe der Samplingrate (`--rate`) ist zwingend, damit OpenSwitch die Stichproben korrekt ermittelt.

```
opx-config-sflow create --port e101-003-0 --rate 1000 \
  --direction ingress
```

Danach passiert erst mal nichts, denn solange kein Verkehr durch den Switch fließt, kann er auch nichts erzählen. Traffic erzeugen ist nicht das Problem: Ein paar Webzugriffe von Host Server3 und der Exporter von sw01 informiert den Kollektor über die Aktivitäten seiner Klienten.

Hinweis

In physikalischen Switches berichten die ASICs direkt an die sFlow-Software. In der virtuellen Umgebung gibt es keine ASICs. Hier benötigt der sFlow-Exporter die Hilfe der Programmierschnittstelle pcap, um die Datenpakete mitzuschneiden.

Die Konfigurationsdatei /etc/hsflowd.conf erhält einen Hinweis auf pcap und den interessierten Netzadapter:

```
sflow {
  collector { ip=10.5.1.7 udpport=6343 }
  pcap { dev=e101-001-0 }
}
```

Damit ist die Einrichtung auf der Seite des Exporters bereits abgeschlossen. Das Herz einer sFlow-Installation liegt im Kollektor, der mit der Fülle an Informationen sinnvoll umgehen muss.

Samplingrate

Viel Traffic erzeugt viele sFlow-Pakete. Aber ein Switch mit aktiviertem sFlow berichtet nicht über jedes transportierte Paket. Im Gegenteil: sFlow macht nur Stichproben. Je höher die Bandbreite eines Netzadapters, desto weniger Pakete schaut sich der sFlow-Exporter an. Der Mitteilungsdrang lässt sich mit der Abtastrate (sampling rate) anpassen. Dann wird nur noch jedes N-te Paket untersucht.

Diese entspannte Arbeitsweise hat den Nachteil, dass Details verloren gehen. Was aber wie eine ungewollte Unschärfe klingt, ist die Stärke von sFlow. Denn sFlow skaliert sogar in Umgebungen, die 100-Gbit-Switchports sättigen, durch gezieltes „Weglassen" von Paketen.

Mit einer Samplingrate von „1 in 100" prüft OpenSwitch nur noch jedes hundertste Paket. Der sFlow-Kollektor kennt die Samplingrate und vergrößert die gemessenen Bandbreiten um den Faktor 100. Folglich ist die Gesamtzahl zwar etwas ungenau, aber die Netzlast durch sFlow reduziert sich auf ein Hundertstel.

Die verwendete Software *hsflowd* [13] empfiehlt die Samplingraten aus Tabelle 11.1. Diese sind nicht in Stein gemeißelt, sondern lassen sich zentral oder pro Switch justieren.

Bandbreite	Samplingrate	Berichtintervall
1 Gbit/s	1 in 1.000	30 Sekunden
10 Gbit/s	1 in 10.000	30 Sekunden
25 Gbit/s	1 in 25.000	30 Sekunden
40 Gbit/s	1 in 40.000	30 Sekunden
100 Gbit/s	1 in 100.000	30 Sekunden

Tabelle 11.1: Die vorgegebenen Samplingraten von *hsflowd*

Die vorgegebenen Raten sind ein guter Ausgangspunkt für die eigene Netzinfrastruktur. Bei ungewöhnlich hohen Durchsatzraten bewirkt eine kleinere Samplingrate weniger Arbeitslast für Kollektor und Exporter. Eine kleinere Rate für Gigabit-Adapter könnte 1-in-2000 sein, womit der Switch nur noch halb so viele Pakete analysiert.
Dagegen steht die Genauigkeit der Auswertung, die mit steigender Samplingrate bessere Ergebnisse liefert. Wenn es die Netzlast zulässt, erhebt der Exporter an den Gigabit-Adaptern bei 1-in-100 zehnmal mehr Pakete als bei der vorgegebenen Rate.

Der Exporter im folgenden Beispiel läuft auf einem Switch mit wenig Datenverkehr. Daher verwendet die sFlow-Software für die 10-Gbit-Interfaces die größere Abtastrate von 1-in-2.500 und analysiert damit mehr Pakete. Im Gigabit-Bereich steigt die Rate ebenfalls auf 1-in-500. Die Konfigurationsdatei /etc/hsflowd.conf ändert sich zu:

```
sflow {
  sampling.1G  =  500
  sampling.10G = 2500
  collector { [...] }
}
```

Die Raten lassen sich im laufenden Betrieb weiter anpassen, bis ein akzeptabler Kompromiss aus Präzision und Netzlast erreicht ist.

Wenn viele Switches im Netzwerk unterwegs sind und mehrere Änderungen geplant sind, kann die Samplingrate auch zentral festgelegt werden. Die Konfiguration erfolgt dann per DNS und ist in Abschnitt *Automatische Konfiguration* ab Seite 138 beschrieben.

Woher kennt der *Kollektor* die Samplingraten aller Switches? Jede übermittelte Probe in einem sFlow-Paket enthält die verwendete Samplingrate. Der Kollektor benötigt also keine vordefinierte Übersicht seiner Exporter, sondern erhält mit jeder Probe auch die verwendete Rate.

Kollektor

Der sFlow-Kollektor ist eine Software, die sFlow-Pakete empfängt, versteht und die enthaltenen Informationen irgendwo ablegt. Damit verbunden ist fast immer ein sFlow-Analyser, der aus den Verbindungsdaten wichtige Schlüsse zieht.

Die Auswahl an kommerzieller und kostenfreier Kollektor-Software ist groß. Die Man-page von *hsflowd* wirbt sogar für den hauseigenen Kollektor *sFlow-Trend*, der für kleine Umgebungen keinen finanziellen Invest erwartet. Für anspruchsvolle Setups mit großen Datenmengen eignen sich im Backend eher Datenbanken wie *InfluxDB* oder *Elastic Stack* [5]. Das Zusammenspiel der Komponenten ermöglicht der Konverter *sFlow-RT*.

Für die Laborumgebung reicht eine schlanke Linux-Software, die den Empfang der Flow-Pakete beherrscht und auf der lokalen Festplatte ablegt.

Am Beispiel von *nfdump* [14] erhält der Labserver eine Software mit Kollektorfunktion für sFlow und NetFlow. Für das Betriebssystem Debian gibt es ein fertiges Paket, sodass die Installation mit minimalem Aufwand abläuft:

```
apt install nfdump-sflow
```

Leider kommt das Paket ohne Startskript, also ist Fleißarbeit auf der Kommandozeile gefordert.

```
mkdir -p /var/sflow
/usr/bin/sfcapd -D -4 -p 6343 -S 0 -l /var/sflow
```

Die Kommandos legen ein Verzeichnis für sFlow-Daten unter /var an und starten den Dienst sfcapd. Dieser verschwindet sofort in den Hintergrund

(-D) und lauscht auf der lokalen IPv4-Adresse (-4) auf dem üblichen UDP-Port (-p). Neue eingehende Pakete werden erst mal im Speicher gehalten und nach maximal fünf Minuten auf die Festplatte geschrieben (-l). Jede Datei hat das Format `nfcapd.YYYYMMDDHHMM` und enthält Flowinformationen von exakt fünf Minuten. Einen Blick in die Binärdatei bietet das Kommando `nfdump`, welches dem Softwarepaket seinen Namen leiht. Mit verschiedenen Parametern lässt sich die Ausgabe verschönern, sortieren und zusammenfassen:

```
nfdump -r nfcapd.201908212038 -o fmt:"%ts %td %sap %dap %ibyt" -a -O bytes
Date first seen      Duration  Src IP Addr:Port    Dst IP Addr:Port In Byte
2019-08-21 20:38:40.954 20.875    10.4.1.33:80        10.4.1.23:42118  1.2 G
2019-08-21 20:39:09.257  3.238   fd00:4::33.58072    fd00:4::23.5201 89.8 M
2019-08-21 20:39:44.065 33.338    10.4.1.23:42120     10.4.1.33:80     6.8 M
2019-08-21 20:39:09.449  3.046   fd00:4::23.5201     fd00:4::33.58072  3.4 M
2019-08-21 20:43:26.313  0.000    10.4.1.33:37168     10.4.1.23:1117   0.6 M
Summary: total flows: 811, total bytes: 924340000, total packets: 811000,
   avg bps: 25872671, avg pps: 2837, avg bpp: 1139
Time window: 2019-08-21 20:38:40 - 2019-08-21 20:43:26
Total flows processed: 811, Blocks skipped: 0, Bytes read: 55912
Sys: 0.012s flows/second: 65870.7    Wall: 0.006s flows/second: 121099.0
```

Automatische Konfiguration

Wenn die verschickten sFlow-Proben das normale Tagesgeschäft stören oder den Kollektor überlaufen, ist die Samplingrate zu hoch angesetzt. Eine vorteilhaftere Abtastrate lässt sich empirisch ermitteln oder einfach ausprobieren.

Diese Versuch-und-Irrtum–Methode hat den Nachteil, dass jeder Test einen händischen Eingriff in die Konfigurationsdatei jedes Switches benötigt. Mit einem Automatisierer im Stil von *Ansible* (vgl. Kap. 20) lässt sich das bewerkstelligen, aber die Entwickler von sFlow haben eine eigene Lösung für die zentrale Konfiguration: Die Switches erhalten ihren Feinschliff per DNS. Die Einstellungen zur Samplingrate, IP-Adresse des Kollektors und zum Berichtintervall liegen als DNS-Einträge in der Zonendatei des DNS-Servers.

Die lokale sFlow-Konfiguration von OpenSwitch beinhaltet nur noch den Hinweis, dass der sFlow-Dienst regelmäßig das DNS nach seinen Settings fragen soll. Der Inhalt von `/etc/hsflowd.conf` verkürzt sich auf:

```
sflow {
  dns-sd { domain = .openswitch.lab }
}
```

Der Domänenname openswitch.lab ist beispielhaft und muss zur eigenen Umgebung passen. Danach ist ein Neustart vom sFlow-Daemon angebracht, damit die Änderung wirksam wird.

```
systemctl restart hsflowd
```

Die Switches informieren sich jetzt regelmäßig beim DNS-Server nach ihren Einstellungen. Dazu muss der Server mehrere Antworten parat haben: Einen SRV-Eintrag für den Kollektor und einen TXT-Eintrag für die Konfiguration.

- SRV-Eintrag _sflow._udp
  Der Wert listet einen oder mehrere Namen von Kollektoren und die verwendeten UDP-Ports.

- TXT-Eintrag _sflow._udp
  Der Wert listet die gewünschten Einstellungen für die sFlow-Exporter auf den beteiligten Switches.

Für ein minimalistisches Beispiel unterstützt die DNS-Software *dnsmasq*. Die vorhandenen Einstellungen in /etc/dnsmasq.conf werden dabei um die Zeilen in Listing 11.2 ergänzt.

```
1  srv-host=_sflow._udp.openswitch.lab,labsrv.openswitch.lab,6343
2  txt-record=_sflow._udp.openswitch.lab,txtvers=1,polling=45, \
3    sampling.1G=800,sampling.10G=5000
4  address=/labsrv.openswitch.lab/10.5.1.7
```

Listing 11.2: DNS-Server *dnsmasq* liefert die Konfiguration für sFlow

Der SRV-Eintrag in Zeile 1 informiert die Clients über den Namen des Kollektors *labsrv.openswitch.lab*, welcher ebenfalls per DNS auflösbar sein muss (Zeile 4). Die Details für hsflowd enthält Zeile 2 in Form des TXT-Eintrags. Das erste Wertepaar txtvers=1 ist ein interner Hinweis für den sFlow-Daemon, der auf zukünftige Änderungen in der Syntax vorbereitet. Danach folgen die kommaseparierten Konfigurationsdirektiven für die sFlow-Exporter, wie beispielsweise die Samplingrate für Gigabit- und 10-Gigabit-Adapter, sowie ein Berichtintervall von 45 Sekunden.

Mit einem regulären DNS-Client lassen sich die Einträge überprüfen:

```
root@labsrv:~# host -t TXT  _sflow._udp.openswitch.lab.
_sflow._udp.openswitch.lab descriptive text "txtvers=1" \
  "polling=45" "sampling.1G=800" "sampling.10G=5000"
root@labsrv:~# host -t SRV _sflow._udp.openswitch.lab.
_sflow._udp.openswitch.lab has SRV record 0 0 6343 labsrv.openswitch.lab.
root@labsrv ~> host labsrv.openswitch.lab.
labsrv.openswitch.lab has address 10.5.1.7
```

> **Hinweis**
>
> Wenn die benötigten DNS-Einträge syntaktisch fehlerhaft sind, wird
> hsflowd nicht den Dienst verweigern, sondern mit seinen vorgegebe-
> nen Einstellungen arbeiten.

Damit ist die zentrale Konfiguration abgeschlossen. Die sFlow-Exporter auf
den OPX-Switches erhalten bei der nächsten DNS-Anfrage ihre Einstellungen. Eine Änderung der DNS-Einträge wirkt sich somit nach kurzer Zeit auf
alle Switches aus.

Fehlersuche

Die Switches arbeiten auf Hochtouren, aber der sFlow-Kollektor zeigt keine
Resultate? Die Fehlerfindung beschränkt sich in diesem Abschnitt auf den
Exporter, da dieser Teil unter OpenSwitch läuft. Die Vorgehensweise beim
Kollektor ist abhängig von der eingesetzten Software.
Ob der Exporter gestartet ist, enthüllt kurzerhand das Kommando:

```
systemctl status hsflowd
```

Wenn sich in der folgenden Ausgabe irgendwo der Text „active (running)"
verbirgt, ist der sFlow-Dienst im Hintergrund tätig. Ansonsten bekommt
hsflowd die erneute Arbeitsanweisung mit:

```
systemctl start hsflowd
```

Wenn sich die Software weigert zu starten, gibt das Logbuch erste Hinweise
auf die Ursache. Mit journalctl -f -u hsflowd listet das Kommandofenster in Echtzeit die relevanten Systemmeldungen (vgl. Kap. 18) und
liefert damit die Ausreden von hsflowd.

Ein laufender Dienst heißt aber noch nicht, dass die gewünschte Funktionalität erreicht wird. Vor allem bei der automatischen Konfiguration per DNS passieren viele Abläufe im Hintergrund. Die verwendeten Einstellungen von hsflowd liefert die Zustandsdatei /etc/hsflowd.auto in voller Schönheit. Hier stehen auch die Standardwerte, falls eine Variable nicht per Konfigurationsdatei oder DNS gesetzt ist.

```
root@sw01:~# cat /etc/hsflowd.auto
rev_start=1
hostname=sw01
sampling=400
header=128
datagram=1400
polling=45
sampling.10G=5000
sampling.1G=800
agentIP=10.5.1.1
agent=eth0
ds_index=1
collector=10.5.1.7 6343
rev_end=1
```

Wenn hier alles stimmig scheint, lässt sich der sFlow-Exporter im „Entwickler-Modus" starten.

```
systemctl stop hsflowd
hsflowd -dd
```

Anschließend berichtet hsflowd seine Aktivitäten nach STDOUT und liefert hoffentlich Informationen zum gesuchten Problem. Nach abgeschlossener Fehlersuche unbedingt wieder in den normalen Modus zurückschalten, um Systemressourcen und Speicherplatz im Logbereich zu sparen.
Der sFlow-Exporter läuft mit den gewünschten Einstellungen? Dann wird der Paketanalyser ausgehende UDP-Datagramme anzeigen, die an die IP-Adresse des Kollektors gerichtet sind.

```
root@sw01:~# tcpdump -qnli eth0 host 10.5.1.7 and port 6343
19:55:15.59671 IP 10.5.1.1.42825 > 10.5.1.7.6343: UDP, length 252
19:55:16.67410 IP 10.5.1.1.42825 > 10.5.1.7.6343: UDP, length 248
```

Nach Eingabe von tcpdump sollten in regelmäßigen Abständen die sFlow-Proben auf dem Bildschirm erscheinen. Damit wäre der Beweis erbracht, dass der Exporter die Proben an den Kollektor sendet.

Ob die Proben inhaltlich den Netzverkehr ausreichend beschreiben, lässt sich auf dem Kollektor-Server aufklären. Das Universalwerkzeug *sFlow Toolkit* [15] ist ein Mini-Kollektor für die Kommandozeile mit verschiedenen Schnittstellen und Ausgabemöglichkeiten. Aus dieser Vielfalt benötigt die Fehlersuche lediglich die Ausgabe der Proben ohne weitere Analyse.

Der entsprechende Befehl `sflowtool` startet ohne Angabe von Optionen seinen Kollektor und wirft die empfangenen Proben im Terminalfenster aus. Eine einzelne Probe nimmt etwa 30 Bildschirmzeilen in Anspruch, also besser die Ausgabe mit `more` verketten oder in eine Datei umleiten. Im Labornetz hat `sflowtool` die folgende verkürzt dargestellte Probe eines Webdownloads über IPv4 erhalten:

```
startSample   ---------------------
sampleType_tag 0:1
sampleType FLOWSAMPLE
sampleSequenceNo 1
sourceId 0:23
meanSkipCount 1000
samplePool 1000
dropEvents 0
inputPort 23
outputPort 42
flowBlock_tag 0:1
flowSampleType HEADER
headerProtocol 1
sampledPacketSize 101
strippedBytes 4
headerLen 97
headerBytes 80-2A-A8-5D-04-93-00-3A-06-31-04-31-08-00-45-[...]
dstMAC 802aa85d0493
srcMAC 003a06310431
IPSize 83
ip.tot_len 83
srcIP 10.4.1.31
dstIP 10.4.1.23
IPProtocol 6
IPTOS 0
IPTTL 64
IPID 30576
TCPSrcPort 37934
TCPDstPort 443
TCPFlags 24
endSample    ---------------------
```

142

Wenn der Bildschirm leer bleibt oder nur unwichtige Proben enthält, dann schickt der sFlow-Agent auf dem OPX-Switch keine echten Daten, sondern nur Statusinformationen.

Wenn OpenSwitch auf einer virtuellen Plattform läuft, schneidet der sFlow-Dienst die Verbindungsdaten mithilfe der Bibliothek *libpcap* mit, wie in Abschnitt *Exporter* auf Seite 133 beschrieben ist. Die gezeigte Konfiguration ist beispielhaft für eine Berichterstattung per sFlow.
Bei einem physikalischen Switch sind die ASICs in der Bringschuld und berichten direkt an den sFlow-Agenten.

Technischer Hintergrund

OpenSwitch verwendet die Anwendung *Host sFlow* [13], welche für nahezu jedes Betriebssystem verfügbar ist und eine exzellente Dokumentation mitbringt. Die Software läuft als Systemdienst `hsflowd` im Hintergrund und erhält Paketinformationen von den Control-Plane–Services, welche sie direkt vom Netzwerkprozessor (NPU) beziehen.
Parallel dazu befragt `hsflowd` regelmäßig das Betriebssystem nach den Zählerständen der Netzadapter. Die erhaltenen Informationen verpacket der sFlow-Agent in ein sFlow-Paket und versendet es über das Netzwerk. Der Kollektor erhält die Daten aller sFlow-Agenten und errechnet aus der Datenflut Leistungsdaten und Fehlerraten.

Aus technischer Sicht betrachtet der Linux-Kernel das eigene System als regulären Computer mit vielen Netzadaptern. Diese Adapter werden von Netzwerkprozessor bedient und vom Kernel gesteuert. Die Auswahl der berichtenswerten Pakete übernimmt die NPU. Diese liefert die fertigen Proben an den sFlow-Agenten, welcher diese nur noch paketiert und verschickt (Abbildung 11.3 auf der nächsten Seite). Bei den Zählerständen läuft es ähnlich ab: Der Linux-Kernel zählt und bringt die fertigen Zahlen zum Agenten.
Im virtuellen Umfeld gibt es keine ASICs, die dem Agenten Daten bereitstellen können. Als Workaround sammelt der `hsflowd`-Dienst selbstständig die notwendigen Informationen. Die benötigte Konfigurationsänderung steht auf Seite 135.

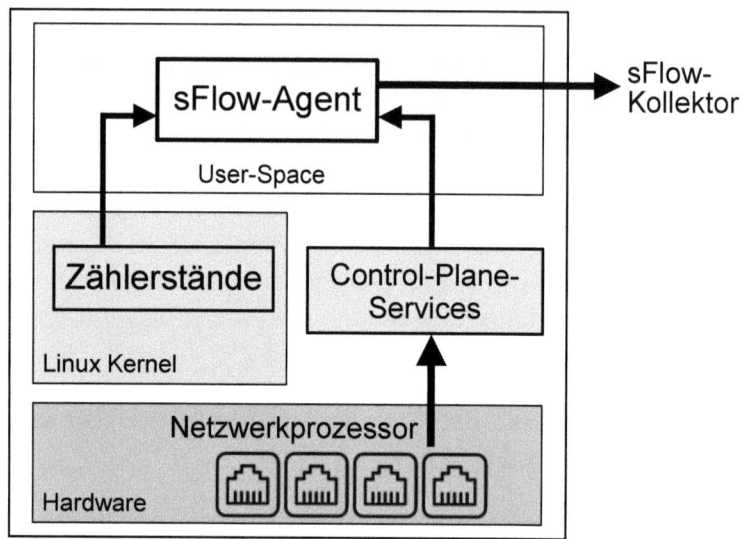

Abbildung 11.3: Das Zusammenspiel von sFlow, NPU und dem Linux-Kernel

Einen tieferen Einblick in den Netzwerkprozessor und seine Programmierung verhüllen die Hersteller mit dem Mantel des Schweigens. Hier endet der Open-Source-Gedanke und beginnt der Schutz geistigen Eigentums.

NetFlow

Der große Bruder von sFlow ist NetFlow. Das gilt allerdings nur für die umfangreichere Verbreitung von NetFlow, denn der Einsatzzweck und die Funktionalität sind gleichwertig. Die Entwickler von sFlow haben mit einem RFC begonnen, sodass alle Hersteller sFlow verwenden können und auch dürfen. Cisco, als Besitzer von NetFlow, hat einen proprietären Ansatz gewählt. Mit der zunehmenden Verbreitung von sFlow hat Cisco reagiert und drei Jahre später sein NetFlow in der Version 9 auch als RFC standardisiert. Der Unterschied zwischen den Beiden liegt in der Genauigkeit und der Fähigkeit zu Skalieren. NetFlow untersucht die Verkehrsströme im lokalen Gerät und sendet die Ergebnisse an den Kollektor. Die erhobenen Daten sind präzise und lassen sich sogar für die Einbruchserkennung oder forensische Analyse verwenden. Bei großen Datenmengen fällt für den NetFlow-Exporter und Kollektor viel Arbeit an, was in Highspeed-Umgebungen zu einem Problem werden kann. Denn jeder Flow belegt CPU und RAM in den Geräten.

Hier punktet sFlow mit seiner Samplingrate, denn von den tausenden vorbeiflitzenden Paketen gelangen nur wenige in die Statistik. Für Kollektor und Exporter bedeutet das eine geringe Belastung.

Aus diesen Gründen ist NetFlow eher auf Routern und in WAN-Umgebungen zu finden, während Switches sFlow favorisieren und daher sFlow in Rechenzentren anzutreffen ist.

OpenSwitch und NetFlow?

Die enge Beziehung von NetFlow und Routern heißt nicht, dass ein Switch nicht auch mit NetFlow glücklich werden kann. Das Problem ist die fehlende Software, denn die vorhandenen NetFlow-Implementierungen greifen ihre Daten an Schnittstellen ab, die OpenSwitch nicht beliefert. Die Architektur von OPX stellt Statistiken und Zählerstände über die *Control Plane Services* bereit (vgl. Kap. 22). Diese Methode ist den NetFlow-Programmierern nicht bekannt und damit spricht OpenSwitch kein NetFlow.

Zusammenfassung

sFlow ist eine hervorragende Methode für die Berichterstattung von IP-Verbindungen in Netzwerken. OpenSwitch hat branchenüblich einen sFlow-Exporter im Programm, der mit Samplingraten und automatischer Konfiguration punkten kann.

Die Darstellung von Verkehrsinformationen gibt einen guten Einblick in die tägliche Arbeit der geswitchten Umgebung. Mit welchen Diensten und Servern kommunizieren die Anwender? Wie stark sind die Netzadapter ausgelastet? Dabei liefern die sFlow-Daten eine gute Basis für Fehlersuche, Analyse, Abrechnung und stellen Grundlagen für die Kapazitätsplanung. Kurz: sFlow macht die Vorgänge im Netz ein bisschen sichtbarer.

Kapitel 12

Rapid Spanning-Tree

In Ethernet-Topologien darf zwischen zwei Rechnern grundsätzlich nur *ein* Datenpfad existieren. Das *Spanning-Tree Protokoll* (STP) ermöglicht mehrfache Pfade im Netz und verhindert ihre verheerenden Auswirkungen. Bei mehrfacher Wegeführung wird STP die parallele Verbindung absichtlich blockieren. Die Blockade besteht solang, wie der primäre Pfad funktionsfähig ist – im Fehlerfall aktiviert STP den blockierten Netzadapter und verhindert damit den Totalausfall des Netzsegments.

Spanning-Tree ist gut für die Funktionalität des Netzwerks und schlecht für seine Verwaltung. Denn Spanning-Tree schlägt immer dann zu, wenn es am wenigsten erwünscht ist.
Das klassische Spanning-Tree ist langsam. Die Phasen von *Listening* und *Learning* erlauben noch keinen Datentransfer und dauern fast eine Minute! Welches moderne Netz akzeptiert den Ausfall von einer knappen Minute? Diese Intervalle gehen zurück auf die 90er – bis heute sind modernere Alternativen im Einsatz, die deutlich schneller agieren und das Netz innerhalb von wenigen Sekunden schleifenfrei machen.

Spanning-Tree ist gleichzeitig kompliziert, vermeidbar, notwendig und hilfreich! Moderne Netzdesigns vermeiden Spanning-Tree durch den Einsatz von Layer-3–Topologien. Wenn ein Routingprotokoll – als Vertreter von Layer-3 – bis in den Access-Bereich der Server vordringen kann, dann ist Spanning-Tree Schnee von gestern. Aber leider ist nicht jeder Ansatz so schleifenfrei und IP-orientiert. Spanning-Tree ist notwendig, um in jeder Lücke die Redundanz auf Ebene-2 zu lösen. Denn Schleifen ohne das Spanning-Tree-Protokoll bringen jedes Netz in den Abgrund.

In einem modernen Netzdesign existiert die Topologie auf Ebene-2 nur noch zwischen Servern und seinen Gateways und ist damit redundant ausgelegt. Spanning-Tree agiert demnach nur noch in überschaubaren Abschnitten. Diese Dreiecke (Server–Gateway1–Gateway2) sind das verbliebene Hoheitsgebiet von STP.

Crashkurs

Das Spanning-Tree-Protokoll abstrahiert alle Verbindungen im Netz als Baumstruktur im Sinne der Graphentheorie. Dieser Spannbaum enthält alle Netzkomponenten (Knoten) und achtet darauf, dass er keine redundanten Verbindungen (Schleifen) enthält.

In der Praxis wählen die Switches einen einzelnen Switch als Ausgangspunkt des Baums, *Root-Bridge* genannt. Dieser Switch versendet Lebenszeichen an seine Nachbarn, welche die Signale an ihre Nachbarn weiterreichen usw. bis sie die äußersten Bereiche des Netzes erreicht haben. Diese Lebenszeichen sind *Bridge Protocol Data Unit*-Pakete (BPDU) und enthalten Informationen über die Root-Bridge. Anhand der eingehenden BPDUs kann der Spanning-Tree-Prozess auf den Switches erkennen, welche Netzadapter einen redundanten Pfad zur Root-Bridge darstellen und diese blockieren.

Wenn Leitungen oder Switches ausfallen, verändert sich die Baumstruktur. Die Switches erkennen die Veränderung durch das Erhalten oder Ausbleiben der BPDUs und schalten dementsprechend ihre Interfaces an oder ab.

Während der Veränderungen im Netzwerk sind Paketverluste denkbar und aus diesem Grund haben die Macher des Spanning-Tree-Protokolls großzügig mit Timern gearbeitet. Bevor ein Netzadapter im Netz mitspielen darf (Zustand *Forwarding*), muss er die Phasen *Listening* und *Learning* durchlaufen. Bis das erste Paket durch den Port wandert, vergehen in der Standardeinstellung der STP-Timer bis zu 50 Sekunden. Erst danach ist das Netz konvergent und arbeitet normal weiter.

Durch gekonnte Manipulation der Timer lässt sich die Konvergenzzeit reduzieren. Einen anderen Ansatz sind herstellerspezifische Erweiterungen, die einzelne STP-Phasen überspringen. Die meisten Hersteller gehen einen anderen Weg und implementieren das moderne *Rapid Spanning-Tree Protocol*, welches per Design flotter konvergiert.

Rapid Spanning-Tree

Aus den Schwächen und der Trägheit von STP entstand etwa zehn Jahre später das *Rapid Spanning-Tree Protocol* (RSTP). Die erklärten Ziele waren schnellere Konvergenz und Kompatibilität zum Vorgänger. Beides ist gelungen. Nach einer Änderung in der Netztopologie dauert es wenige Millisekunden bis maximal sechs Sekunden (dreifaches Hello-Intervall), bis die Pakete wieder fließen können. Und falls ein einzelner Switch kein RSTP versteht, bemerken seine Nachbarn die Situation und sprechen mit diesem Switch dialektfreies STP – ohne schnelle Konvergenz.

Mit RSTP kann ein Switch Ausfälle von Nachbarn oder Verbindungen zügiger erkennen, da *jeder* Switch BPDUs aussendet und nicht nur die BPDUs der Root-Bridge weiterleitet, wie bei STP. Falls drei aufeinanderfolgende BPDUs fehlen, weiß der RSTP-Switch sofort, dass sein Nachbar, oder eine direkte Verbindung dahin, hinüber ist. Bei STP kann nur davon ausgegangen werden, dass *irgendwo* im Pfad zur Root-Bridge ein Problem besteht.

Weiterhin gönnt sich RSTP zwei weitere Portrollen, die einen geblockten Port besser klassifizieren. Der *Alternate Port* ist der zweitbeste Weg zur Root-Bridge und springt sofort ein, wenn der primäre Pfad gestört ist. Der *Backup Port* ist der zweitbeste Weg in ein reguläres Netzsegment. Er wird ebenfalls dann aktiv, wenn der beste Zugang fehlerhaft ist.

Laboraufbau

Ein modernes Netzdesign ersetzt die großen Ethernet-Segmente durch IP-Verbindungen (vgl. Kap. 13). Dieser Fortschritt drängt das Gebiet von STP in den Edge-Bereich und beschränkt sich auf wenige Verbindungen. Das Labornetz pickt sich zwei Designansätze heraus, die redundante Pfade einsetzen und auf STP für den Ausfallschutz beruhen.

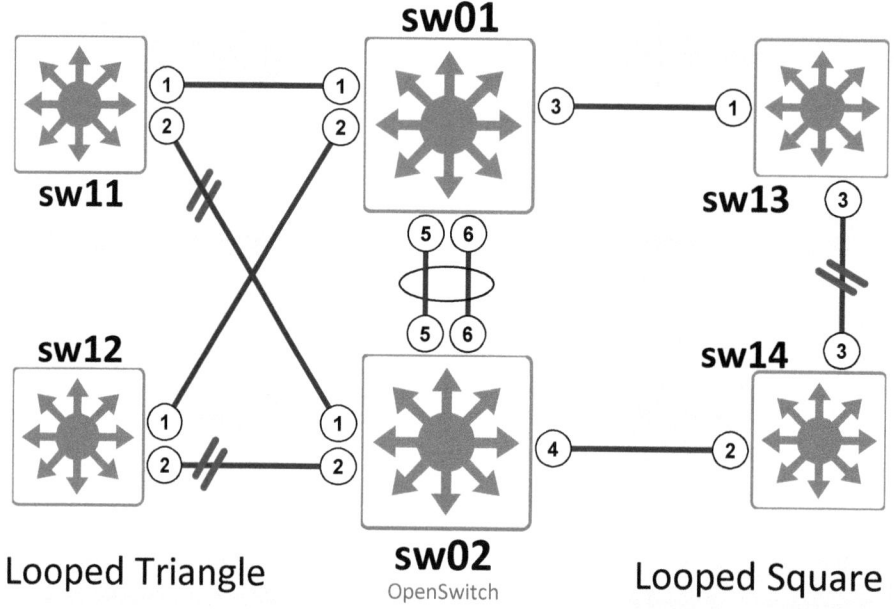

Abbildung 12.1: Redundante Anbindung von Switches im Edge-Bereich

Der Laboraufbau in Abbildung 12.1 zeigt die beiden Szenarien. Üblicherweise basiert der Edge-Bereich aus *einem* von beiden Entwürfen. Das Labornetz soll jedoch beide Designs verdeutlichen.

Ein großer Netzausrüster hat beiden Diagrammen sogar Namen gegeben: Der links dargestellte Bereich ist ein „Dreieck mit Schleifen" (Looped Triangle) und die rechts platzierten Switches nutzen das "Quadrat mit Schleife" (Looped Square). Welche Verbindung im Normalzustand geblockt sein soll, ist mit zwei knappen Strichen markiert.

RSTP-Software

In der Voreinstellung kennt OpenSwitch nur das klassische Spanning-Tree-Protokoll. Für die Implementierung des modernen RSTP kann OpenSwitch in die Open-Source-Kiste greifen und die Software *Multiple Spanning Tree Protocol Daemon* [16] in sein Betriebssystem aufnehmen. Dagegen spricht nichts: Der Code ist GPLv2-lizenziert und öffentlich bei GitHub erhältlich.

> **Hinweis**
>
> Der Name ist verwirrend, denn die *mstpd*-Software ist Fachmann für RSTP und Anfänger bei MSTP.

Ein fertiges Softwarepaket haben weder das OpenSwitch- noch das Debian-Repository im Angebot. Da OpenSwitch einen Compiler mitbringt, kann die Software mit den Befehlen aus Listing 12.1 direkt auf dem Switch kompiliert werden.

```
apt install autoconf
cd /usr/src/
wget https://github.com/mstpd/mstpd/archive/0.0.8.tar.gz
tar xfz 0.0.8.tar.gz
cd mstpd-0.0.8/
./autogen.sh
./configure --prefix=/usr --sysconfdir=/etc
make
make install
```

Listing 12.1: Installation von *mstpd* in OpenSwitch

Anschließend steht der *mstpd*-Dienst im Dateisystem bereit und wird ohne weitere Parameter gestartet:

```
/sbin/mstpd
```

Konfiguration

Mehrere Netzadapter arbeiten per Netzbrücke auf OSI-Ebene 2 zusammen. Eine neue Netzbrücke entsteht klassisch mit dem `brctl`-Befehl.

```
1  brctl addbr br20
2  brctl stp br20 on
3  mstpctl addbridge br20
4  mstpctl setforcevers br20 rstp
```

Das Spanning-Tree-Protokoll ist anfangs abgeschaltet, worauf Zeile 2 es aktiviert. Anschließend kommt die neue Brücke in Zeile 3 unter die Herrschaft der *mstpd*-Software, damit sie den Switch RSTP-fähig macht (Zeile 4).

Diese Kommandos sind für alle Switches in diesem Kapitel identisch. Die Nummer der Netzbrücke ist beliebig und lautet hier beispielhaft br20.

Die Netzbrücke ist zwar aktiv, hat aber noch keine Mitglieder. Listing 12.2 fährt mehrere Switchports hoch und weist sie direkt der Netzbrücke zu, damit keine redundanten Pfade entstehen. Die Konfiguration passt für Switches sw01, sw02 und (mit Ausnahme von *e101-005-0*) sw11.

```
1   ip link set e101-001-0 up
2   brctl addif br20 e101-001-0
3
4   for port_id in 2 5 ; do
5     port=$(printf "e101-%03d-0" $port_id)
6     ip link set ${port} up
7     brctl addif br20 ${port}
8   done
9   ip link set br20 up
```

Listing 12.2: Die Netzadapter werden Mitglied der Netzbrücke

Die for-Schleife in Zeile 4 von Listing 12.2 ist vorteilhaft, wenn die Brücke *viele* Switchports umfassen soll.

> **Achtung**
>
> Als Besonderheit verlangt brctl bei OpenSwitch von jeder Netzbrücke, dass mindestens ein Interface getaggt ist (vgl. Kap. 7).

Um dieser Anforderung zu genügen, erhält die erstellte Netzbrücke das ungenutztes Interface *e101-030-0* mit der ungenutzten VLAN-Kennung 30:

```
ip link add link e101-030-0 name e101-030-0.30 type vlan id 30
brctl addif br20 e101-030-0.30
```

Danach kommt die Wahl zur Root-Bridge. Diese sollte nicht der Zufall entscheiden, sondern einen Spine-Switch treffen. Im Labornetz übernimmt sw01 die Rolle der primären Root-Bridge. Dazu kündigt sich sw01 in den BPDUs mit einer höheren Priorität von 1 an. Dieser Wert sichert sw01 den Wahlsieg zu, da die anderen Switches mit der Standardeinstellung von 8 antreten.[1]

---

[1]Je höher die Priorität, desto geringer der Zahlenwert.

```
mstpctl settreeprio br20 0 1
```

Switch sw02 akzeptiert seine Wahl zum Stellvertreter durch eine ungünstigere Priorität. Mit 2 ist sw02 weniger bevorzugt als sw01, aber immer noch der Favorit gegenüber den anderen Switches.

```
mstpctl settreeprio br20 0 2
```

Sobald sich alle Switches auf die Root-Bridge geeinigt haben, entstehen die gewünschten Blockaden aus Abbildung 12.1.

Zur Kontrolle verdeutlicht sw11 in der folgenden Ausgabe, dass sein primärer Uplink zur Root-Bridge sw01 aktiv ist und sich im Status forw (Forwarding) befindet. Der alternative Pfad über Adapter *e101-002-0* ist treffenderweise im Status disc (Discarding) und damit geblockt.

```
root@sw11:~# mstpctl showport br20
    e101-001-0 8.001 forw 1.000.00:3A:06:01:00:02 \
      1.000.00:3A:06:01:00:02 8.001 Root
    e101-002-0 8.002 disc 1.000.00:3A:06:01:00:02 \
      2.000.00:3A:06:02:00:03 8.001 Altn
```

Best Practice

Die Theorie hinter dem Spanning-Tree-Protokoll ist tadellos. In der Praxis können ungünstige Umstände eine Schleife entstehen lassen, die STP nicht oder zu spät bemerkt. OpenSwitch bietet mit dem Zusatz von *mstpd* mehrere zusätzliche Schutzmechanismen gegen Instabilitäten im praktischen Einsatz von STP. Wo die *Guards* am besten wirken, zeigt Abbildung 12.2 auf der nächsten Seite.

- BPDU-Guard: Der BPDU-Wächter beschützt den Übergang von Edge-Switches zu Servern. STP geht die Server nichts an und von ihnen sollten auch keine BPDUs kommen. Falls doch, gibt der BPDU-Guard Alarm und deaktiviert den Netzadapter, der das BPDU-Paket empfangen hat.
  Diese strenge Hausordnung liegt darin begründet, dass hinter dem gebannten Port höchstwahrscheinlich kein Server, sondern ein ungewollter Switch Zugang zum Netz erhalten hat. Bei Erfolg kann dieser

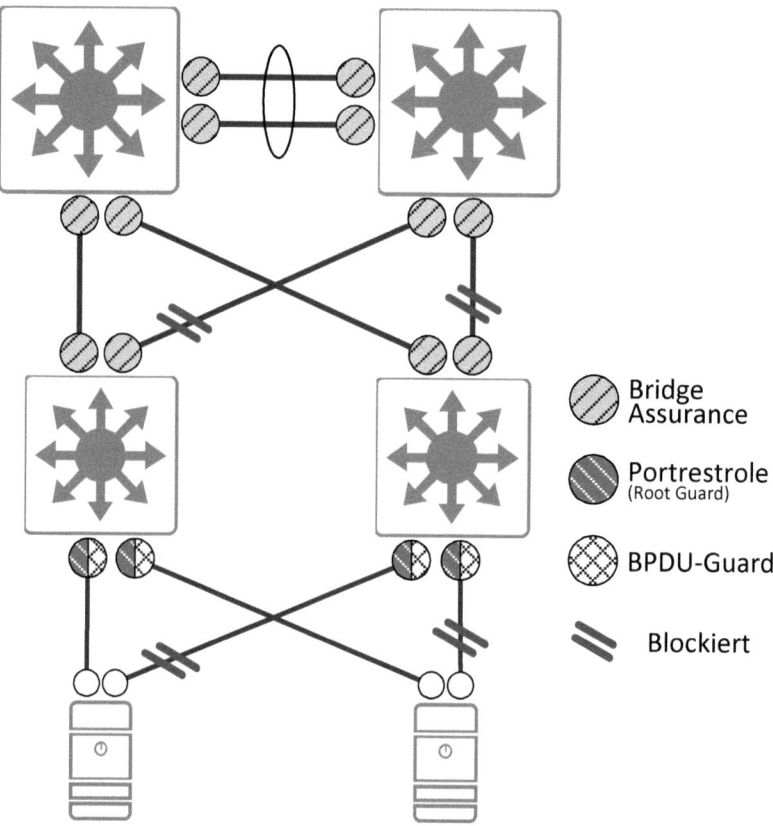

Abbildung 12.2: Schutzmechanismen zum Absichern von STP

Switch die Topologie durcheinanderbringen und eine suboptimale Wegeführung bezwecken.

Der Leaf-Switch sw11 schützt seine server-seitigen Netzadapter per BPDU-Guard und dem Kommando:

```
mstpctl setbpduguard br20 e101-005-0 yes
mstpctl setbpduguard br20 e101-006-0 yes
```

Und falls doch mal ein BPDU am falschen Interface ankommt, rettet sw11 den Tag mit den Logmeldungen:

```
Sep 16 15:40:15 sw11 kernel: br20: port 1(e101-006-0) entered \
    disabled state
```

```
Sep 16 15:40:15 sw11 mstpd[25848]: error, MSTP_IN_rx_bpdu: \
   br20:e101-006-0 Received BPDU on BPDU Guarded Port - Port Down
Sep 16 15:40:15 sw11 mstpd[25848]: MSTP_OUT_set_state: \
   br20:e101-006-0:0 entering blocking state
```

- Bridge Assurance: Dieser Mechanismus bewirkt, dass der Switch auf allen teilnehmenden Netzadaptern BPDUs versendet. Gleichzeitig erwartet *Bridge Assurance* auf denselben Ports eingehende BPDUs. Wenn plötzlich ein Netzadapter keine BPDUs mehr empfängt, stimmt etwas nicht und *Bridge Assurance* blockiert den Port, um Schlimmeres zu verhindern. Sobald wieder BPDUs ankommen, ist der Port von seiner Blockade erlöst.
  Bridge Assurance macht nur Sinn auf Switchports, die direkt zu anderen Switches führen. Das Feature muss auf beiden Netzadaptern einer Kabelverbindung aktiv sein, um wirksam vor diesem Fehler zu schützen.
  Der Spine-Switch sw01 erwartet hinter seinen Interfaces *e101-001-0* und *e101-002-0* jeweils einen Edge-Switch und aktiviert *Bridge Assurance* per Kommando:

```
mstpctl setportnetwork br20 e101-001-0 yes
mstpctl setportnetwork br20 e101-002-0 yes
```

Wenn einer der beiden Partner eine Unregelmäßigkeit bemerkt, würdigt er diesen Zwischenfall mit einem knappen Eintrag im Klassenbuch:

```
Sep 16 15:57:07 sw11 mstpd[25848]: error, __br_state_machines_run: \
   br20:e101-001-0 Bridge assurance inconsistent
```

- portrestrrole: Für diesen Bewacher hat die Software noch keinen passenden Namen. Cisco nennt ihn *Root Guard* und verbietet damit einzelnen Ports, die Root-Bridge dahinter zu vermuten. Grundsätzlich sollte die Root-Bridge ein zentraler Switch im Netz sein, z. B. der Spine-Switch sw01. Die Switches erfahren von der Root-Bridge, indem sie die BPDU-Inhalte lesen. Wenn der Edge-Switch sw11 diese BPDU durch einen Netzadapter erfährt, der zu den Servern führt, dann ist die Topologie durcheinander. Als Vorsichtsmaßnahme wird sw11 die Information dieser BPDU ignorieren und der bekannten Root-Bridge hinter Adapter *e101-001-0* oder *e101-002-0* vertrauen.

Switch sw11 misstraut allen Root-Bridges hinter seinen server-seitigen Netzadaptern ab sofort mit den Befehlen:

```
mstpctl setportrestrrole br20 e101-005-0 yes
mstpctl setportrestrrole br20 e101-006-0 yes
```

Die Methode ist hier doppelt gemoppelt, da bereits BPDU-Guard aktiv ist. Der *Root Guard* könnte auch die Spine-Switches schützen, damit bloß kein Leaf-Switch zur Root-Bridge wird. Die beste Platzierung der Features ist stark abhängig vom Netzdesign.

Wenn der *Root Guard* zuschlägt, hinterlässt er im Logfile die Nachricht:

```
Sep 16 15:59:36 sw11 mstpd[25848]: MSTP_OUT_set_state: \
  br20:e101-006-0:0 entering blocking state
```

Technischer Hintergrund

Die eingesetzte *mstpd*-Software ist eine junge Entwicklung, die noch nicht alle Features und Dialekte von STP beherrscht. Klassisches STP und RSTP spricht *mstpd* ausgezeichnet, aber beim MSTP-Standard sind große Lücken, die die Entwickler mit „mainly untested" bezeichnen und vor dem produktiven Einsatz warnen.

Hinter den Kulissen horcht der Dienst `mstpd` an den Netzadaptern und reagiert auf eingehende STP-Pakete. Das Bindeglied zwischen `mstpd` und der Kommandozeile ist das Kommando `mstpctl`, welches die Befehle annimmt und an den laufenden Dienst weiterreicht. Über denselben Mechanismus sind Statistiken und Status verfügbar.

Zusammenfassung

Das Spanning-Tree-Protokoll ist eine Methode zur Vermeidung von Schleifen in Ethernet-Netzen. Doppelte Wege werden kurzerhand geblockt, um das resultierende Netz schleifenfrei zu halten. Im laufenden Betrieb prüft STP, ob es Veränderungen in der Topologie gibt und Blockaden aufgehoben werden müssen, oder an anderen Stellen zuschlagen.

Mit Spanning-Tree ist das halbe Netzwerk nicht verwendbar, weil die redundanten Pfade geblockt sind. Lastverteilung lässt sich nur mit Tricks erreichen. Und damit STP auch in den ungewöhnlichsten Situationen seinen Basisschutz behält, stehen ihm mehrere Wächter bereit. Damit solle das Netz auch bei schrägen Topologieänderungen stabil bleiben.

Die Nachteile im täglichen Betrieb lösen die Netzdesigner damit, dass sie STP möglichst vermeiden. Der vorherrschende Netzaufbau in Rechenzentren hebt die Verbindungen auf OSI-Ebene 3 und streicht STP von der Tagesordnung (vgl. Kap. 13 und 14).

Kapitel 13

Spine/Leaf Topologie

Im Rechenzentrum benötigen tausende Server Anschluss ans Netz. Wie lassen sich die Maschinen am besten verbinden und das Netz am wirtschaftlichsten aufbauen?

Je größer ein Netz wird, desto wichtiger ist eine vorherige Planung. Dabei orientieren sich viele Designer an Architekturen, die sich in vergleichbaren Umgebungen bewährt haben.

Dieses Kapitel beschreibt den Wandel beim Entwurf eines Servernetzwerks vom traditionellen Ansatz zum cloud-fähigen Design.

Traditioneller Aufbau

Das klassische Design für Netze im Rechenzentrum oder auf dem Campus unterteilt die Funktionen in drei Schichten: Core, Distribution und Access (Abbildung 13.1).

Der Access-Bereich ist der Einstiegspunkt und bietet Netzanschlüsse für die Server. Die Switches im Access-Layer legen Wert auf Sicherheit, damit keine unautorisierten Geräte oder böswillige Pakete das Netz betreten.

Im Distribution-Bereich konzentrieren sich die Uplinkverbindungen der Access-Switches. Im Idealfall hat jeder Access-Switch mehrere Kabelverbindungen zu unterschiedlichen Distribution-Switches. In der Distributionsebene erledigen die Switches IP-Routing und Paketmanipulationen. Hier ist üblicherweise der Übergabepunkt von OSI-Layer 2 des Access-Bereichs zu OSI-Layer 3 des Kernnetzes.

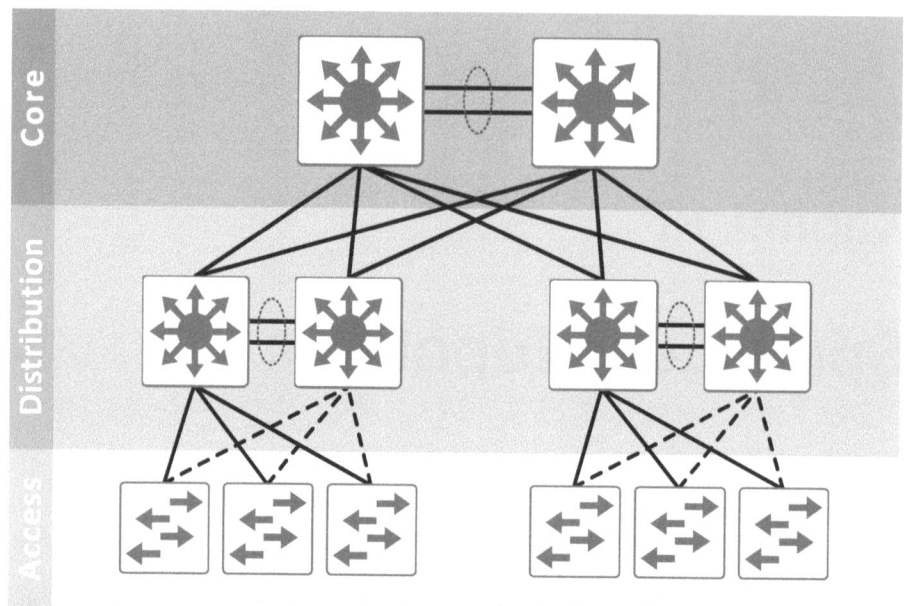

Abbildung 13.1: Traditionelles Dreischicht-Modell

Im Core-Bereich geht es um Geschwindigkeit, Skalierbarkeit und schnelle Konvergenz. Die Core-Switches verbinden die Distribution-Switches der unterschiedlichen Bereiche, Gebäude oder Standorte miteinander.
In kleineren Umgebungen kann das Kernnetz entfallen. Die Distribution-Switches müssen dann vollvermascht werden, um den Ausfallschutz zu erhalten.

Der Netzaufbau aus den beschriebenen drei Ebenen ist für Nord-Süd-Datenverkehr ausgelegt. Damit ist die Kommunikation zwischen Client und Server gemeint, also rein-und-raus aus dem Rechenzentrum.
Die Server kommunizieren auf OSI-Ebene 2, was den Access-Bereich zur Ethernetdomäne macht. VLANs unterteilen die Bereiche und das Spanning-Tree-Protokoll (vgl. Kap. 12) passt auf, dass keine Schleifen auftreten. Die Teilbereiche sind groß und bei einem Broadcast-Sturm droht der gesamte Block bis zum Distribution-Switch zu scheitern.
Den Gefahren der großen Broadcast-Domänen stehen die gute Unterstützung für ältere Anwendungen und Protokolle gegenüber. Außerdem ist das

traditionelle Netzdesign einfach zu implementieren, da es mit statischem Routing auskommt und kein Overlay-Netz benötigt. Routing und IP-Grenzen kommen erst ins Spiel, wenn das bestehende Netz wachsen soll.

Das Netz skaliert durch größere Switches und zusätzliche Kabelverbindungen zwischen den Ebenen („scale up").

Moderne Architektur

Die Cloud stellt neue Anforderungen an ein Netzdesign, denn der Datenfluss verändert sich. Moderne Netze zeigen deutlich mehr Ost-West-Verkehr. Eine einzelne Clientanfrage (Nord-Süd) triggert im Rechenzentrum mehrere Transaktionen *zwischen* den Servern (Ost-West).

Die Kommunikation der Server untereinander verläuft im traditionellen Design über eine unterschiedliche Anzahl Hops, was schwankende Verzögerung bewirkt. Hohe Durchsatzraten sind damit schwer zu erreichen, was zu einem Flaschenhals bei der Bandbreite zwischen den Servern führt.

Der Cloud-Gedanke ermöglicht auch den Einsatz mehrerer Rechenzentren, die sich einfach verbinden lassen.

Die großen Layer-2-Domänen des klassischen Netzdesigns bringen Risiken und Probleme bei der Lastverteilung, denn selten werden alle Links eines Bündels gleichmäßig ausgelastet. Im schlimmsten Fall blockiert STP und die Verbindung bleibt unbenutzt. Und wer mit VLANs nicht sparsam umgeht, wird an die Grenze von 4096 stoßen.

Kurz gesagt: In einem Layer-2-Netz kann mehr schiefgehen als in einem Layer-3-Netz.

Spine/Leaf

Der moderne Netzentwurf ist schlichter aufgebaut als sein Vorgänger. Das Design beschränkt sich auf zwei Rollen: Spine und Leaf. Leaf-Switches verbinden die Server und ähneln dem Access-Bereich. Spine-Switches verbinden die Leafs und entsprechen dem Core-Bereich (Abbildung 13.2).

Im Grundsatz hat jeder Leaf-Switch eine Kabelverbindung mit jedem Spine-Switch. Damit ist der Pfad zwischen zwei Servern stets gleichlang und hat dieselbe Anzahl Hops und eine gleichmäßige Verzögerung. Es gibt keine direkte Verbindung Spine-zu-Spine oder Leaf-zu-Leaf.

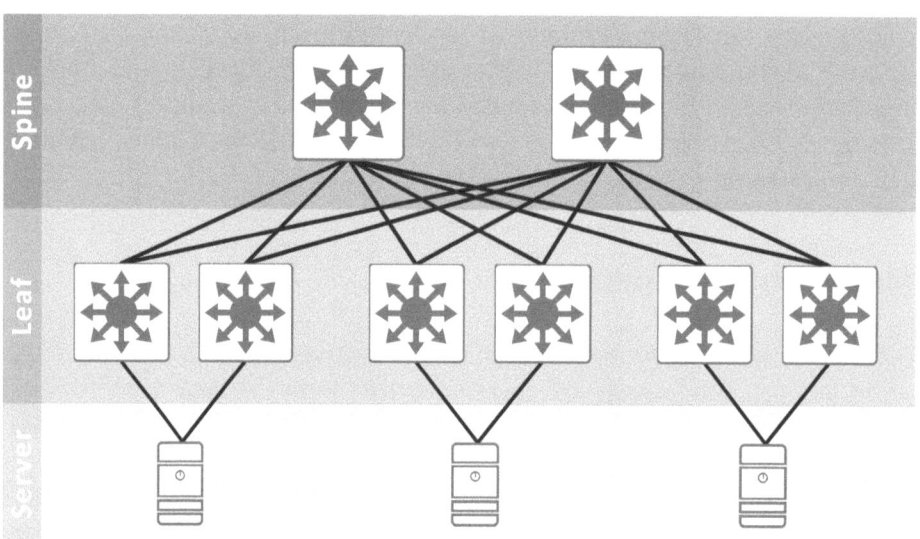

Abbildung 13.2: Spine/Leaf-Architektur

Der Aufbau skaliert: Mehr Spine-Switches erhöhen die Bandbreite und mehr Leaf-Switches erhöhen die Portdichte für die Server („scale out").

Die Netzadapter der Switches arbeiten ausnahmslos auf Ebene 3. Über die Menge der IP-Adressen wacht ein Routingprotokoll, welches die Netze automatisch bekannt gibt. Kapitel 14 wägt die populären Protokolle OSPF und BGP gegeneinander ab.

Mit den Verbindungsnetzen auf Ebene 3 reduzieren sich die Ethernetsegmente auf das Kabel zwischen zwei Switches. Kleiner geht es kaum und damit ist das Spanning-Tree-Protokoll weg vom Fenster.

Die Switches verteilen die Netzlast über mehrere Leitungen an ihre Nachbarn. Als Folge werden alle Links verwendet, die verfügbare Bandbreite erhöht und besser ausgeschöpft.

Wo Licht ist, ist auch Schatten und so hat das Spine/Leaf-Design ein paar Knackpunkte, die zu berücksichtigen sind. Die Verkabelung ist nicht zu unterschätzen, denn *jeder* Leaf-Switch braucht ein Kabel zu *jedem* Spine-Switch. Während im klassischen Entwurf eine einpfadige Verbindung von Access-Switch zu Distribution-Switch toleriert war, verlangt der moderne Ansatz eine lückenlose Vermaschung.

In einem reinen IP-Netz versagen Anwendungen, die direkte Kommunikation auf Ethernetebene benötigen. Der allgemeine Workaround ist eine weitere Schicht Ethernet oberhalb des IP-Netzes. In der Branche hat sich dafür das Protokoll VXLAN (vgl. Kap. 15) durchgesetzt, denn es erreicht zwischen zwei beliebigen Access-Ports eine Ethernet-Verbindung, als wären die angeschlossenen Server per Kabel direkt miteinander verbunden.

Skalierung

Vorab ein kleines Rechenbeispiel: Ein Spine-Switch mit einer hohen Portdichte verfügt über 48 Anschlüsse. Jeder Netzadapter führt zu einem Leaf-Switch, welcher bis zu 48 Gigabitports bereitstellt. In der Summe stellt der beispielhafte Netzaufbau aus knapp 100 Switches insgesamt ca. 2.300 Anschlüsse bereit, die für 1.150 zweipfadig angeschlossene Server ausreichen. Wenn das eigene Netz diese Grenzen erreicht und Wachstum angesagt ist, muss die Topologie wachsen *können*. Das Spine/Leaf-Design skaliert nicht durch größere Switches, sondern durch *mehr* Switches („scale out“). Wenn das Maximum der Leaf-Switches, wie im obigen Beispiel, erreicht ist, kommt eine weitere Ebene hinzu. Dieser *Super-Spine* aggregiert mehrere Spine-Switches. Das Ergebnis ist ein dreistöckiger Netzaufbau, der ein bisschen an das traditionelle Design erinnert, aber nach Regeln von Spine-und-Leaf spielt (Abbildung 13.3).

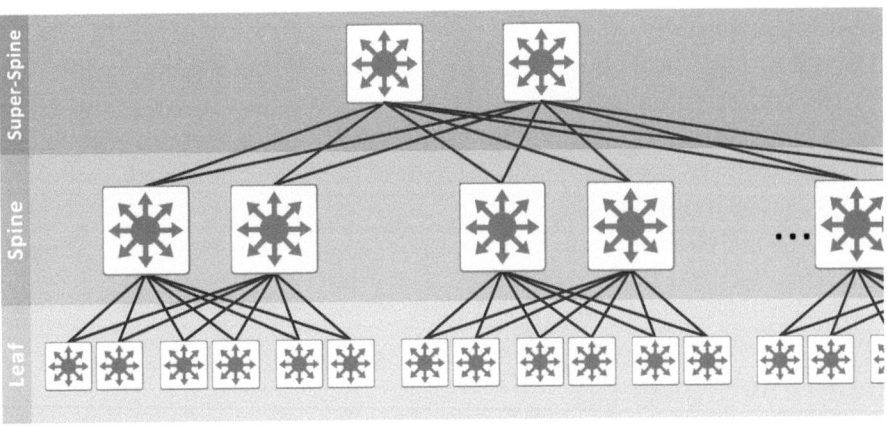

Abbildung 13.3: Dreischichtiges Spine/Leaf-Design für große Umgebungen

Overlay

Die Switches im Spine/Leaf-Verbund transportieren alles, was sich in IP-Pakete einwickeln lässt. Theoretisch ist diese Freiheit unbegrenzt, aber meist handelt es sich dabei um Ethernet-Frames, die den Servern eine geswitchte Kommunikation vorgaukeln.

Damit teilt sich das Netz in ein Overlay- und ein Underlay-Netzwerk. Das Overlay-Netz verbindet die Server oder Hypervisoren miteinander und folgt den Regeln eines Protokolls, z. B. VXLAN (vgl. Kap. 15). Das Underlay-Netz ist ein reines Transportnetz, welches die IP-Pakete des Overlay-Netzes transportiert, ohne deren Funktion zu verstehen.

Ein Overlay-Netz ermöglicht vieles, bringt aber auch neue Komplexität ins Spiel. Der zusätzliche Protokollheader frisst ein paar Bytes vom Ethernet-Frame. Damit müssen die Switches größere Pakete transportieren und Jumbo-Frames unterstützen. Außerdem ist die Fehlersuche aufwendiger, denn anfangs ist nicht klar, ob die Ursache im Overlay oder im Underlay liegt.

Was macht OpenSwitch?

OpenSwitch setzt auf die Spine/Leaf-Architektur und stattet sein Betriebssystem mit den grundlegenden Features aus: Routingprotokolle, VXLAN und Automatisierung.

Bei den Routingprotokollen setzt OpenSwitch auf die Software FRR (vgl. Kap. 14) und erhält damit BGP-Unterstützung, welches in Verbindung mit Ethernet VPN eine Control-Plane für große VXLAN-Umgebungen ermöglicht. Für kleine Umgebungen unterstützt OpenSwitch eine statische Zuordnung von VXLAN-Endpunkten.

Bei der Automatisierung von Switches hat OpenSwitch keine Präferenzen und harmoniert mit Ansible (vgl. Kap. 20), Chef, Puppet und Salt.

Zusammenfassung

Das Netzdesign im Rechenzentrum wandelt sich. Der ursprüngliche Ansatz brachte einen optimalen Datenpfad zwischen Clients und Servern. Das Netz war geprägt von großen Broadcast-Domänen, VLANs und dem Spanning-Tree.

Mit dem Aufkommen der Cloud hat sich der Anspruch verändert, denn die Server kommunizieren verstärkt untereinander. Dieser Datenverkehr innerhalb des Rechenzentrums benötigt hohe Bandbreiten und fixe Latenzen.

Dem neuen Anspruch begegnen die Designer mit der Spine/Leaf-Architektur. Leaf-Switches bieten Anschlüsse für die Server. Spine-Switches verbinden die Leaf-Switches. Das Konzept skaliert: Mehr Spine-Switches erhöhen die verfügbare Bandbreite und mehr Leaf-Switches schaffen neue Netzanschlüsse für die Server.

Typischerweise arbeiten alle Verbindungen zwischen den Switches auf IP-Ebene. Ein Routingprotokoll sorgt für Ordnung und Lastverteilung. Das Kernnetz wird damit zu einem reinen IP-Netz und verbannt die Probleme von großen Ethernetsegmenten aus dem Data Center.

Kapitel 14

Dynamisches Routing

Switches und Router transportieren IP-Pakete in weit entfernte Netze. Diese Zielnetze sind zunächst unbekannt, bis jemand sie dem Switch bekannt gibt. In kleinen Netzen reichen statische Routen dafür aus, um jedem Switch jedes Netz anzukündigen. Die Anzahl der IP-Bereiche (Routen) ist überschaubar.

In größeren Umgebungen wird die händisch geführte Routingtabelle ein zeitintensives Hobby, da ein neues IP-Netz in allen Netzgeräten manuell eingetragen werden muss, um erreichbar zu sein.

Ein dynamisches Routingprotokoll nimmt dem Admin diese Arbeit ab. Die Switches lernen sich kennen und berichten gegenseitig über ihre lokalen Subnetze. Nach kurzer Zeit kennt jeder Switch alle bekannt gegebenen IP-Netze und wer dafür verantwortlich ist. Die nächste Aufgabe liegt darin, den kürzesten Weg zu diesen entfernten Netzen zu errechnen.

Was hier nach Standortvernetzung und Weitverkehrsnetzen klingt, lässt sich gut auf ein Rechenzentrum übertragen: Die Anzahl der Endgeräte ist groß und die Bandbreiten unterschiedlich. Und dynamisches Routing im Rechenzentrum lohnt sich auch für kleine Umgebungen, um in den Genuss von automatischem Ausfallschutz zu kommen.

Wenn die Switches ihre Nachbarn per IP-Adresse erreichen und damit auf Ebene 3 des OSI-Modells arbeiten, fallen viele Sorgenkinder weg, die auf Ebene 2 wüten: Broadcast-Stürme und der Spanning-Tree. Und Lastverteilung gibt es obendrein, denn Linux verteilt Pakete automatisch, wenn unterschiedliche Pfade in der Routingtabelle zum selben Ziel führen.

Für die Auswahl des Routingprotokolls gibt es bei OpenSwitch zwei Kandidaten: *Open Shortest Path First* (OSPF) und *Border Gateway Protocol* (BGP). Welches das bessere von beiden ist, führt zu einer ähnlichen Diskussion wie „Vi versus Emacs" oder „Tabs versus Spaces". Glücklicherweise beherrscht OpenSwitch beide Protokolle!

OSPF gegen BGP

Welches Routingprotokoll im Rechenzentrum wirken soll, ist eine Frage von Stabilität, Skalierbarkeit und technischem Hintergrund der Designer. Internet Service Provider (ISP) sind in vielen Situationen an BGP gebunden, während in Unternehmensnetzen OSPF häufiger anzutreffen ist.
Ein neutrales Design orientiert sich an der Anzahl der Server und Switches und berücksichtigt Wachstum.

OSPF konvergiert sehr schnell und die Switches lernen automatisch ihre Nachbarn und beginnen mit dem Austausch von Routinginformationen. Dagegen konvergiert BGP etwas langsamer, aber immer noch im Sekundenbereich. Dafür ist die Sache mit den Nachbarschaften ein wunder Punkt, denn grundsätzlich erwartet ein BGP-Knoten manuelle Konfiguration seiner Partner, bevor der Austausch von Pfadinformationen beginnt. Als Workaround lässt sich die Konfiguration automatisieren, sodass BGP in dieser Rubrik nicht im Nachteil ist. Auf lange Sicht könnte ein RFC diesen Vorgang standardisieren, der als Internet Draft *BGP Logical Link Discovery Protocol (LLDP) Peer Discovery* noch im Entwurfsstatus ist.
BGP gewinnt eindeutig bei der Skalierbarkeit. Der beste Beweis dafür ist das Internet.

Grundsätzlich gilt: In großen Infrastrukturen macht sich BGP besser und in normalen Umgebungen sollte die Wahl auf das Protokoll fallen, welches das IT-Team besser im Griff hat, oder welches bereits im Einsatz ist.
Aber ab wann erhält ein Rechenzentrum das Attribut *groß*? RFC 7938 spricht von mehr als hunderttausend Servern und empfiehlt BGP. Für OSPF dürfte bei mehreren zehntausend Servern Schluss sein – jenseits dieser Schwelle nimmt der Aufwand für Nachbarschaften und Datenbanksynchronisation die Oberhand.

Auf welches Routingprotokoll die Wahl auch fällt, der Ablauf ist derselbe:
Routingprozess aktivieren, Nachbarn erkennen (lassen) und Routen austau-
schen. Das offizielle Wiki von OpenSwitch stellt BGP in den Mittelpunkt. Als
Ausgleich richtet dieses Buch den Fokus auf OSPF, damit beide Protokolle
ausreichend beleuchtet sind.

OSPF

Das Routingprotokoll OSPF ermöglicht es den Switches, sich gegenseitig
kennenzulernen und über ihre lokalen Subnetze zu berichten. Nach kurzer
Zeit kennt jeder Switch alle bekannt gegebenen IP-Netze und wer dafür
verantwortlich ist. Die nächste Aufgabe liegt darin, den kürzesten Weg zu
diesen entfernten Netzen zu berechnen.
Die Switches sortieren ihre Ergebnisse *shortest path first* (engl. kürzester
Weg zuerst). Der beste Pfad zu einem IP-Netz und der benachbarte Switch
wandern in die lokale Routingtabelle.
Wenn Geräte unterschiedlicher Hersteller plaudern wollen, muss ein offenes
Protokoll her. Daraus ist *Open Shortest Path First* (OSPF) entstanden und
hat sich im Unternehmensumfeld etabliert. Durch seine offene Architektur
sind OSPF-Implementierungen für nahezu alle Switches und Router nam-
hafter Hersteller und Betriebssysteme vorhanden.
OSPFv2 und OSPFv3 haben zwar das gleiche Ziel, sind aber strikt nach IPv4
und IPv6 getrennt. Wenn im Netz beide IP-Versionen rumlaufen, müssen
sich die Switches über OSPFv2 (für IPv4) *und* OSPFv3 (für IPv6) unterhalten. Diese Unterteilung ist charmant, denn es erlaubt Netzbetreibern
unter IPv6 ein anderes Routingprotokoll zu nutzen, ohne die stabile IPv4-
Konfiguration zu gefährden.
Je nach Implementierung arbeiten dafür unterschiedliche Prozesse oder
nur einer, der beide OSPF-Versionen beherrscht. Beispielsweise trennt Open-
Switch beide Protokolle auf Anwendungsebene.

Hinweis

OSPF kommt aus der Welt der Router und daher ist der Begriff *Router* für ein OSPF-sprechendes Gerät geläufiger. Im folgenden Text beschreibt *Router* einen OPX-Switch mit aktivierter Routingfunktion.

Konzept

OSPF erwartet vor der Einrichtung ein wenig Planung, um die Skalierbarkeit des Protokolls richtig zu nutzen und um spätere Umbauten zu vermeiden. OSPF unterteilt seine Router nach Areas (engl. Gebiete). Eine Area ist eine zusammenhängende Gruppe von Routern. In einem großen Unternehmensnetz könnte eine Area einen Firmenstandort widerspiegeln. Innerhalb eines Rechenzentrums lassen sich die Serverschränke in Areas aufteilen. Alle Areas unterhalten sich nur über die Backbone-Area miteinander, die ebenfalls aus Routern besteht. Das sollten die Router sein, welche die Unternehmensstandorte miteinander verbinden oder das Kernnetz im Rechenzentrum bilden.

Sobald ein Interface und sein angeschlossenes IP-Netz zum OSPF-Verbund gehören, werden sie Mitglied der ausgewählten Area. Damit ist es möglich, dass einzelne Router zu mehreren Areas gehören. Diese Router werden zum Botschafter zwischen den Areas und als *Area Border Router* (ABR) benannt. Wenn ein Router seine Interfaces in Netze steckt, die nicht über OSPF verwaltet werden, nimmt er die Rolle des *Autonomous System Boundary Router* (ASBR) ein. Abbildung 14.1 zeigt alle OSPF-Rollen in einem minimalen Beispielnetz.

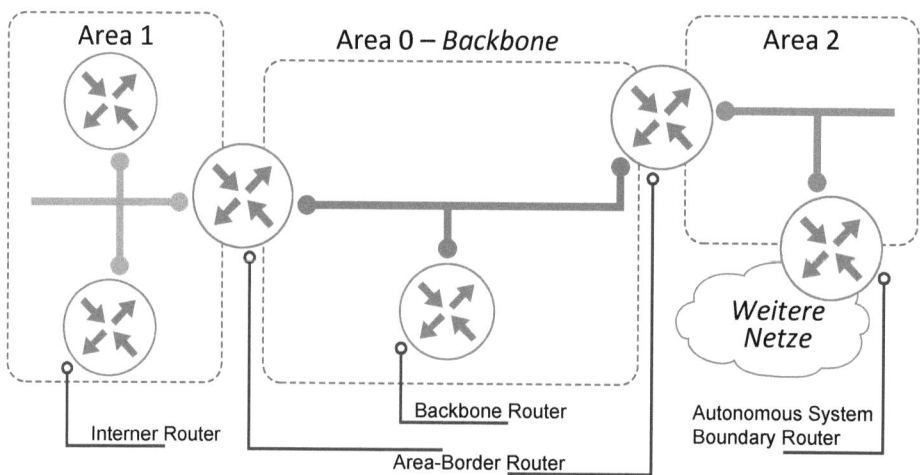

Abbildung 14.1: OSPF-Areas und Router-Typen

Diese Rollen sind wichtig, denn

- nur zwischen zwei Areas kann der verbindende Router IP-Netze zusammenfassen und eine *Summary Route* weiterreichen.

- OSPF-Router *fluten* Änderungen ins Netz. Damit diese Flut nicht das gesamte Rechenzentrumsnetz lahmlegt, ist an der Grenze einer Area Schluss.

In kleineren Netzen ist es akzeptabel, nur die Backbone-Area zu nutzen, um die Komplexität von OSPF nicht unnötig auszureizen. Die Vorteile der Unterteilung nach Areas fallen dann weg.

Router haben viele IP-Adressen. Für die Benachrichtigungen über Netzänderungen benutzen die OSPF-Teilnehmer aber stets dieselbe IP-Adresse, um keine Verwirrung zu stiften. Diese eindeutige Kennung ist die OSPF-Router-ID.

Aufbau

Im folgenden Szenario werden alle Switches im Labornetzwerk zu OSPF-Routern und alle Verbindungen auf Ebene 3 des OSI-Modells betrieben (vgl. Kap. 13). Dazu erhalten die Netzadapter der Switches IP-Adressen, welche für den Austausch von OSPF-Paketen notwendig sind.
Abbildung 14.2 auf der nächsten Seite zeigt das vollständige Labornetz mit zwei Servern, die beispielhaft für eine Serverfarm stehen.
Die Verbindungen zwischen den Switches müssen mit IP-Adressen bestückt werden. Dazu eigenen sich kleine Subnetze mit einer Maske von /30 oder /31. In großen Umgebungen wird die Verwaltung dieser Adressen unübersichtlich. Alternativ dazu bleiben die Netzadapter *unnumbered* und „leihen" sich die vorhandene IP-Adresse eines anderen Interfaces oder Loopback-Adapters.

Wo sind die Verbindungen *zwischen* den Switch-Pärchen geblieben? Switches sw01 und sw02 sind untereinander nicht verbunden – ganz im Gegensatz zum vorgestellten Netzdiagramm aus Kapitel 2. Die Ursache liegt in der fehlenden Notwendigkeit dieser Verbindungen in einem IP-basierten Netzdesign. Selbst wenn die Verbindungen vorhanden wären, würde OSPF sie

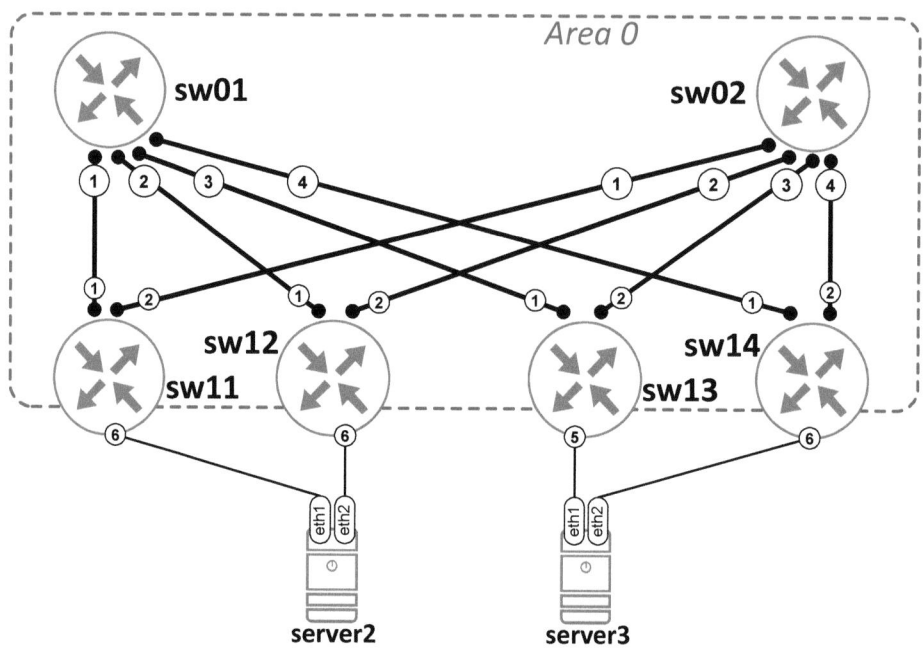

Abbildung 14.2: Spine-and-Leaf–Topologie mit OSPF als Routingprotokoll

nicht verwenden, da es bessere Pfade gibt. Besser noch: Die Interfaces sind frei und können weitere Switches oder Server anbinden.

Vorbereitung

Die Routingsoftware der Herzen ist *Free Range Routing* (FRR). Leider kommt OpenSwitch ohne FRR, aber es gibt fertige Pakete für Debian, sodass die Installation in Listing 14.1 mit wenigen Schritten abgeschlossen ist. Der Anbieter spendiert sogar ein Repository, was zukünftige Version von FRR in den normalen Updateprozess integriert.

Das verwendete Repository (Zeile 2) ist nur per *https* erreichbar, also benötigt das Betriebssystem das Add-on aus Zeile 4 für die verschlüsselte Kommunikation. Danach bestellt Zeile 6 beim Paketmanager die gewünschte Software.

```
1  curl -s https://deb.frrouting.org/frr/keys.asc | apt-key add -
2  echo "deb https://deb.frrouting.org/frr stretch frr-stable" \
3    > /etc/apt/sources.list.d/frr.list
4  apt install apt-transport-https
5  apt update
6  apt install frr frr-pythontools
```

Listing 14.1: Installation von FRRouting in OpenSwitch

Nach einer wortreichen Installation startet automatisch der Verwaltungs-
dienst von FRR und ist einsatzbereit – leider ohne Routingprozesse. Diese
müssen tatsächlich manuell per Listing 14.2 in der Konfigurationsdatei
einzeln ausgewählt werden.

```
sed -i -e 's/ospfd=no/ospfd=yes/'   /etc/frr/daemons
sed -i -e 's/ospf6d=no/ospf6d=yes/' /etc/frr/daemons
systemctl restart frr
```

Listing 14.2: FRRouting aktiviert seine Dienste für OSPFv2 und OSPFv3

Anschließend ist es soweit und die beiden OSPF-Prozesse warten auf ihre
Einrichtung.

Einrichtung

Alle Dienste von FRR erhalten ihre Befehle über die interaktive Shell vtysh,
die sich anfühlt wie ein waschechtes Cisco IOS. Der OSPF-Prozess beginnt
seine Arbeit, sobald er eine Router-ID erhält. Diese Kennung muss innerhalb der OSPF-Wolke eindeutig sein. Der erste Switch sw01 erhält seine
beispielhafte Router-ID 1.1.1.1 per Kommando:

```
sw01# configure terminal
sw01(config)# router ospf
sw01(config-router)# ospf router-id 1.1.1.1
```

Die Befehle wirken ohne weitere Bestätigung oder Aktivierung. Der OSPF-
Prozess kennt jetzt seine Router-ID. Aber damit ist es noch nicht getan,
denn bisher hat der Dienst noch keine konkreten Aufgaben.

173

Welche Netzadapter sollen OSPF sprechen und im dynamischen Routing mitspielen? Die Wahl fällt auf alle Interfaces, die wiederum einen Switch als Nachbarn haben. Am Beispiel von sw01 sind das die Interfaces *e101-001-0* bis *e101-004-0*, wobei nur das erste Interface hier abgedruckt ist:

```
1  interface e101-001-0
2   ip address 1.1.1.1/32
3   ip ospf area 0
4   ip ospf network point-to-point
5   bandwidth 1000
6   no shutdown
```

Die Angabe der Bandbreite für jeden Netzadapter ist notwendig, weil FRR und OpenSwitch ansonsten von 10 Mbit/s ausgehen und die Metrik entsprechend unpassend ausrechnen.

Kurioserweise erhalten alle Netzadapter dieselbe IPv4-Adresse, die sich auch noch mit der Router-ID überschneidet. Das ist die Erwartungshaltung der vtysh, um ein Interface „unnumbered" zu betreiben.

In diesem überschaubaren Labornetz können alle Netzadapter in derselben Area sein (Zeile 3). Die Angabe vom Netzwerktyp point-to-point in Zeile 4 verrät, dass in jedem Netzsegment exakt zwei Switches sind. Das bewirkt intern, dass die OSPF-Geräte keinen *Designated Router* (DR) und *Backup Designated Router* (BDR) wählen. Diese beiden Rollen sind nur in Umgebungen sinnvoll, wo viele OSPF-Router im selben Ethernetsegment aktiv sind.

Sobald die OSPF-Konfiguration auf den Switches vollständig ist, sollten sich die Geräte als Nachbarn sehen, wobei die Router-ID auf allen Teilnehmern unterschiedlich ist.

```
sw01# show ip ospf neighbor

Neighbor ID   Pri State        Dead Time Address     Interface  [...]
11.11.11.11     1 Full/DROther  37.942s 11.11.11.11  e101-001-0:1.1.1.1
12.12.12.12     1 Full/DROther  33.848s 12.12.12.12  e101-002-0:1.1.1.1
13.13.13.13     1 Full/DROther  30.126s 13.13.13.13  e101-003-0:1.1.1.1
14.14.14.14     1 Full/DROther  39.999s 14.14.14.14  e101-004-0:1.1.1.1
```

Sobald eine Nachbarschaft im Status Full ist, tauschen die Geräte Link-State-Informationen aus, um damit ihre Datenbank zu befüllen. Die relevantesten Datensätze schaffen es dann in die Routingtabelle.

Timer Tuning

In der Voreinstellung halten sich die Partner durch *Hello*-Pakete auf dem Laufenden, die alle zehn Sekunden erfolgen (*hello-interval*). Wenn sich ein Nachbar vierzig Sekunden lang nicht meldet (*dead-interval*), werden alle betroffenen Geräte die Link-State-Informationen dieses Nachbarn verwerfen und nach Alternativen suchen, um die Routingtabelle aufzufüllen. Vierzig Sekunden sind eine lange Zeit und die meisten Applikationen werden dem Anwender eine Fehlermeldung präsentieren.

Hinweis

Wenn OSPF bemerkt, dass eine Netzverbindung getrennt ist („linkdown"), wird sofort gehandelt und nicht erst nach dem langen Timeout.

Der niedrigste Wert für das Hello-Intervall ist *eine* Sekunde. Die Empfehlung für die Ausfallerkennung liegt beim vierfachen Hello-Intervall und damit bei vier Sekunden.
OpenSwitch erhält diese verbesserten Intervallwerte für alle benutzten OSPF-Schnittstellen:

```
interface e101-001-0
 ip ospf hello-interval 1
 ip ospf dead-interval 4
```

Anschließend sind auf jeder Kabelstrecke zwei OSPF-Hellos pro Sekunde sichtbar – jeweils eins von jedem Nachbarn.

Achtung

Benachbarte Switches müssen identische Intervalle benutzen, um eine Nachbarschaft zu bilden.

Bei ungleichen Intervallen meckert der Routingdienst in seiner Logdatei:

```
Sep 18 10:44:22 sw01 ospfd[8370]: [EC 134217740] Packet 11.11.11.11 \
   [Hello:RECV]: RouterDeadInterval mismatch (expected 4, but received 40).
Sep 18 10:45:42 sw01 ospfd[8370]: [EC 134217740] Packet 11.11.11.11 \
   [Hello:RECV]: HelloInterval mismatch (expected 1, but received 10).
```

Lastverteilung

Wenn der OSPF-Prozess mehrere gleichwertige Pfade zu einem Zielnetz ermittelt hat, wird der Kernel diese Informationen in die Routingtabelle aufnehmen. Als Folge schickt OpenSwitch ausgehende Pakete zu diesem IP-Netz über die verfügbaren Leitungen (Abbildung 14.3). Es entsteht eine Lastverteilung, ohne dass diese gesondert konfiguriert werden muss.

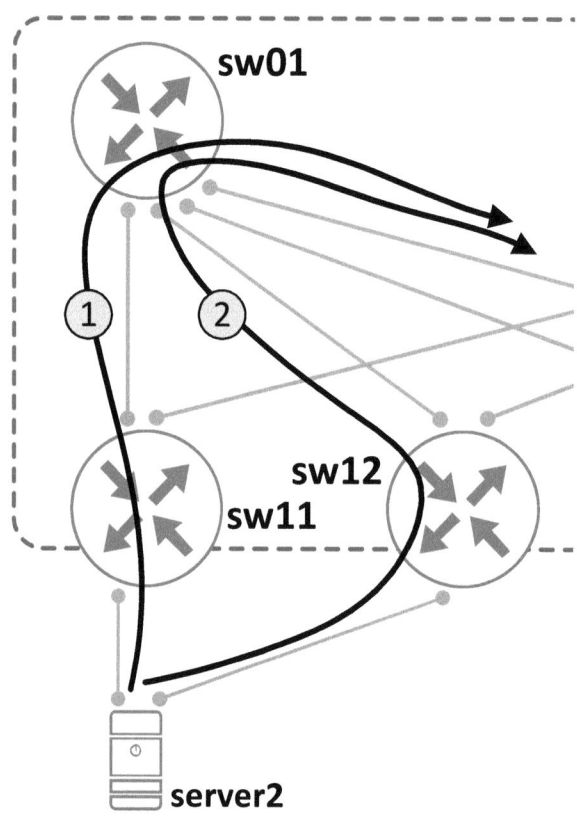

Abbildung 14.3: OpenSwitch benutzt mehrere Pfade gleichzeitig

Unterschiedliche Pfade zum selben Zielnetz benutzt der Kernel nur, wenn beide vom selben Routingprotokoll stammen, dieselbe Metrik haben (engl. equal cost) und damit beide Pfade (engl. multipath) gleichwertig sind. Dieses Routing per *Equal-cost multi-path* (ECMP) ist nicht auf zwei Nachbarn beschränkt. Das Limit liegt bei 256 parallelen Next-Hops pro Zielnetz.

Beispielsweise erreicht Switch sw01 die IP-Adresse 10.19.0.32 über beide Leaf-Switches sw11 und sw12:

```
sw01# show ip route 10.19.0.32
Routing entry for 10.19.0.32/32
  Known via "ospf", distance 110, metric 1, best
  Last update 00:00:28 ago
  * 11.11.11.11, via e101-001-0 onlink
  * 12.12.12.12, via e101-002-0 onlink
```

Wenn Datenpakete für 10.19.0.32 anstehen, wird der Weiterleitungsprozess beide Netzadapter *e101-001-0* und *e101-002-0* berücksichtigen und sich für einen entscheiden, um das Paket auf den Weg zu schicken.

OpenSwitch entscheidet sich nicht zufällig für ein ausgehendes Interface. Für die Wahl bildet ECMP eine Hashfunktion über:

- IP-Protokoll

- eingehendes Interface

- Quell- und Ziel-IP-Adresse

- TCP/UDP-Portnummer

Das Ergebnis ist für alle Pakete einer einzelnen Verbindung dasselbe, sodass die Pakete nicht durcheinander beim Ziel ankommen.

Sicherheit

Sollte der Switch auf *allen* Netzadaptern OSPF-Informationen bereitstellen und neue Nachbarschaften eingehen? Falls nicht, lassen sich die OSPF-freien Interfaces in den passiven Modus umstellen. Anschließend senden die ausgewählten Schnittstellen keine OSPF-Hello-Pakete mehr und ignorieren eingehende Hellos.
Allen voran sollte das Management-Interface nicht am dynamischen Routing teilnehmen, oder die anderen Geräte zu OSPF verführen.

```
router ospf
 passive-interface eth0
```

Diese Liste sollte alle weiteren Netzadapter enthalten, die ebenfalls zum OSPF-Prozess nichts beitragen, z. B. Verbindungen zu statischen Servern. Falls nur wenige Interfaces OSPF-Nachbarn erwarten, lohnt es sich, *alle* Interfaces passiv zu machen und mit Ausnahmen zu arbeiten. Die folgenden Anweisungen bewirken in der `vtysh`, dass ausschließlich *e101-005-0*, *e101-019-0* und *e101-023-0* mit ihren Nachbarn eine OSPF-Partnerschaft eingehen dürfen.

```
router ospf
 passive-interface default
 no passive-interface e101-005-0
 no passive-interface e101-019-0
 no passive-interface e101-023-0
```

Der stärkere Schutz gegen ungewollte Nachbarschaften und das Einschleusen von bösartigen OSPF-Paketen ist die Authentifizierung. Der sendende Router fügt der OSPF-Nachricht eine kryptografische Signatur hinzu, die der empfangende Router prüft. Nur wenn die Signatur gültig und der Paketinhalt unverändert ist, wird er das Paket akzeptieren und verarbeiten.

Das Routingprotokoll ist beim Angebot der Hashverfahren sparsam, denn die Auswahlliste besteht ausschließlich aus dem MD5-Algorithmus. Vor diesem Algorithmus wird heutzutage in manch anderer Software aus Sicherheitsgründen abgeraten.

Die fehlende Auswahl hat zumindest den Vorteil, dass die Konfiguration simpel ist. Wenn der Nachbar hinter Netzadapter *e101-002-0* nur signierte OSPF-Meldungen erwartet und verschickt, erledigt die `vtysh` diesen Wunsch mit zwei Befehlen.

```
interface e101-002-0
 ip ospf authentication message-digest
 ip ospf message-digest-key 1 md5 EIN_PASSWORT
```

Wenn es etwas Stärkeres sein soll, kann IPsec aushelfen und die OSPF-Pakete mit robusten Algorithmen verschlüsseln. Abschnitt *Sicherheit* für OSPFv3 auf Seite 183 zeigt die Absicherung mittels IPsec.

Skalierung

In kleinen Umgebungen bringt dynamisches Routing die Vorzüge der Lastverteilung und des Ausfallschutzes. In großen Umgebungen führt kein Weg dran vorbei, um die Berge an IP-Netzen zu kontrollieren und allen Geräten beizubringen.

OSPF hat auch für große Netze und hohe Bandbreiten eine paar Asse im Ärmel. Dieser Abschnitt will kein Buch über OSPF-Design ersetzen, möchte aber die Skalierungstipps kurz anreißen.

Areas

OSPF flutet Zustandsänderungen ins Netz, damit sie jeden Teilnehmer derselben Area erreichen. Bei vielen Routern oder vielen Änderungen steigt die Belastung für Netzwerk und CPU, denn die Router müssen auf jede Änderung reagieren und eventuell ihre Routen neu bewerten.

Wie die OSPF-Landschaft aufgeteilt wird und welche Rolle die Areas einnehmen, ist eine Frage von Design und Größe. Wenn sich die einzelnen Server am Routing beteiligen, könnte eine Area aus einem Serverschrank bestehen. Wenn die Leaf-Switches nur IP-Netze zusammenfassen und über ihre Uplinks verteilen, können mehrere Schränke zu einer Area gehören.

Die OSPF-Router innerhalb einer Area benötigen nicht das Detailwissen über externe Routen oder die IP-Netze anderer Bereiche. Es reichen mehrere Summary-Routen oder eine einzelne Default-Route.

Wenn die Area auf externe Routen verzichten soll, wird sie zur *Stub-Area*. Die Routingtabelle der betroffenen Router schrumpft, sobald die ABRs die Area als stub deklarieren:

```
router ospf
 area 19 stub
```

Die Router dieser Stub-Area erhalten immer noch die Netz-Informationen anderer Areas. Wenn die verbleibende Menge der Routen immer noch den Rahmen sprengt, kommt die *Totally Stubby Area* ins Spiel. In diese Area kommt nichts hinein, mit Ausnahme einer Default-Route. Die Entscheidung über die Totally Stubby Area fällen die Area Border Router, die zwischen den Areas filtern und die Default-Route verteilen.

```
router ospf
 area 19 stub no-summary
```

Die Unterteilung nach Areas wird im Abschnitt *OSPFv3* auf Seite 181 genutzt.

Zusammenfassen von IP-Bereichen

Wenn sich Netzbereiche zusammenfassen lassen, spart das Platz in den Routingtabellen der Router einer anderen Area. Wenn *alle* einzelnen Routen, die mit 10.19 beginnen, zur selben Area gehören, dann sollten die Area Border Router die Summary-Route 10.19.0.0/16 an die Backbone-Router formulieren. Durch das Backbone erreicht die neue Route alle anderen Router und belegt dort *eine* Zeile in der Routingtabelle.

Die Zusammenfassung von Routen erfolgt in Richtung Backbone. Der ABR von Area 1 und Area 0 generiert diese Route und flutet sie in die Backbone-Area.

```
router ospf
 area 19 range 10.19.0.0/16
```

Anschließend sehen die Router anderer Areas den Inhalt von Area 19 als einzelne Route.

```
O>* 10.19.0.0/16 [110/1] via 12.12.12.12, e101-002-0 onlink [...]
```

Hohe Bandbreiten

OSPF berechnet seine Metrik anhand der Bandbreite der Netzadapter. Die Formel ist relativ simpel: Teile 100 Mbit/s durch die tatsächliche Bandbreite des Interfaces und runde zur nächsten ganzen Zahl auf. Für kleine Bandbreiten im WAN funktioniert das ganz gut, aber alle Raten oberhalb von FastEthernet ergeben dieselbe Zahl 1. Per Voreinstellung kann OSPF nicht zwischen FastEthernet und 100 Gbit/s unterscheiden.

Für höhere Bandbreiten muss die Referenzbandbreite wachsen. Anstatt der üblichen 100 Mbit/s kann OpenSwitch auch 40 Gbit/s verwenden.

```
router ospf
 auto-cost reference-bandwidth 40000
```

Die Kosten eines Gigabit-Interfaces zeigen sich dann nicht mehr als 1, sondern als 40:

```
sw01# show ip ospf interface
e101-001-0 is up
  ifindex 23, MTU 1500 bytes, BW 1000 Mbit <UP,BROADCAST,RUNNING,MULTICAST>
  This interface is UNNUMBERED, Area 0.0.0.0
  MTU mismatch detection: enabled
  Router ID 1.1.1.1, Network Type POINTOPOINT, Cost: 40
[...]
```

180

> **Hinweis**
>
> Die Referenzbandbreite muss auf allen OSPF-Routern denselben Wert haben.

Der maximale Referenzwert liegt bei 4.294.967, was noch solange ausreichen wird, bis die Netzadapter den Bereich von *Terabit Ethernet* betreten.

OSPFv3

Die Version 3 von OSPF wagt den Vorstoß in die Welt von IPv6. Das klingt mutig, aber das Grundprinzip ist dasselbe, wenn auch die Adressen länger und weniger übersichtlich erscheinen.
OpenSwitch behält die Kommandostruktur bei, aber stets mit der notwendigen Unterscheidung, ob ein Befehl für OSPFv3 gilt, und damit für IPv6, oder für das „klassische" OSPF mit IPv4.
OSPFv3 verwendet für die Kommunikation die link-lokale IPv6-Adresse, die sich jeder Netzadapter selbstständig generiert. Damit ist die Konfiguration noch bequemer als die *unnumbered* Adressen von IPv4.

Labor

Das Labor für OSPFv3 nutzt die Methoden der Skalierung, verbesserte Timer und Areas. Diese Techniken wurden im Verlauf des Kapitels bereits behandelt und sind direkt auf IPv6 übertragbar. In Abbildung 14.4 auf der nächsten Seite wandern die Access-Links zu den Servern in eine separate Area und die Leaf-Switches werden zu ABRs. Die Backbone-Area bleibt damit von den einzelnen Serverpräfixen verschont.
Dieser Laboraufbau stellt ein Netzdesign dar, welches vollständig auf Ebene 3 des OSI-Modells setzt. Alle Verbindungen zwischen Teilnehmern benutzen IP-Adressen. Eine Broadcast-Domäne reicht damit maximal bis zum anderen Ende des Kabels.

Areas

Die offizielle Dokumentation der Routingengine äußert sich über Areas mit: „Area support for OSPFv3 is not yet implemented". Hier sind die Entwickler

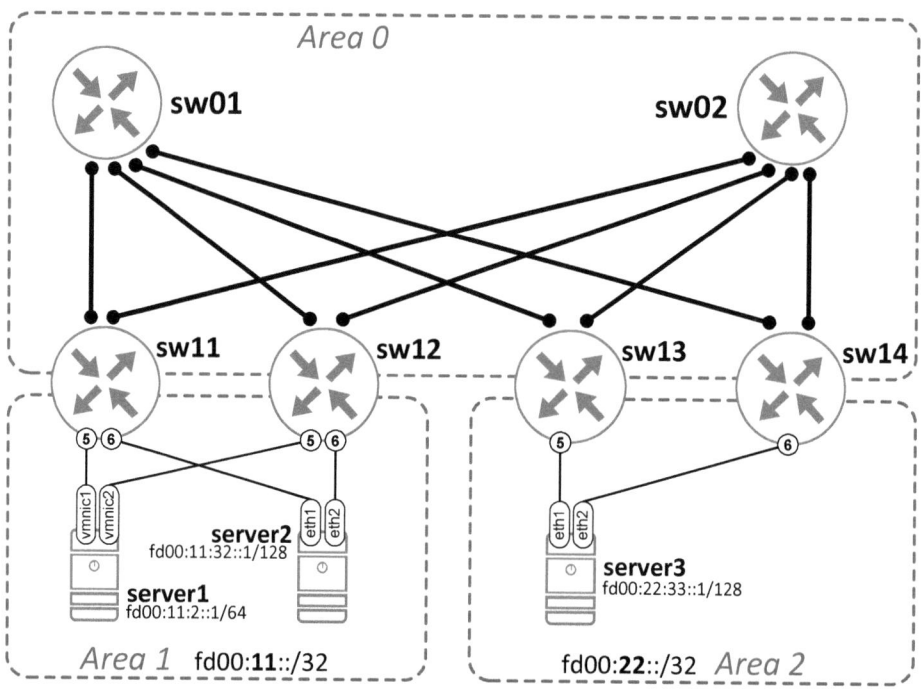

Abbildung 14.4: OSPFv3 unterteilt IPv6-Bereiche in Areas

unnötig bescheiden, denn Areas funktionieren bei OSPFv3 tadellos. Und
das gilt auch für Filter und das Zusammenfassen von Präfixen.

In älteren Versionen musste der ABR die Präfixe aus den Areas als externe
Routen in die Backbone-Area einschleusen. Das war ein akzeptabler Workaround, der jedoch am ABR entsprechende Konfiguration erforderte.

Einrichtung

Die Ersteinrichtung läuft genau wie bei IPv4 ab: Zuerst OSPFv3-Prozess
aktivieren, Router-ID bestimmen, Areas zuweisen, (Referenz-)Bandbreite
festlegen und schließlich auf die OSPF-Nachbarschaften warten. Listing 14.3
zeigt die verwendeten Befehle.

Danach verteilen sich die IPv6-Routen und tauchen in den Routingtabellen
der benachbarten Geräte auf.

```
router ospf6
 ospf6 router-id 1.1.1.1
 interface e101-001-0 area 0.0.0.0

interface e101-001-0
 ipv6 ospf6 hello-interval 1
 ipv6 ospf6 dead-interval 4
 ipv6 ospf6 network point-to-point
```

Listing 14.3: FRRouting startet als OSPFv3-Router

Hinweis

Die Router-ID und Area-ID sind 32-bit-Zahlen, welche die Form einer IPv4-Adresse annehmen, ohne tatsächlich eine Adresse zu sein.

Die Nachbarschaftstabelle von Switch sw01 sieht noch wenig nach IPv6-Routing aus:

```
sw01# show ipv6 ospf6 neighbor
Neighbor ID Pri  DeadTime State/IfState  Duration I/F[State]
11.11.11.11   1  00:00:03 Full/DROther   00:00:00 e101-001-0[PointToPoint]
12.12.12.12   1  00:00:03 Full/DROther   00:00:05 e101-002-0[PointToPoint]
```

Die Leaf-Switches halten ihre angeschlossenen Server in einer gesonderten Area, sodass sich die Einrichtung ihrer Netzadapter von den Spine-Switches unterscheidet. Am Beispiel von sw12 ändert sich die Area-ID:

```
router ospf6
 interface e101-005-0 area 0.0.0.1
 interface e101-006-0 area 0.0.0.1
```

Sicherheit

OSPFv3 kümmert sich nicht um Sicherheit. Das ist kein fehlendes Sicherheitsbewusstsein, sondern die klare Entscheidung, dass es bereits hervorragende Sicherheitsprotokolle gibt, auf die OSPFv3 zurückgreifen kann. Gemeint ist IPsec und seine Fähigkeit zu verschlüsseln und zu signieren. Eine fertige Implementierung ist für jedes populäre Betriebssystem bereits vorhanden. Weiterhin ist die Einrichtung nicht auf MD5 beschränkt (vgl. Seite 177), sondern kann stärkere Algorithmen verwenden.

FRRouting hat die Konfiguration von IPsec nicht in die `vtysh` integriert.
Wenn OSPFv3 vor neugierigen Blicken geschützt über die Leitungen wandern soll, muss das Betriebssystem für den Schutz sorgen.
Die notwendige Software steht im Repository bereit und ist per Paketmanager ohne Aufwand nutzbar:

```
apt install ipsec-tools
```

Das Prinzip ähnelt einem VPN-Tunnel: Ein Endpunkt verschlüsselt und verschickt, der andere Endpunkt empfängt und entschlüsselt. Alle Geräte dazwischen sehen nur unleserliche Paketinhalte.
Welche Teile der Kommunikation verschlüsselt sein sollen, entscheidet das neue Kommando `setkey`. Seine Anweisungen erhält `setkey` per Skriptdatei. In dieser Datei lassen sich die Algorithmen für Verschlüsselung (Tabelle 14.1) und Signierung (Tabelle 14.2) auswählen und mit einem Passwort versehen.

```
1   flush;
2   spdflush;
3
4   # OSPFv2
5   spdadd 0.0.0.0/0[0] 224.0.0.5[0] any \
6     -P out ipsec esp/transport//require;
7   add 0.0.0.0 224.0.0.5 esp 0x10003 -m transport \
8     -E rijndael-cbc "12345678901234567890123" \
9     -A hmac-sha1 "1234567890123456789";
10
11  # OSPFv3
12  spdadd ::/0 ff02::5 any -P out ipsec esp/transport//require;
13  add :: ff02::5 esp 0x10003 -m transport \
14    -E rijndael-cbc "12345678901234567890123" \
15    -A hmac-sha1 "1234567890123456789";
```

Die Schlüssel in den Zeilen 8, 9, 14 und 15 sind beispielhaft. Sie sollen zeigen, dass der Schlüssel eine exakte Länge haben muss, die abhängig vom Algorithmus ist. In den Tabellen 14.1 und 14.2 ist die benötigte Länge in der Spalte *Schlüssellänge (Bytes)* aufgeführt.
Sobald die Datei angefertigt ist, sendet das `setkey`-Kommando ihren Inhalt an den Kernel, welcher mit der Kryptierung beginnt.

```
setkey -f <Dateiname.txt>
```

> **Hinweis**
>
> Die `setkey`-Datei ist adressunabhängig, sodass sie auf allen Switches ohne weitere Anpassung die OSPF-Pakete verschlüsselt und signiert.

Algorithmus	Schlüssellänge (Bits)	Schlüssellänge (Bytes)
blowfish-cbc	40–448	5–56
cast128-cbc	40–128	5–16
des-cbc	64	8
des-deriv	64	8
3des-cbc	192	24
des-deriv	64	8
null	0–2048	0–256
rijndael-cbc	128/192/256	16/24/32
aes-ctr	160/224/288	20/28/36
camellia-cbc	128/192/256	16/24/32
twofish-cbc	0–256	0–32

Tabelle 14.1: Nutzbare Algorithmen zur Verschlüsselung bei IPsec

Algorithmus	Schlüssellänge (Bits)	Schlüssellänge (Bytes)
keyed-md5	128	16
hmac-md5	128	16
keyed-sha1	160	20
hmac-sha1	160	20
hmac-sha2-256	256	32
hmac-sha2-384	384	48
hmac-sha2-512	512	64
hmac-ripemd160	160	20
aes-xcbc-mac	128	16
tcp-md5	8–640	1–80
null	0–2048	0–256

Tabelle 14.2: Nutzbare Algorithmen zur Signierung bei IPsec

Da die Verschlüsselung nicht im OSPF-Prozess stattfindet, wissen die *show*-Kommandos von FRR auch nichts über die Vertraulichkeit der Pakete. Feedback dazu liefern die Befehle `setkey -D` und `setkey -D -P` aus dem Softwarepaket von *ipsec-tools*.

Zuletzt sollte der Wunsch nach Verschlüsselung auch einen Neustart des Systems überleben. Dazu gehört der Aufruf von `setkey -f` in die Startdatei `/etc/rc.local` vor die finale `exit`–Zeile.

Die Konfiguration zur Absicherung der OSPF-Nachbarn benutzt statische Schlüssel. Der *automatische* Austausch von Schlüsseln passt nicht zu OSPF, denn die Zieladresse von OSPF-Hello-Paketen ist eine Multicast-Adresse. Und leider verträgt sich der Dienst zum *Internet Key Exchange* (IKE) nicht mit Multicast.

Fehlersuche

Wenn Nachbarschaften nicht entstehen oder Pfade in den Routingtabellen fehlen, kann OSPF vielfältige Auskunft geben. Die erste Informationsquelle sind die `show`-Kommandos der `vtysh`. Diese kommunizieren mit den OSPF-Prozessen und liefern die gewünschten Ergebnisse als Kommandoausgabe. Wenn zwei Router keine Nachbarschaft eingehen wollen, prüft der folgende Befehl, ob OSPF auf dem verbindenden Netzadapter überhaupt aktiviert ist.

```
show ip ospf interface
```

Anschließend kommt der visuelle Vergleich beider Gegenstellen, ob MTU, Area, IP-Subnetz und kryptografische Prüfsumme übereinstimmt.

> **Hinweis**
>
> Die verwendeten Befehle betreffen OSPF Version 2. Wenn die Fehlersuche auf OSPFv3 abzielt, müssen die Argumente den Zusatz für IPv6 erhalten:
>
> ```
> show ipv6 ospf6 interface
> ```

Die Liste der OSPF-Nachbarn bringt der Befehl `show ip ospf neighbor`. Die gewünschte Ausgabe ist auf den Seiten 174 und 183 gelistet. Eine vollwertige Nachbarschaft hat den Status `Full`. Alle anderen Zustände sollten vorübergehend sein und betreffen das Kennenlernen zweier Geräte oder den Austausch von Link-State–Informationen.

Wenn alle Nachbarschaften vollwertig sind, verteilen die Router ihre IP-Informationen untereinander. Welches IP-Netz es in die Routingtabelle geschafft hat, zeigt show ip route und außerhalb der vtysh einer der folgenden Befehle.

```
ip route
route
netstat --route
cat /proc/net/route
```

Die nicht aufgeführten Pfade merkt sich OSPF in seiner Datenbank. Dort befindet sich ebenfalls zu jedem IP-Netz der Ankündigungstyp, sein Alter und der verteilende Router. Warum der Kernel einen Pfad *nicht* in die Routingtabelle aufgenommen hat, ist eine Frage von Metrik und Filter. Bei der Metrik ist die Entscheidung einfach: Die Route(n) mit der besten Metrik (kleinster Zahlenwert) kommt in die Routingtabelle. Die Filter sind hinterhältiger, denn jeder Area-Border-Router könnte zwischen den Areas Routen ausfiltern. Ob ein ABR die Weitergabe von bestimmten Routen unterbindet, verrät die vtysh in ihrer aktuellen Konfiguration oder der Befehl: show ip prefix-list detail

Debug-Modus

Wenn der OSPF-Router nicht so arbeitet, wie erwartet, dann startet der debug-Modus die detaillierte Protokollierung.

1. In der Voreinstellung protokolliert OpenSwitch die Debugmeldungen nicht. Also muss vor der allerersten Session das Logginglevel auf das Maximum (debugging) erhöht werden.

   ```
   sw01(config)# log syslog debugging
   ```

2. Welche Zustände soll der OSPF-Prozess anzeigen? Als Beispiel könnte ein Problem mit der Verarbeitung von Hello-Nachrichten bestehen und der Router soll zeigen, welche Pakete er empfängt und sendet.

   ```
   debug ospf packet hello
   ```

3. Danach passiert scheinbar nichts. Die Debugmeldungen landen im Journal und sind erst mit dem folgenden Kommando sichtbar:

```
journalctl -u frr -f
```

4. Die debug-Session endet nicht automatisch, sondern erwartet eine offizielle Bestätigung für den Abschluss:

```
no debug ospf packet hello
```

Das aufgeführte Beispiel beschränkt sich auf Hello-Pakete. Die Debug-Abteilung liefert weitere Echtzeitinformationen zu Netzadaptern, Timer, Link-State-Ankündigungen, Nachbarschaften oder listet die übermittelten und empfangenen OSPF-Pakete. Bei OSPFv3 sind die Auswahlmöglichkeiten sogar noch umfangreicher.

Achtung

Wenn der Switch seine Logmeldungen an einen entfernten Syslogserver sendet (vgl. Kap. 5), sind davon auch Debugmeldungen betroffen. Wenn viele Debug-Themenbereiche ausgewählt sind, könnte dadurch eine erhöhte CPU-Last entstehen.

Die Debugmeldungen verbleiben im lokalen Switch, wenn im ersten Schritt eine Textdatei als Ziel bestimmt wird.

```
sw11(config)# log file /var/log/frr/ospf.debug.txt
```

Die Anzeige der Nachrichten ändert sich zu:

```
tail -f /var/log/frr/ospf.debug.txt
```

Praxistest

Wie stabil verhalten sich das vorgestellte Design und seine Implementierung, wenn Switches ausfallen oder eine Verbindung wackelt? Da alle Komponenten redundant ausgelegt sind, sollte die Ende-zu-Ende–Verbindung zwischen Servern nicht betroffen sein. Die Gesamtbandbreite leidet, da die ausgefallene Leitung nicht mehr zur Verfügung steht.

Die Teststrecke beginnt bei Server2 und endet bei Server3. Dazwischen liegt das Switch-Pärchen sw11/sw12, gefolgt vom Spine-Paar sw01/sw02 und zuletzt das Team von sw13/sw14. Zuerst zeigt *traceroute* und Abbildung 14.5, welchen Pfad die Testpakete zum Zielserver nehmen.

```
root@server2:~# traceroute -In server3
traceroute to server3 (33.33.33.33), 30 hops max, 60 byte packets
 1  11.11.11.11  1.413 ms  1.400 ms  1.394 ms
 2  1.1.1.1  3.309 ms  3.322 ms  3.322 ms
 3  14.14.14.14  4.939 ms  4.950 ms  4.985 ms
 4  33.33.33.33  6.578 ms  6.884 ms  6.885 ms
```

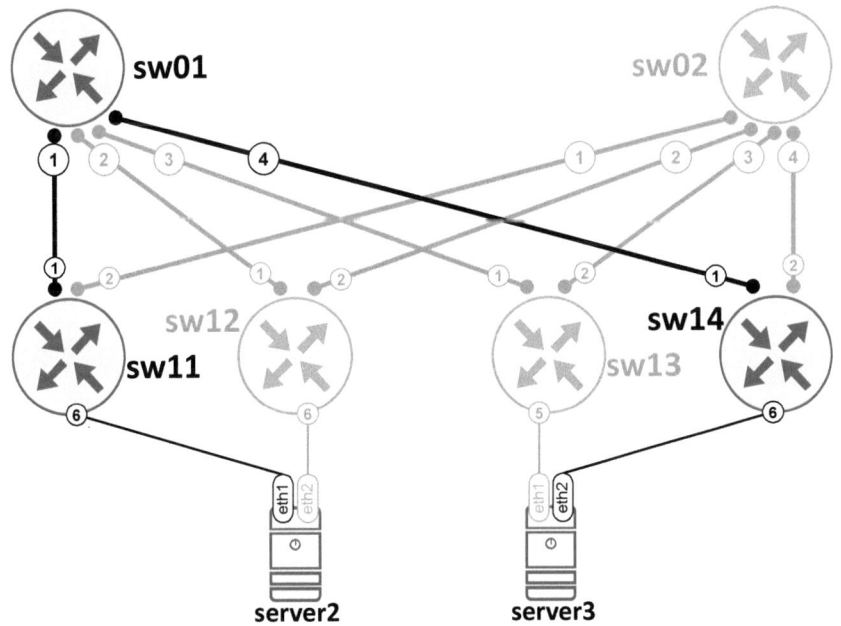

Abbildung 14.5: Ein möglicher Pfad zwischen den Servern

Zugegeben, *traceroute* ist recht sparsam bei der Netzbelastung. Für einen Test der Lastverteilung muss *iperf3* ran, welches per Dauerfeuer den Server und die Leitungen beschießt (vgl. Kap. 19).

Das Ergebnis der Messung ist weniger wichtig als die Auslastung der Netzadapter von den betroffenen Switches. Während *iperf3* zwischen den Servern wütet, liefert der Befehl bwm-ng auf Switch sw01 eine ausgewogene Verteilung der Bandbreite.

```
bwm-ng v0.6.1 (probing every 2.500s), press 'h' for help
input: /proc/net/dev type: rate
|      iface              Rx              Tx            Total
============================================================
   e101-004-0:     114.75 KB/s   31554.99 KB/s    31669.74 KB/s
   e101-003-0:     130.40 KB/s   31553.78 KB/s    31684.18 KB/s
   e101-001-0:   31554.91 KB/s     129.83 KB/s    31684.74 KB/s
   e101-002-0:   31553.71 KB/s     115.32 KB/s    31669.03 KB/s

        total:   63353.77 KB/s   63353.92 KB/s   126707.69 KB/s
```

Die Momentaufnahme von *bwm-ng* ergibt fast die gleiche Bandbreite auf
den eingehenden Switchports *e101-001-0* und *e101-002-0*, was eine har-
monische Lastverteilung bedeutet.

Wie verhält sich das Netz, wenn ein unerwarteter Stromausfall sw01 zur
Strecke bringt? Die benachbarten Switches erhalten vom defekten Gerät
keine OSPF-Meldungen mehr und werden diesen Nachbarn nach vier Sekunden (*dead-interval*) aus ihren Pfadentscheidungen entfernen. Nach
diesem kurzen Stillstand fließt der Netzverkehr weiter. Der erneute Aufruf
von *traceroute* zeigt den geänderten Pfad zum Ziel:

```
root@server2:~# traceroute -In server3
traceroute to server3 (33.33.33.33), 30 hops max, 60 byte packets
 1  11.11.11.11  1.557 ms  1.460 ms  1.449 ms
 2  2.2.2.2  3.273 ms  3.282 ms  3.289 ms
 3  13.13.13.13  4.862 ms  5.119 ms  5.165 ms
 4  33.33.33.33  7.346 ms  8.057 ms  8.096 ms
```

Die Ausfallzeit von vier Sekunden betrifft nur Anwendungen, die durch
Switch sw01 gewandert sind. Alle anderen Verbindungen haben davon
nichts mitbekommen.

Für Echtzeit-Applikationen sind vier Sekunden eine Ewigkeit und nicht
tolerierbar. Mit dem Zusatzprotokoll *Bidirectional Forwarding Detection*
(BFD, siehe Seite 192) erkennen die OSPF-Nachbarn den Ausfall der Gegenstelle innerhalb von *einer* Sekunde und können früher mit dem Umrouten
beginnen.
Und tatsächlich: Egal was jetzt im OSPF-Netz passiert, innerhalb von einer
Sekunde finden die Geräte einen Weg um das Problem herum. Die Ursache
ist dabei nebensächlich: Switch rebootet, Stromausfall, Kabel gezogen, Ka-

bel vertauscht – mit BFD ist die Störung nach einer Sekunde umgangen. Sogar ein absichtlich gekillter OSPF-Daemon macht dem Netz nichts aus.

Wenn eine Verbindung hohe Paketverluste erleidet, wird OSPF erst bei einer Verlustrate oberhalb von 5% ungehalten. Dann könnten sich vereinzelt Nachbarschaften auflösen und neu bilden, was die Routingtabelle durcheinanderbringt. Wenn mehr als 10% der Pakete verschwinden, bleibt die Nachbarschaft eher getrennt und OSPF routet um die verlustbehaftete Leitung herum.

Ausblick

OSPF hat noch weitere Features im Portfolio, die in speziellen Umgebungen das Verhalten verbessern oder die Sicherheit erhöhen.

Redistribution

OSPF ist nicht das einzige Routingprotokoll im Netz. Gelegentlich muss OSPF von anderen Protokollen Routen lernen oder soll Informationen abgeben. Diese Form des Austauschs heißt Redistribution. Kurz: Redistribution holt Informationen aus einer anderen Routingquelle, schiebt diese durch einen Filter und markiert die neuen Pfade als externe OSPF-Routen.
Ein braver Router lässt die anderen OSPF-Router im Netz an den neu erlernten Routen teilhaben. Kurz darauf haben sich die externen Routen bis in die Areas verteilt. Grundsätzlich ist diese Verhaltensweise korrekt, aber praktisch sollte die OSPF-Tabelle nicht unnötig viele Informationen eines anderen Protokolls beinhalten.
Der eingangs erwähnte Filter funktioniert wie eine Access-Liste für Routen. Nur wenn eine gelernte Route auf einen permit-Eintrag in der ACL trifft, wird der OSPF-Prozess die neue Route aufnehmen. Andernfalls bleibt sie wortlos vor der Redistribution-Tür stehen.
In OpenSwitch kann der OSPF-Prozess aus den folgenden Quellen seine Routen redistribuieren:

- `connected`. Routen zu den lokalen Netzadaptern. Diese stehen zwar bereits in der eigenen Routingtabelle, aber die OSPF-Nachbarn sollen diese Netze ebenfalls kennen.

- bgp. OSPF holt sich die Routen aus der BGP-Tabelle. Da BGP in großen Umgebungen zuhause ist, lohnt sich hier eine route-map, die *vor* der Redistribution filtert.

- static. Der OSPF-Prozess nimmt die statisch konfigurierten Routen und verteilt sie an seine Nachbarn.

- table. Falls mehrere Routingtabellen aktiv sind, kann OSPF sich aus einer alternativen Tabelle bedienen.

- kernel. Der OSPF-Daemon fragt beim Linux-Kernel nach Routen und holt sie in die OSPF-Welt. Woher der Kernel die Routen hat, ist für den Daemon zweitrangig.

Egal wo die Routen herkommen, OSPF wird sie als externe Routen betrachten, damit sie von „echten" (internen) Routen unterscheidbar sind.

Filter

Nicht jeder OSPF-Router kann Routen ausfiltern. Bei OSPF wirkt ein Filter nur *zwischen* zwei Areas. Dieser Umstand muss beim Area-Design berücksichtigt werden, denn filtern können nur die ABRs.
Ein OPX-Switch kann implizit und explizit filtern. Ein impliziter Filter wird aktiv, wenn eine Area zur Stub-Area oder Totally-Stubby-Area wird (siehe Abschnitt *Areas* auf Seite 179). Dann filtern die ABRs automatisch externe Routen und/oder Inter-Area–Routen aus.
Den expliziten Filter konfiguriert der Administrator händisch per Präfix-Liste. Die Präfix-Liste ist eine OSPF-Firewall für den Austausch von Routen zwischen Areas. Sie funktioniert wie eine Access-Liste, indem sie ausgewählte Routinginformationen erlaubt oder verbietet. Dabei wirkt sie in einer Area sowohl eingehend als auch ausgehend.
Die Präfix-Liste verbietet nicht die Datenkommunikation dieser IP-Bereiche, sondern lediglich die Routen, die der ABR von seinen Nachbarn lernt.

Bidirectional Forwarding Detection (BFD)

Das BFD-Protokoll baut zwischen OSPF-Nachbarn eine zusätzliche Verbindung auf, um Fehler schneller zu erkennen. Dazu sendet BFD eigene Hello-Pakete in beliebigen Abständen, wobei das minimale Intervall bei

50 Millisekunden liegt. Wenn das Timeout bei zwei verpassten Paketen abläuft, wird der Ausfall nach 100 Millisekunden erkannt und gehandelt. In einem weniger extremen Beispiel senden die Partner im Abstand von 300ms und alarmieren nach drei verpassten Paketen. Damit sind ausgefallene Switches oder Verbindungen innerhalb von einer Sekunde erkannt.

Der BFD-Dienst ist im Auslieferzustand abgeschaltet und lässt sich analog zu den anderen Diensten von FRR in der Linux-Kommandozeile aktivieren:

```
sed -i -e 's/^bfdd=no/bfdd=yes/' /etc/frr/daemons
systemctl restart frr
```

> **Achtung**
>
> Der Neustart von FRR betrifft auch die Prozesse für OSPFv2 und OSPFv3. Als Folge werden die Nachbarschaftsbeziehungen kurzzeitig unterbrochen.

BFD lässt sich in der `vtysh` pro Netzadapter einrichten. Die Syntax für das obige Beispiel lautet:

```
interface e101-001-0
 ip ospf bfd
```

Danach legt der BFD-Dienst los und befeuert seinen Nachbarn mit Hello-Paketen. Sobald dieser ebenfalls seinen Netzadapter fit für BFD gemacht hat, wird `show bfd peers` die Erreichbarkeit bestätigen und die Verbindung überwachen.

BFD ist nicht auf OSPF beschränkt und kann auch andere Routingprotokolle zu schnellerer Konvergenz verhelfen.

Instabile Verbindungen

Wenn die Verbindung zwischen zwei OSPF-Geräten „wackelt" oder die Nachbarschafts-Timeouts aufgrund einer hohen Verlustrate auslösen, dann berechnen die OSPF-Router der Area jedes Mal neue Pfade. Das belastet die CPU und die Paketverluste ärgern die eine oder andere Softwareanwendung.

OpenSwitch kann die Neuberechnung der Routen verzögern. In der Voreinstellung rennt der *Shortest Path First*-Algorithmus sofort los, wenn es

Neuigkeiten im Netz gibt. Aber es gibt Stellschrauben, um den Beginn der Berechnung etwas aufzuschieben. Der Verzögerungstimer ist adaptiv und ändert sich dynamisch mit der Stabilität des Netzes. Bei wenigen Netzänderungen schrumpft er auf den konfigurierten Minimalwert und bei häufigen Statusänderungen von Netzadaptern wächst er auf das voreingestellte Maximum.

Das folgende Beispiel bewirkt eine erstmalige Verzögerung von einer halben Sekunde. Alle nachfolgenden SPF-Berechnungen müssen mindestens 800 Millisekunden pausieren. Die maximale Wartezeit des SPF-Timers liegt bei zwölf Sekunden.

```
router ospf
 timers throttle spf 500 800 12000
```

Die absichtliche Verzögerung wirkt sich auch auf die Konvergenzzeit aus. Wenn ein Switch ausfällt müssen die Nachbarn abwarten, bis die SPF-Timer ablaufen, bevor sie alternative Pfade benutzen können.

Technischer Hintergrund

Für die Routingfunktion setzt OpenSwitch auf *Free Range Routing* (FRR), eine Open-Source–Software für alle gängigen Routingprotokolle. FRR ist ein Fork von *Quagga* [17], der bekannten Routingsuite von Linux. Sie ist eine vollständige Routingsoftware, die unabhängig von OpenSwitch ist. Sie funktioniert auf BSD und Linux und stellt für die gängigsten Distributionen vorkompilierte Pakete bereit.

Die Architektur von FRR ist modular: Jedes Routingprotokoll bekommt seinen eigenen Dienst, z. B. `ospf6d` für OSPFv3. Die Prozesse kommunizieren mit dem zentralen Dienst `zebra`, den die Dokumentation passend als „IP Routing-Manager" betitelt. `zebra` berichtet die Änderungen im Routing direkt an den Kernel, welcher die Routingtabelle entsprechend aktualisiert. Die Konfiguration der FRR-Dienste läuft über die Kommandozeile *vtysh*, die wie eine exakte Kopie von Cisco IOS aussieht.

Die Ursache für den veralteten MD5-Algorithmus zur Authentifizierung von Nachbarn, liegt im ursprünglichen RFC 2328 von OSPF. Dieser stammt aus dem Jahr 1998 und listet als höchstes Sicherheitsniveau MD5. Zwanzig

Jahre später ist MD5 in vielen Produkten gar nicht mehr enthalten und auch OSPF hat sich in RFC 5709 weiterentwickelt. Dort erhält das Protokoll Unterstützung für SHA-1 bis SHA-512, aber leider steht dieses RFC nicht mal auf der Roadmap von FRR.

Zusammenfassung

Das Routingprotokoll OSPF ist eine gängige Methode für Lastverteilung, Ausfallschutz und zum Verteilen von Routing-Informationen im Rechenzentrum und weiteren angeschlossenen Netzbereichen. Es baut zwischen den Switches feste Beziehungen auf und prüft regelmäßig ihren Zusammenhalt. Darüber tauschen die Nachbarn ihre Informationen aus und berechnen aus allen Fakten die Pfadinformationen im Netz und befüllen damit ihre Routingtabelle.

OSPF im Rechenzentrum ist eine Designentscheidung, wenn die Verbindungen zwischen den Switches auf Ebene 3 des OSI-Modells wirken. Damit ist der Pfad eines Pakets mit *traceroute* nachvollziehbar.

Das Protokoll unterteilt sich in Version 2 für IPv4 und Version 3 für IPv6, wobei OpenSwitch beide Versionen beherrscht. OSPF skaliert recht gut, wenn das Netzdesign Areas einsetzt und IP-Bereiche zusammenfasst. Und wenn OSPF an seine Grenzen stößt, gibt es immer noch den großen Bruder BGP.

Kapitel 15

VXLAN

Das Netzdesign eines modernen Rechenzentrums benutzt mehrheitlich IP-Verbindungen und vermeidet switchübergreifende Ethernetsegmente. Damit wird die Infrastruktur robust und ausfallgeschützt. Aber manche Anwendungen und Protokolle erwarten direkte Kommunikation auf Ebene 2 des OSI-Protokolls, was durch ein geroutetes Netz nicht mehr möglich ist. Hier kommt das *Virtual Extensible LAN* (VXLAN) ins Spiel. VXLAN bietet den Servern gegenseitige Erreichbarkeit auf Ethernet-Ebene. Dazu mogelt sich VXLAN nicht am IP-Netz vorbei, sondern spannt einen unverschlüsselten Tunnel quer durch das Kernnetz.

Der VXLAN-fähige Switch vor Server A verpackt das Ethernet-Frame in einem IP-Paket und sendet es an den VXLAN-Switch von Server B. Dieser Switch entpackt das Paket und leitet seinen Inhalt an Server B. Für die Server besteht eine echte Ethernetverbindung. Für die Leaf-Switches besteht ein VXLAN-Tunnel. Für die Spine-Switches besteht eine IP-Verbindung.

VXLAN ist ein Overlay-Netzwerk mit eigenem Protokoll und Adressierung. Es benutzt die vorhandene Infrastruktur als Underlay-Netz für den Datentransport. Abbildung 15.1 auf der nächsten Seite zeigt das Zusammenspiel beider LAN-Technologien.

Der logische Ansatz von VXLAN entspricht in etwa dem von *Voice over IP*. Beide Techniken verpacken ihre Daten (Ethernet-Frames / Sprache) in UDP-Pakete und benutzen ein unterliegendes IP-Netz für den Transport. Beide Techniken haben ihre eigene Adressierung (VXLAN Network Identifier / Telefonnummer) und stülpen damit ein eigenes Netz über das Transportnetz. Beiden Techniken ist das Underlay-Netzwerk egal: Das Paket muss lediglich schnell und zuverlässig am anderen Ende ankommen.

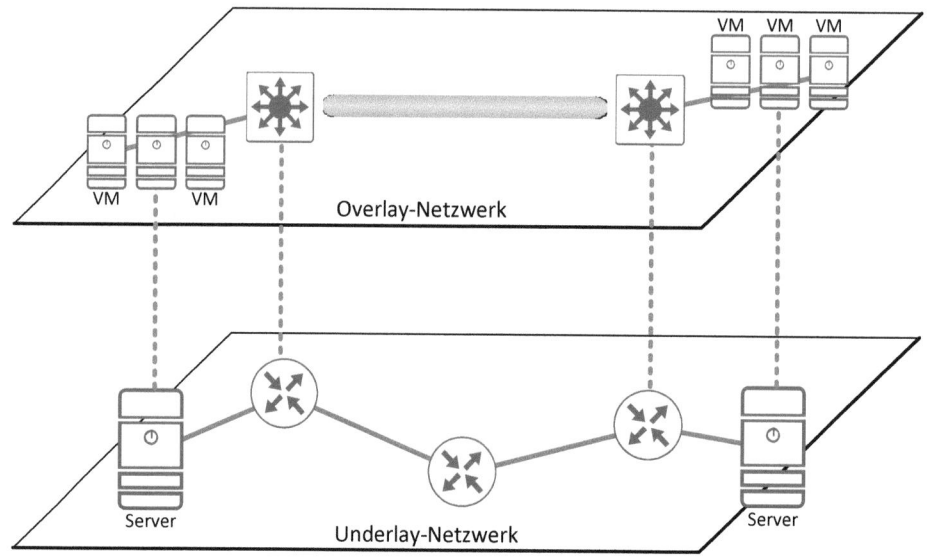

Abbildung 15.1: VXLAN tunnelt Ethernet-Frames durch ein IP-Netz

Grundlagen

VXLAN ist eine Netzvirtualisierung auf Basis von IP-Tunneln. Das VXLAN ist die scheinbar reale („virtuelle") Erweiterung („extensible") des lokalen Netzes („LAN"). Der VXLAN-Tunnel ähnelt einer VPN-Verbindung, mit Ausnahme der Verschlüsselung.

Die *virtuellen Tunnel-Endpunkte* (VTEP) sind Switches, die auf ihren serverseitigen Netzadaptern Ethernet-Frames annehmen und auf den Uplinks eingepackte VXLAN-Pakete aussenden. Ihre Funktion entspricht einem VPN-Router.

Das VXLAN ist eine Multipunkt-Verbindung. Der Tunnel hat so viele Endpunkte, wie an der LAN-Erweiterung teilnehmen wollen. Da die VLANs des Edge-Bereichs sich nicht in der VXLAN-Wolke vermischen dürfen, hat jedes VXLAN eine eindeutige Kennung. Dieser *VXLAN Network Identifier* (VNI)

ist vergleichbar mit einer VLAN-Nummer und unterteilt die Netzbereiche. Da VXLAN sehr auf Skalierbarkeit bedacht ist, reicht der VNI bis 16 Millionen. Zum Vergleich: Beim VLAN ist nach 4096 Schluss.
Abbildung 15.2 zeigt ein reguläres Ethernet-Paket und die zusätzlichen Kopfzeilen bei seiner Reise durch den VXLAN-Tunnel.

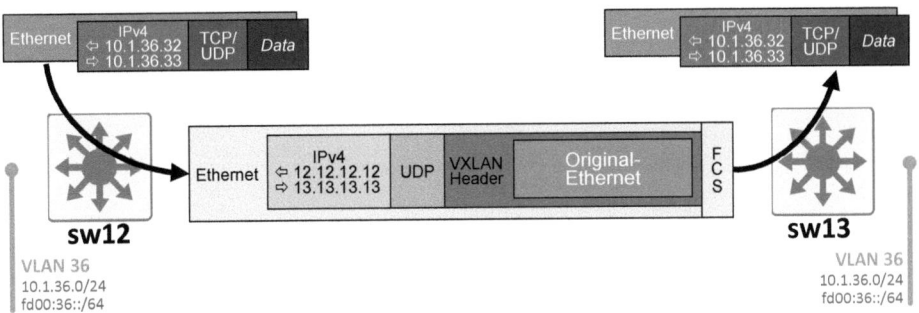

Abbildung 15.2: Ein Ethernet-Frame mit und ohne VXLAN-Kopfzeile

Laboraufbau

Das Labornetz stellt einen Teil des Rechenzentrums dar. Die Switches der Spine- und Leaf-Ebenen haben IP-Verbindungen untereinander und verteilen ihre IP-Netze durch das Routingprotokoll OSPF (vgl. Kap. 14). Abbildung 15.3 auf der nächsten Seite zeigt das Netzdiagramm mit den angeschlossenen Servern. Die Konfiguration der Switches entspricht den Geräten aus Kapitel *Dynamisches Routing* ab Seite 167.

Die Leaf-Switches erhalten jetzt die Aufgabe, für ihre Server eine Ethernet-verbindung herzustellen. Am Ende dieses Kapitels soll Server2 per Ethernet mit Server3 kommunizieren können, als wären beide Geräte durch ein einzelnes Kabel verbunden. Die Switches stellen diese Pseudo-Verbindung per VXLAN her und nutzen gleichzeitig die Vorteile des gerouteten Kernnetzes. Die VXLAN-Tunnel führen dabei kreuz-und-quer durch das Backbone-Netz. Abbildung 15.4 auf Seite 201 zeigt die Erweiterung des Ethernet durch VXLAN.

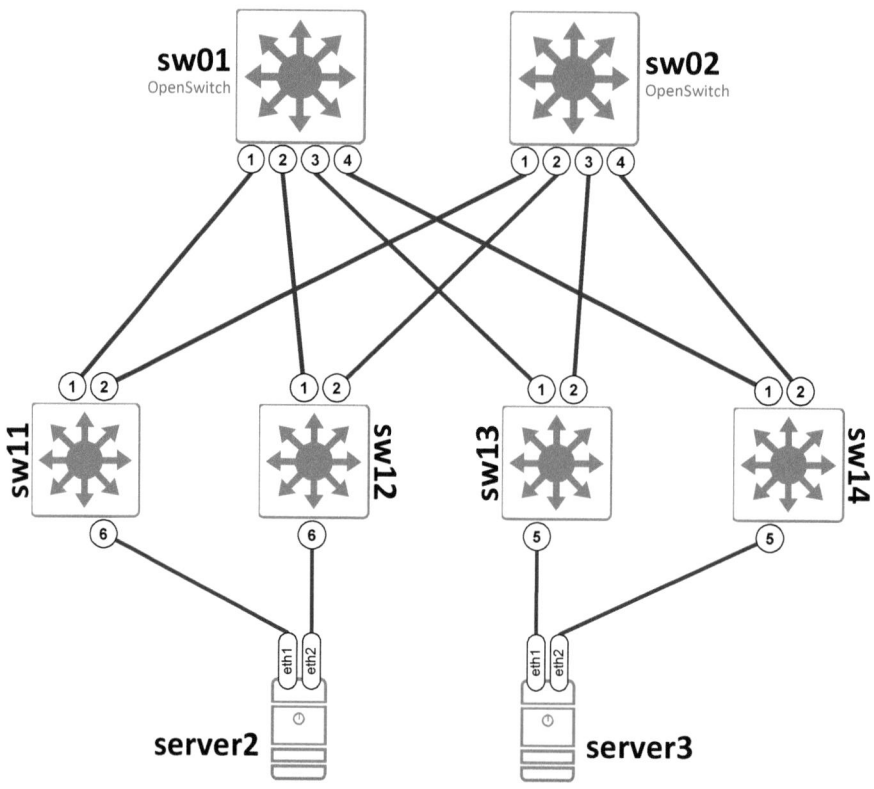

Abbildung 15.3: Das Underlay-Netzwerk für den späteren VXLAN-Aufsatz

Das Underlay-Netzwerk benutzt die Adressierung und das Routingproto-koll aus Kapitel 14. Innerhalb der VXLAN-Tunnel benutzen die Server den IP-Bereich 10.1.36.0/24.

Konfiguration

Im ersten Schritt übernehmen die Switches einfache VXLAN-Tätigkeiten und formen statische Tunnel zwischen ihnen. Darauf aufbauend wechseln die Konfiguration in den Multicast-Modus und findet andere Tunnelendpunkte automatisch. Die Konfigurationskommandos sind für alle VTEPs ähnlich und werden nur für einen Switch beschrieben.

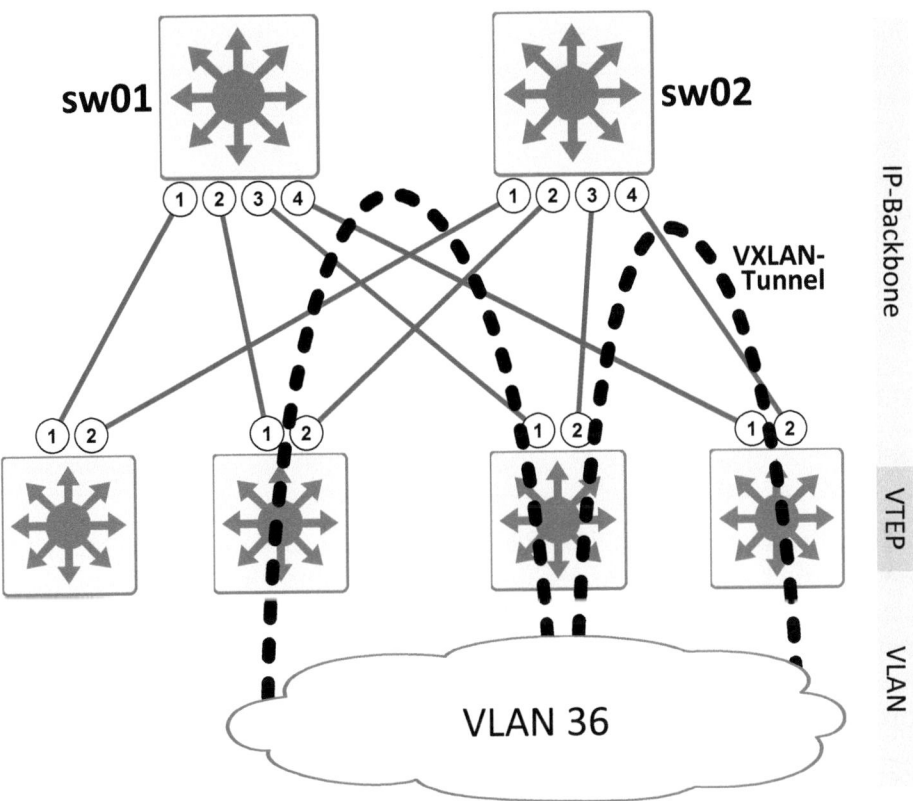

Abbildung 15.4: VXLAN-Tunnel verbinden Server auf Ethernet-Ebene

Zuerst müssen sich die Leaf-Switches per IP-Adresse gegenseitig erreichen können, denn ein stabiles Underlay-Netz ist die Voraussetzung für ein reibungsfreies Overlay-Netz. Die Switches kommunizieren per Loopback-Adapter und verteilen ihre Adressen per OSPF. Am Beispiel von sw11 und der vtysh erhält und verkündet der Switch seine Adressen.

```
1  interface lo
2   ip address 11.11.11.11/32
3   ip ospf area 0
4   ipv6 address fd00:ad::11/128
5  !
6  router ospf6
7   interface lo area 0.0.0.0
```

Sobald die anderen Switches ihre Konfiguration erhalten haben, können sich alle gegenseitig erreichen. Auf dieser Basis bekommt der Demo-Switch sw11 drei VXLAN-Tunnel verpasst – jeweils einen zu den drei anderen Leaf-Switches.

Die vtysh von FRR kennt kein VXLAN, also sind die folgenden Befehle für die normale Kommandozeile bestimmt. Die Einrichtung passt für Switch sw11. Die Konfiguration der anderen Leaf-Switches verlangt eine Anpassung an die lokale Adressierung.

```
1  ip link add vxlan0 type vxlan id 36 dstport 4789 \
2    local 11.11.11.11
3  bridge fdb append to 00:00:00:00:00:00 dst 12.12.12.12 dev vxlan0
4  bridge fdb append to 00:00:00:00:00:00 dst 13.13.13.13 dev vxlan0
5  bridge fdb append to 00:00:00:00:00:00 dst 14.14.14.14 dev vxlan0
6  ip link set vxlan0 up
```

Die multicastfreie VXLAN-Konfiguration erwartet stets die Angabe der eigenen IP-Adresse für die VXLAN-Tunnel (Zeile 2) und eine Liste aller Gegenstellen (Zeilen 3-5). Zeile 1 reserviert VXLAN-ID 36 und bindet sie an das neue Interface *vxlan0*.

Anschließend erhalten die Server Zugang zum VXLAN über eine Netzbrücke:

```
1  opx-config-vlan create --id 36
2  brctl stp br36 on
3  ip link set vxlan0 master br36
4  ip link set br36 up
5
6  opx-config-vlan set --id 36 --ports e101-005-0,e101-006-0
7  ip link set e101-005-0 up
8  ip link set e101-006-0 up
```

Serverseitig verbindet Zeile 3 den virtuellen Adapter *vxlan0* mit VLAN 36. Damit entsteht eine Netzbrücke zwischen VXLAN 36 und VLAN 36 (vgl. Kap. 7). Zuletzt erhalten die angeschlossenen Server das passende VLAN und damit die Eintrittskarte ins VXLAN. Das Kommando ist auf allen Leaf-Switches identisch. Die Zeilen 1-8 sind für alle Leaf-Switches gleich.

VXLAN benötigt grundsätzlich kein STP mehr, aber wenn die Switches redundante Wege zu den Servern aufbauen, muss Spanning-Tree mitspielen (Zeile 2). Hier empfiehlt sich ein Update auf die schnellere Variante

Rapid Spanning-Tree (vgl. Kap. 12). Zusätzlich dazu bringen der BPDU-Guard und BPDU-Filter einen Basisschutz gegen verirrte STP-Pakete oder Verkabelungsfehler.

```
mstpctl setforcevers br36 rstp
mstpctl setbpduguard br36 e101-006-0 yes
mstpctl setportbpdufilter br36 e101-006-0 yes
```

Die Server sollten bereits über ihre IP-Adressen im selben Subnetz kommunizieren können. Der Laboraufbau benutzt IP-Netz 10.1.36.0/24, aber grundsätzlich ist jedes Netz akzeptabel, da das VXLAN nur die Ethernet-Frames betrachtet.

Ein Blick in die Forwarding-Tabelle des VTEP sw11 zeigt, dass sich Server2 (MAC 00:3a:06:32:ff:02) und Server3 (MAC 00:3a:06:33:ff:02) bereits unterhalten haben.

```
root@sw11:~# bridge fdb show
00:3a:06:32:ff:02 dev e101-006-0 master br36
00:3a:06:33:ff:02 dev vxlan0 master br36
00:3a:06:33:ff:02 dev vxlan0 dst 13.13.13.13 self
00:3a:06:13:00:24 dev vxlan0 master br36
00:3a:06:13:00:7d dev vxlan0 master br36
33:33:ff:11:00:7b dev br36 self permanent
[...]
```

MTU

Der VXLAN-Header macht das Ethernetframe während seiner Reise um 50 Bytes größer. Damit volle Pakete mit den zusätzlichen Kopfzeilen durch das Netz „passen", muss die *Maximum Transmission Unit* (MTU) der Ethernet-Adapter um 50 Bytes wachsen. Wenn die eingesetzten Switches das unterstützen, vergrößert ein knapper Befehl die erlaubte Rahmengröße im Ethernet auf sichere 1600 Bytes:

```
for port_id in {1..6} ; do
  ip link set e101-00${port_id}-0 mtu 1600
done
```

Data-Center–Switches sollten bei der MTU flexibel sein. Bei fehlender Unterstützung und maximalen 1500 Bytes müssen die VTEPs die übergroßen Frames fragmentieren, was den Leistungsdurchsatz schmälert. Dafür gibt es einen unschönen Workaround, der die MTU des virtuellen VXLAN-Interfaces auf 1450 Bytes reduziert. Auf diese Weise dürfen die Server nicht mehr als 1450 Bytes pro Frame senden. Durch die zusätzlichen VXLAN-Kopfzeilen wächst das Paket auf 1500 Bytes und passt damit durch das Backbone.

Adressen lernen

Woher kennen alle VXLAN-Endpunkte die MAC-Adressen der Server? Das VXLAN soll sich für die Server so anfühlen wie Ethernet. Daher lernen die VTEPs alle MAC-Adressen wie ein klassischer Ethernet-Switch: aufpassen und merken.

Wenn Server2 ein Ethernetframe an Server3 schickt, passiert die Nachricht die beiden VTEPs sw11 und sw13. Switch sw11 merkt sich also, dass die MAC-Adresse von Server2 hinter dem lokalen Netzadapter *e101-006-0* wohnt. Switch sw13 hat die dieselbe MAC-Adresse am VXLAN-Tunnel gesichtet und merkt sich folglich den VXLAN-Partner als Wohnort von Server2. Sobald alle Server ein paar Ethernetframes von sich gegeben haben, können die VTEPs ihre Forwarding-Tabellen füllen. Aber was passiert mit Paketen an Broadcast-Adressen, unbekannte Ziele und Multicast-Adressen (BUM)? Auch hier handeln die VTEPs wie traditionelle Switches und senden die Nachrichten an *alle* involvierten Tunnelendpunkte des VXLANs.

Als Beispiel sendet Server2 eine ARP-Anfrage (Broadcast) für Server3. Der VTEP sw11 erhält die Nachricht, verpackt sie in VXLAN-Header und sendet Kopien dieses Pakets an seine bekannten Tunnelpartner sw12, sw13 und sw14 (siehe Abbildung 15.5). Die ARP-Meldung wird Server3 schließlich erreichen und die Antwort kommt per Unicast zurück an Server2. Durch das Antwortpaket lernen alle beteiligten Switches die MAC-Adresse und die nächsten Pakete wandern zielgerichtet durch das Overlay-Netzwerk.

In großen Umgebungen mit vielen VTEPs ist die Paketflut von BUM-Traffic (*B*roadcast, *U*nknown Unicast, *M*ulticast) nicht zu vernachlässigen. Besserung schafft eine zentrale Instanz, die den VXLAN-Endpunkten genaue Anweisungen zu Tunneln und Adressen gibt, wie es im nächsten Abschnitt vorgestellt wird.

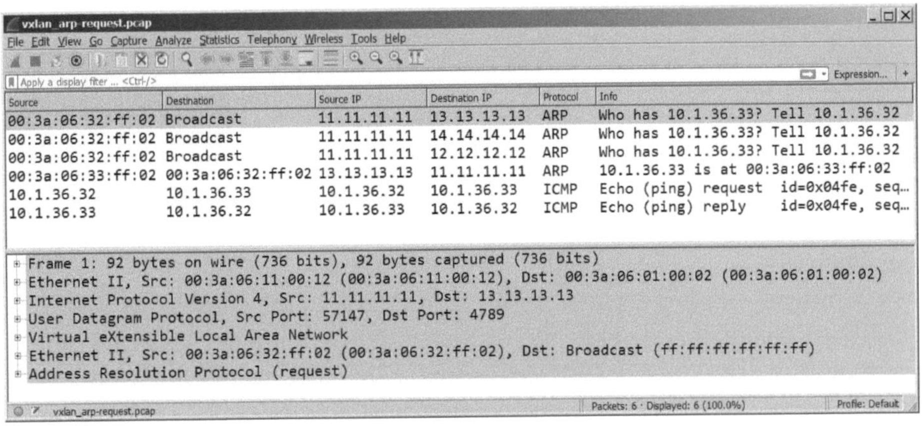

Abbildung 15.5: ARP-Broadcasts erreichen alle VTEPs per Unicast

Skalierbar

VXLAN funktioniert ganz gut ohne irgendwelche zentralen Management-funktionen – aber es skaliert nicht. Wenn die Umgebung wächst, muss sich der Netzdesigner mit zwei Themen auseinandersetzen:

- Wie findet der VTEP *automatisch* den passenden Partner, um sein Paket zustellen zu können?

- Was macht der VTEP mit einem Paket, das an eine unbekannte Ziel-adresse, an eine Multicast- oder Broadcast-Adresse gerichtet ist?

In einer statischen Umgebung muss jeder Tunnelendpunkt jeden anderen Tunnelendpunkt per Konfiguration vorab kennen. Die Formel n*(n-1)/2 ermittelt die Anzahl der notwendigen Tunnel zwischen den VTEPs. Bei zehn teilnehmenden Leaf-Switches sind bereits 45 Tunnel erforderlich. Sobald ein elfter VTEP hinzukommt, sind zehn weitere Tunnel notwendig, die auf *allen* anderen Switches vorkonfiguriert werden müssen.

> **Hinweis**
>
> Offiziell unterstützt OpenSwitch nur *Static L2 VxLAN* – also ohne Multicast, ohne BGP und ohne Ethernet VPN.

Der folgende Ausblick stellt mögliche Erweiterungen eines VXLAN-Netzes dar, die mit OpenSwitch und FRR möglich sind (vgl. Kap. 14).

Multicast

Mit einem Automatisierer im Stil von *Ansible* (vgl. Kap. 20) wird der Aufwand machbar, aber VXLAN hat seine eigene Methode für die Skalierung: Multicast. Damit sendet ein VTEP die Pakete nicht einzeln an *alle* Gegenstellen, sondern sendet *ein* Paket an die vereinbarte Multicast-Adresse. Das Underlay-Netz muss die Multicast-Pakete an die entsprechenden VTEPs zustellen.

Mit Multicast skaliert VXLAN, denn jeder VTEP kennt nur die verwendete Multicast-Gruppe und lernt die anderen Teilnehmer bei Bedarf kennen. Neue VTEPs sind ohne weiteren Aufwand im Netz etabliert und bei Wartungsarbeiten sind VTEPs ebenso schnell verschwunden.

Ethernet VPN

VXLAN schafft es herstellerunabhängig, ein Ethernet-Netz über eine bestehende IP-Infrastruktur zu betreiben. Aber dabei geht es nur um die Forwarding-Plane, denn die ursprüngliche Beschreibung von VXLAN in RFC 7348 schweigt bei der Control-Plane.

In großen Umgebungen kann VXLAN seine Control-Plane mit BGP und Ethernet VPN (EVPN) verbessern. Mit diesen Partnern informieren sich die VTEPs gegenseitig über die angeschlossenen Teilnehmer und müssen keine Pakete mehr ins Netz fluten.

Hinweis

EVPN ist die Control-Plane und VXLAN ist die Forwarding-Plane.

Für *Internet Service Provider* ist EVPN eine schicke Lösung, um bestehende VPN-Dienste zu verbessern, oder in den Ruhestand zu schicken. Betreiber von Rechenzentren können mit EVPN (und VXLAN) ihre virtuellen Maschinen zwischen Standorten verschieben. Zusätzlich macht EVPN die Leitungen zwischen den Rechenzentren mandantenfähig, sodass der Datenverkehr von unterschiedlichen Kunden auf OSI-Ebene 2 getrennt bleibt.

Der Betrieb von EVPN benötigt *Multiprotocol BGP* (MP-BGP) für den Informationsaustausch. Darüber läuft die automatische Entdeckung von VTEPs und Daten zur Erreichbarkeit. Zusätzlich erreicht EVPN den optimalen Datenpfad durch das Netz und minimiert die Flut von BUM-Traffic. Die feste

Verbindung von EVPN und BGP macht Service Providern den Wechsel zu EVPN einfach, da BGP in vielen Providernetzen und großen Rechenzentren bereits vorhanden ist.

Technischer Hintergrund

Für das normale VXLAN-Geschäft verwendet OpenSwitch Programmcode vom Linux-Kern, der bereits seit Kernel-Version 3.6 (Oktober 2012) im Standardumfang enthalten ist. Die Implementierung lädt bei Bedarf das Modul vxlan.ko und beginnt damit die Verarbeitung von VXLAN-Paketen direkt im Kernel. Die Prozessliste wird keinen VXLAN-Daemon anzeigen und bei den offenen Ports tarnt sich ein Kernelmodul nur mit einem schlichten Sternchen:

```
root@sw11:~# netstat -pan | grep 4789
udp        0      0 0.0.0.0:4789           0.0.0.0:*
```

Die Kommandos ip und bridge übernehmen die Konfiguration von VXLAN. Die Wahl der Portnummer ist seit 2013 standardisiert, sodass alle Hersteller mit UDP-Port 4789 arbeiten und eine Chance of Kompatibilität besteht.

OpenSwitch schickt mit opx-config-vxlan.py sein eigenes Kommando ins Spiel, welches VTEPs, Netzbrücken und Tunnel erstellt. Der Befehl kommuniziert im Hintergrund mit den *Control Plane Services* (CPL, vgl. Kap. 22) und übergibt die Änderungswünsche an den Netzwerkprozessor. Leider ist opx-config-vxlan.py wenig dokumentiert, sodass dieses Kapitel die Linux-Kommandos vorzieht. Das Ergebnis ist dasselbe, da ip ebenfalls die CPS beauftragt.

Zusammenfassung

VXLAN vertauscht die OSI-Ebenen, denn es setzt ein Ethernet-Netz (Ebene 2) *auf* ein IP-Netz (Ebene 3). Damit schafft VXLAN eine Ethernet-Verbindung zwischen zwei Servern, die durch ein geroutetes Netz verbunden sind.
Mit VXLAN können die Betreiber von Rechenzentren die Vorteile des IP-Backbones nutzen, und gleichzeitig Konnektivität auf Ebene 2 anbieten,

wenn die Applikationen das fordern. VXLAN ist für große Umgebungen ausgelegt und separiert seine Teilnetze, damit mehrere Kunden die Infrastruktur nutzen können.

Hinter den Kulissen benutzt VXLAN unverschlüsselte Tunnel, die bestehende Ethernet-Frames einpacken, mit einer Netz-ID versehen und an den gegenüberliegenden Tunnelendpunkt schicken. Dieser entpackt das Ethernet-Frame und leitet es an den Empfänger weiter.

In großen Umgebungen tauschen die VXLAN-Switches per Ethernet VPN und BGP Pfadinformationen aus. Die Routingsoftware bestimmt die Konfiguration der einzelnen Geräte und definiert das Netz. Willkommen bei *Software-Defined Networking* (SDN).

Teil IV

Für Praktiker

Kapitel 16

Server

Wenn ein Server nur einen einzelnen Zugang zum Netzwerk hat, war der Designer mutig. Denn Netzwerkkarten, Kabel und Switches sind manchmal ausfallend. Und dann ist ein Fußmarsch zur Hardware angesagt.

In professionellen Umgebungen haben die Server mehrere Anbindungen ans Netzwerk. Und meistens noch einen *Lights-Out*–Adapter, der unabhängig vom installierten Betriebssystem arbeitet.

OpenSwitch bietet für die Server Medienredundanz. In Kapitel 8 *Ausfallschutz* lag der Fokus hauptsächlich auf den Netzkomponenten. Aber welche Einstellungen benötigen die Server, um die angebotene Redundanz richtig zu nutzen? Dieses Kapitel beschäftigt sich mit der Einrichtung von Netzadaptern in Betriebssystemen, die im Rechenzentrum häufig anzutreffen sind: Linux, Windows Server und VMware ESXi.

Laboraufbau

Der Netzaufbau in diesem Szenario konzentriert sich auf die Server und ihre zweipfadige Anbindung ans Netzwerk. Für die Einrichtung von Server und Switch ist es unwesentlich, ob zwei oder acht Netzadapter im Bündel sind. Um den Aufbau einfach zu halten, haben die Server stets die minimale Anzahl von zwei Leitungen zu ihrem Switch. Wie viele Verbindungen der Server im produktiven Einsatz benötigt, entscheidet der Bedarf an Bandbreite, Verfügbarkeit und natürlich das Budget. Abbildung 16.1 zeigt die verwendeten Server und deren Konnektivität zu den Leaf-Switches. Die

Konfiguration besteht aus einer Kanalbündelung (vgl. Kap. 8) von zwei Leitungen, die je nach Gegenstelle mit und ohne LACP arbeitet.

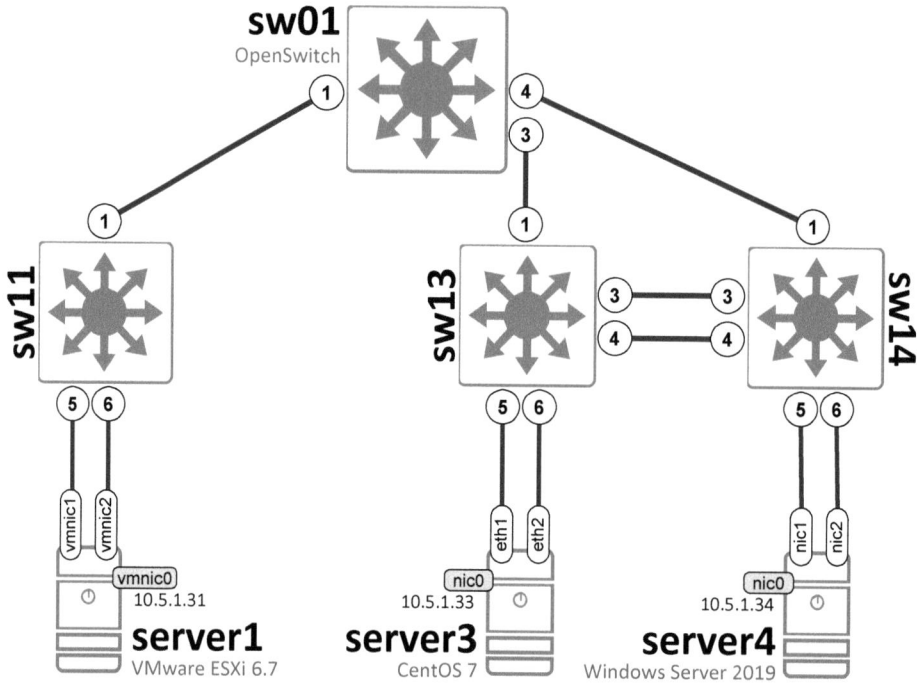

Abbildung 16.1: Die Server sind mehrpfadig an die Leaf-Switches angebunden

Die Betriebssysteme der Server verwenden sehr unterschiedliche Methoden zur Einrichtung der Kanalbündelung, wie die folgenden Abschnitte zeigen werden.

Linux

Die großen Linux-Distributionen haben ihre eigenen Werkzeuge zum Verwalten der Netzadapter. Damit die folgenden Beispiele unabhängig von einer bestimmten Distribution funktionieren, verwenden sie Befehle der Kommandozeile, die in einem ordentlichen Linux präsent sein sollten.

Linux unterstützt LACP ohne Zusatzpakete, also kann sich das Medienbündel per LACP formen und verständigen. Die Befehle zum Aufbau des

Bündels stammen aus den Paketen *kmod, iproute* und *iputils.* Die Bezeichnung der Netzadapter im folgenden Listing passt zum Host Server3.

```
1   modprobe bonding mode=802.3ad lacp_rate=fast \
2     xmit_hash_policy=layer3+4
3   ip address add 10.4.1.33/24 dev bond0
4   ip link set bond0 up
5   for nic in $(seq 1 2) ; do
6     ip address flush dev eth${nic}
7     ip link set eth${nic} up
8     ifenslave bond0 eth${nic}
9   done
```

Zeile 1 lädt den Treiber mit denselben Einstellungen wie OpenSwitch. Damit ist die Kompatibilität gewährleistet. Anschließend erwacht der neue Netzadapter *bond0* zum Leben und erhält direkt eine IPv4-Adresse.

Die for-Schleife in Zeile 5 iteriert über die physikalischen Netzadapter, um Tipparbeit zu sparen, falls es sich um mehrere Adapter handelt. Wenn die bestehenden Netzadapter bereits in Verwendung sind, löscht Zeile 6 die vorhandene Konfiguration und Zeile 7 schaltet das Licht ein. Ein fester Teil des Bündels werden sie erst in Zeile 8.

Den Zustand des fertigen Bonds beschreibt der Kernel ausführlich in der Pseudodatei /proc/net/bonding/bond0, die per cat oder more Auskunft erteilt.

Vor dem Shutdown oder Reboot des Servers sollte der Bond korrekt deaktiviert werden. Dazu sind zwei knappe Kommandos ausreichend:

```
ip link set bond0 down
rmmod bonding
```

Lastverteilung und Ausfallschutz

Der Linux-Bond stellt den Admin vor die Wahl, welche Methode im vorliegenden Szenario den besten Ausgleich bringt. Tabelle 16.1 auf der nächsten Seite zeigt, wie die Verfahren schützen und verteilen.

- balance-rr. Ausgehende Pakete werden ohne viel Aufwand reihum an die Netzadapter verteilt.

213

- active-backup. Ein Netzadapter ist aktiv, während der andere im Back-upmodus bleibt. Der passive Adapter kommt zur Hilfe, sobald sein Partner aufgibt. Hierbei gibt es keine Lastverteilung, denn es arbeitet maximal ein Netzadapter.

- balace-xor. Die Wahl des ausgehenden Netzadapters trifft ein Algorith-mus, in den MAC- oder IP-Adressen, sowie TCP/UDP-Ports einfließen können.

- broadcast. Alle Pakete werden über alle teilnehmenden Netzadapter verschickt.

- 802.3ad. Alle Adapter im Bündel halten sich brav an die Regeln von IEEE 802.3ad (vgl. Kap. 8).

- balance-tlb. Alle Netzadapter sind aktiv und werden abhängig von ihrer Auslastung verwendet. Damit versucht Linux alle Adapter in ausgehende Richtung gleichmäßig auszulasten.

- balance-alb. Hier versucht Linux auch die eingehenden Pakete so zu verteilen, dass alle Leitungen gleichviel Netzlast erhalten. Der Treiber informiert den sendenden Switch per ARP, welche Leitung gerade bevorzugt wird.

Richtlinie	Lastverteilung	Ausfallschutz
balance-rr	☑	☑
active-backup	☑	☐
balace-xor	☑	☑
broadcast	☐	☑
802.3ad	☑	☑
balance-tlb	☑	☑
balance-alb	☑	☑

Tabelle 16.1: Verfügbare Richtlinien des Bonding-Treibers unter Linux

Für die Kanalbündelung mit einem OpenSwitch-Partner eignet sich der Modus 802.3ad, da beide Systeme ihn unterstützen und er auch indirekte Verbindungsfehler erkennt.

Die verwendete Distribution ist CentOS Linux 7.6.1810.

Windows Server

Der Microsoft Windows Server ist in den letzten Jahren zu einem stabilen Betriebssystem gereift. Anfangs kamen die Netzwerkfeatures durch die Treiberpakete der Hersteller, aber seit 2008 versteht Windows NIC-Teaming und LACP ohne fremde Hilfe. Durch diese Unterstützung kann der Windows Server beliebige Netzadapter bündeln, auch wenn es sich um Low-end-Produkte handelt.

Der Laboraufbau von Seite 211 beschreibt einen Windows Server mit zweipfadiger Anbindung an ein Switch-Pärchen. Das erklärte Ziel ist die gleichzeitige Benutzung von beiden Adaptern und dem jeweiligen Ausfallschutz. Die Unterstützung von LACP gönnt Microsoft seinem Server nur, wenn dieser auf einem Bare-Metal–Server läuft. Auf einer virtuellen Plattform weigert sich der Setupdialog, den Teammodus von LACP anzunehmen.

Am Beispiel vom Windows Server 2019 kommt ein neues NIC-Team über den *Servermanager* ins Spiel.

1. *Servermanager* starten. Auf einem frisch installierten System passiert das automatisch nach der Anmeldung. In den Eigenschaften von *Lokaler Server* verbirgt sich die Rubrik *NIC-Teamvorgang*. Ein Klick auf den Status *Deaktiviert* führt zur Konfiguration.

2. Der Dialog *NIC-Teamvorgang* (Abbildung 16.2) listet links unten die bestehenden Teams und rechts unten die verfügbaren Netzadapter.

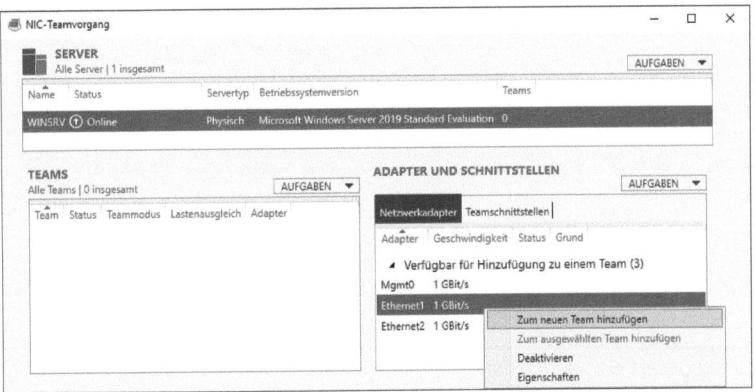

Abbildung 16.2: Windows Server bündelt Netzadapter bei *NIC-Teamvorgang*

215

Ein Rechtsklick auf den ersten freien Adapter *Ethernet1* bringt das gewünschte Kommando *Zum neuen Team hinzufügen*.

3. Es beginnen teambildende Maßnahmen. Beide Netzadapter *Ethernet1* und *Ethernet2* benötigen das Häkchen in der Spalte *In Team*.
Unter *Weitere Eigenschaften* kommen die Einstellungen zum Ausfallschutz und zur Lastverteilung. Im virtuellen Umfeld zeigt sich das Dialogfenster sehr restriktiv und erlaubt nur die Settings aus Abbildung 16.3.

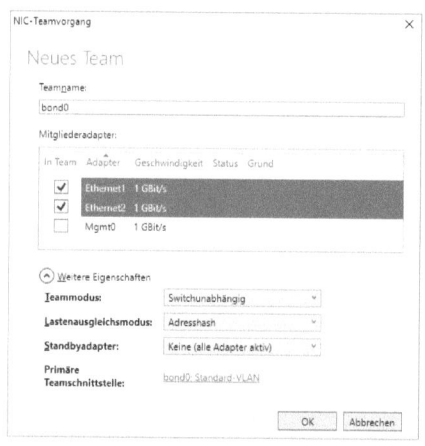

Abbildung 16.3: Teambildende Maßnahmen beim Windows Server 2019

4. Nach einem Klick auf OK beginnt das Team mit seiner Arbeit. Abbildung 16.4 zeigt die gewählten Einstellungen und den Status der einzelnen Netzadapter.

Das fertige NIC-Team taucht bei den Netzwerkverbindungen unter seinem neuen Namen *bond0* auf. Es wird wie eine normale Netzwerkkarte konfiguriert und mit IPv4-/IPv6-Adressen versehen.

Abbildung 16.4: Zwei Netzadapter arbeiten zusammen als Team

Ausfallschutz

Wenn ein Netzadapter des Teams ausfällt und seinen Linkstatus ändert, reagiert Windows und leitet die Netzlast auf den anderen Adapter (Abbildung 16.5).

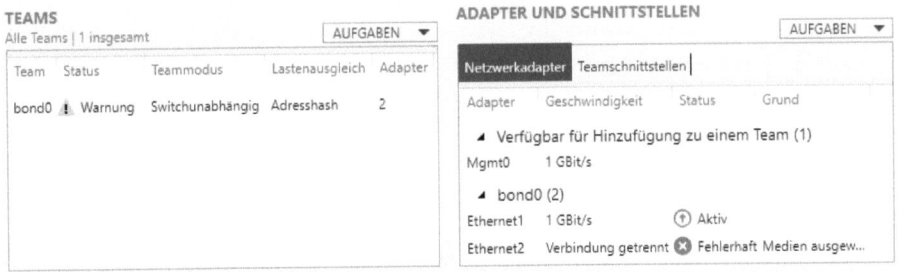

Abbildung 16.5: Der Linkstatus meldet einen fehlerhaften Netzadapter

Falls der Linkstatus aktiv bleibt und die Leitung dennoch fehlerhaft ist, entsteht ein ernsthaftes Problem, denn das NIC-Team erkennt in dieser Einstellung keinen Fehler und sendet die Pakete über den defekten Adapter. Als Folge wird etwa die Hälfte der Verbindungen scheitern. Abhilfe schafft hier nur ein händischer Eingriff in die Konfiguration, bei der der fehlerhafte Adapter deaktiviert wird.

Der Mangel an LACP oder einer unabhängigen Methode zum Erkennen von Verbindungsfehlern stellt ein hohes Risiko im produktiven Einsatz dar. Wenn Windows Server auf einer virtuellen Infrastruktur betrieben wird, sollte das Hostsystem die Redundanz der Netzadapter anbieten. Die Gastsysteme profitieren von der höheren Verfügbarkeit durch eine einzelne virtuelle Netzwerkkarte.

Lastverteilung

Microsoft bietet seinen NIC-Teams als *Lastenausgleichsmodus* mehrere Verfahren an, wobei auf einer virtuellen Plattform nur *Adresshash* möglich ist.

- Adresshash. Für die Entscheidung des ausgehenden Netzadapters verwendet Windows die Quell- und Ziel-IP-Adressen sowie Quell- und

Ziel-TCP-Ports. Über die PowerShell können auch die MAC-Adressen der Pakete in die Entscheidungslogik aufgenommen werden. Dieser Schritt ist sinnvoll, falls die Pakete aufgrund von Verschlüsselung keine sichtbaren TCP-Kopfzeilen haben.

- Hyper-V-Port. Wenn der Windows Server als Hostsystem fungiert und virtuelle Gäste aufnimmt, kann die Lastverteilung *pro Gast* erfolgen. Ein Gastsystem wird dann stets über denselben physikalischen Adapter bedient. Ein einzelner Gast profitiert damit *nicht* von der gebündelten Bandbreite.

- Dynamisch. Grundsätzlich verwendet dieser Modus einen Adresshash. Falls dadurch ein Adapter mehr Last bekommt als die anderen, kommt die Dynamik ins Spiel und verteilt die Datenpakete gerecht um.

Die verwendete Version ist Microsoft Windows Server 2019 Standard (Version 10.0.17763.1).

VMware ESXi

VMware ESXi arbeitet direkt auf der physikalischen Hardware und kann als Typ-1–Hypervisor nicht auf ein ausgeprägtes Betriebssystem zurückgreifen. Der Hypervisor benutzt zwar einen Linux-ähnlichen Kernel, aber die Umgebung ist minimalistisch und die meisten Userspace-Kommandos fehlen. Die Konfiguration der virtuellen Netze und Maschinen erfolgt über einen grafischen Webclient.

Eine virtuelle Maschine erhält durch eine Portgruppe Zugriff auf das umgebende Netzwerk. Die Portgruppe wiederum gehört zu einem virtuellen Switch. Und dieser vSwitch ist intern mit einem oder mehreren physikalischen Netzadaptern verbunden. Abbildung 16.6 zeigt die Schichten zwischen virtueller Maschine und realer Umgebung.

Die Konfiguration im Webclient von ESXi arbeitet von unten nach oben: physikalische NIC, vSwitch, Portgruppe, virtuelle Maschine. Die Web-UI zeigt die physikalischen Netzadapter bei *Navigator → Netzwerk → Physikalisches Netzwerk*. Mehr als knappe Informationen zur Hardware gibt es hier nicht zu sehen. Falls die verbauten Netzadapter in der Ansicht fehlen, unterstützt ESXi den Adaptertyp nicht und ignoriert sie. Welche Hersteller

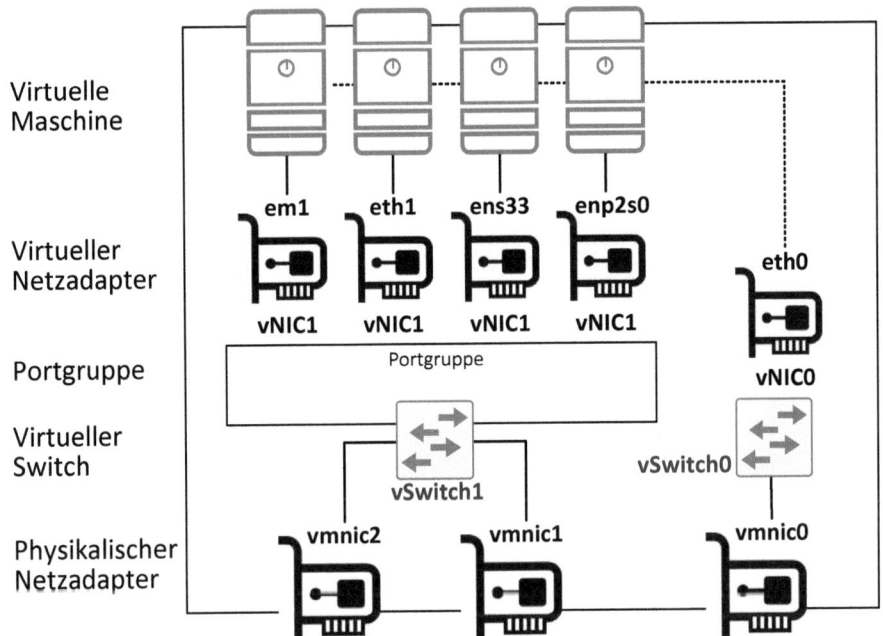

Abbildung 16.6: Das Zusammenspiel der virtuellen Komponenten

bei ESXi mitspielen dürfen, beantwortet der *VMware Compatibility Guide* im Bereich *I/O Devices*.

Die folgende Konfiguration bezieht sich auf den Laborserver Server1 mit vorinstalliertem ESXi Version 6.7 und zwei freien Netzadaptern *vmnic1* und *vmnic2*.

1. Virtuellen Switch einrichten. Im Navigationsbereich *Virtuelle Switches* beginnt der Button *Virtuellen Standard-Switch hinzufügen* den Dialog über die nutzbaren Netzadapter (Abbildung 16.7). Sobald der neue Switch zwei (oder mehr) Uplinks hat, wird er sich um Lastverteilung bemühen. Ein bestätigendes *Hinzufügen* legt den neuen vSwitch mit dem gewählten Namen an und zeigt die voreingestellten Richtlinien.

2. Portgruppe anlegen. Der Wechsel zur Registerkarte *Portgruppen* zeigt die vorgegebenen Gruppen. Eine neue Portgruppe erwacht per Button *Portgruppe hinzufügen* zum Leben. Im folgenden Dialogfenster

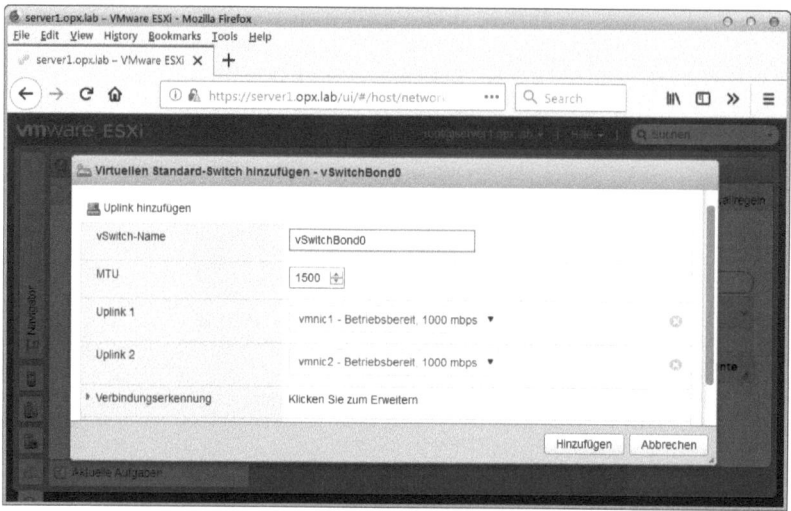

Abbildung 16.7: Virtuellen Standard-Switch hinzufügen

lässt sich die Portgruppe mit dem virtuellen Switch aus dem vorherigen Schritt verbinden. Außerdem stehen hier die Einstellungen zu Lastverteilung und Ausfallschutz bei *NIC-Gruppierung* zur Auswahl.

Hinweis

Wenn die Portgruppe ohne VLAN-Kennung arbeiten soll, erwartet VMware ESXi die VLAN-ID 0.

Abbildung 16.8 zeigt die erstellte Portgruppe und die topologische Verbindung zum vSwitch.

Die erstellte Portgruppe steht nun den virtuellen Maschinen als Netzwerk zur Verfügung. Wenn die VMs sie verwenden, unterliegen sie den gewählten Einstellungen zur Lastverteilung.

Hinweis

Die kostenfreie Variante vom ESXi-Server bietet nur den *Standard Switch*, welcher kein LACP unterstützt. Erst der kostenpflichtige *Distributed Switch* hat LACP-Kenntnisse.

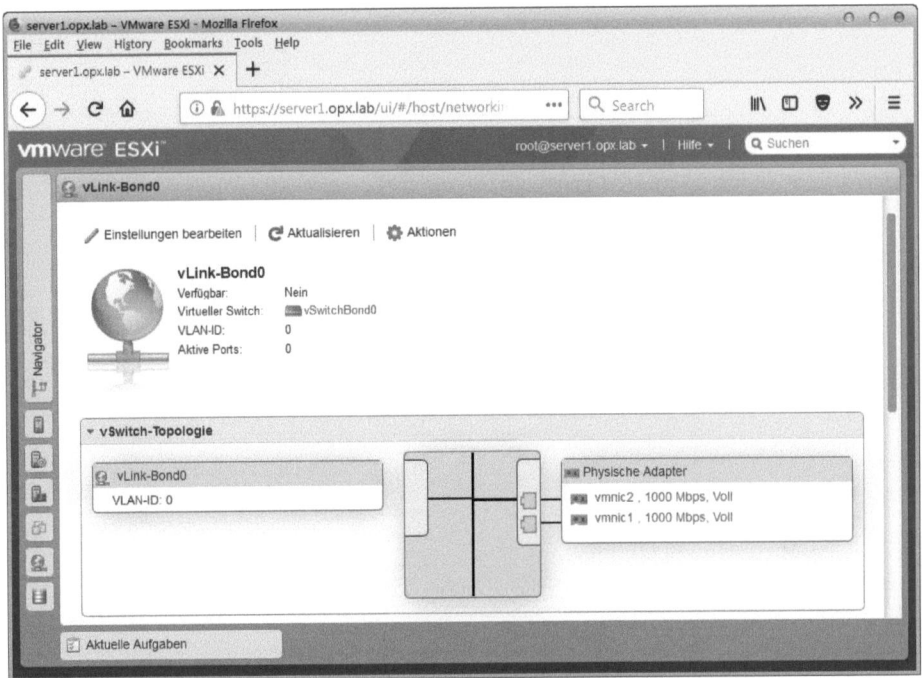

Abbildung 16.8: Portgruppe und virtueller Switch sind fest verbunden

Lastverteilung

Die konfigurierte Portgruppe kann die Einstellungen zum Lastausgleich vom vSwitch übernehmen oder eigene Settings definieren, denn zu einem vSwitch dürfen mehrere Portgruppen gehören, die unterschiedliche Richtlinien implementieren können. Die Möglichkeiten sind in beiden Fällen dieselben (Abbildung 16.9 auf der nächsten Seite), wobei die letzte Option einen Aktiv/Passiv-Modus darstellt:

- Anhand des IP-Hashs routen

- Anhand des Quell-MAC-Hashs routen

- Anhand der Quelle der Port-ID routen

- Ausdrückliche Failover-Reihenfolge verwenden

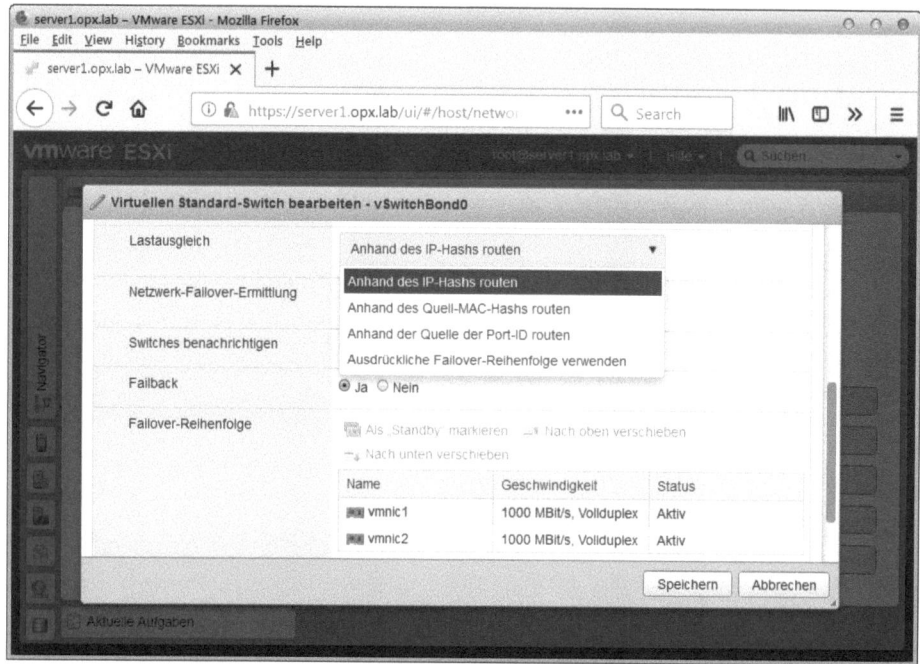

Abbildung 16.9: Portgruppe und vSwitch können Lastausgleich schaffen

Ausfallschutz

VMware entzieht seinem Standard-vSwitch das LACP-Feature. Die *Netz-werk-Failover-Ermittlung* kann in der Auswahl *Nur Verbindungsstatus* den Linkstatus verfolgen und damit einen fehlerhaften Adapter erkennen. Aber der Standardswitch versteckt hinter dem unscheinbaren Titel *Nur Signal* eine viel robustere Failover-Ermittlung.

Das „Signal" sind Heartbeat-Pakete, die ESXi sekündlich auf den involvierten Netzadaptern verschickt und auf dem jeweils anderen erwartet. Bleiben die Antwortpakete aus, gibt es irgendwo im Pfad eine Störung und der vSwitch wird den lokalen Netzadapter nicht mehr verwenden. Der Ausfallschutz per *Signal* ist zuverlässiger als der Linkstatus, da er mehr Fehlerszenarios abdeckt.

Die physikalischen Switches müssen das Signalpaket nicht verstehen oder beantworten. Für sie ist es ein normales Ethernet-Paket, welches eine bestimmte MAC-Adresse erreichen möchte.

Leider ist die *Signal*-Methode im Handbuch von VMware nur oberfläch-
lich dokumentiert. Aber ESXi scheint ein Timeout von ca. 3 Sekunden
zu verwenden. Denn nach dem Ausfall einer Leitung oder eines Switches
schwenkt der vSwitch nach maximal vier Sekunden den Datenverkehr auf
die verbliebene Leitung.

Während der Failover in allen Fällen seine vier Sekunden benötigt, zeigt
der Failback unterschiedliche Muster. Sobald wieder der Normalzustand
herrscht, nimmt der vSwitch den restaurierten Netzadapter wieder in Betrieb. Das geschieht manchmal ohne Paketverlust und nach einem indirek-
ten Leitungsfehler durch eine Unterbrechung von zwei Sekunden. Nach
einem direkten Leitungsfehler kommt es zwar nicht zu einer Unterbrechung,
aber zu doppelten Paketen.

Die verwendete Version ist VMware ESXi 6.7.0 ohne vCenter.

Zusammenfassung

Die mehrfache Anbindung von Servern an die Netzkomponenten ist eine
hervorragende Methode, um den Applikationen mehr Bandbreite zur Verfügung zu stellen. Und mit jedem weiteren Kabel steigt der Durchsatz, denn
die Netzlast lässt sich über alle konfigurierten Netzadapter verteilen.

Die aktuellen Serverbetriebssysteme haben die nötigen Softskills implementiert und bieten Lastverteilung und Ausfallschutz. Und selbst wenn die
Switches keine Ahnung von Kanalbündelung oder vom LACP-Protokoll haben, bringen die Server ihre eigenen Methoden mit, um mehrere Leitungen
parallel zu benutzen.

Kapitel 17

Massenbereitstellung

Wenn die Zahl der Switches im eigenen Rechenzentrum steigt, wird die individuelle Betreuung jedes einzelnen Geräts eine zeitraubende Beschäftigung, denn jede Netzkomponente braucht Betriebssystem, Ersteinrichtung, Pflege, Updates und Konfigurationsänderungen. Bei der massenhaften Einrichtung von Switches ist das händisch nicht mehr zu bewerkstelligen.
OpenSwitch stellt für das Ausrollen vom eigenen Betriebssystem zeitsparende Methoden bereit, die den Switch vom „unboxing" bis zum schlüsselfertigen Gebrauch bringen. Die täglichen Konfigurationsarbeiten an der Switchfarm überlässt der Hersteller den Automatisierern, die seit Jahren erfolgreich Linux-Server mit Änderungen versorgen.

Die Ersteinrichtung von OpenSwitch verläuft zweistufig: In Schritt Eins kommt das Betriebssystem auf den Switch. Anschließend startet das Provisioning und holt sich seine Basiseinstellungen, die den Switch im Netz erreichbar machen.

In Kapitel 2 hat der Switch sein Betriebssystem vom USB-Stick erhalten. Die Konfiguration folgte in Kapitel 3 per Kommandozeile mit manueller Texteingabe. Dieses Kapitel beschreibt Methoden zur automatischen Installation von OS und Konfiguration auf beliebig vielen Switches ohne zeitlichen Mehraufwand.

225

Betriebssystem

Der OPX-Switch erhält sein neues Betriebssystem von einem zentralen Server. Dieser hält die Installationssoftware bereit und bietet sie per HTTP an. Der Vorgang verläuft grundsätzlich wie die Installation per USB-Stick (vgl. Kap. 2), abgesehen von der Datenquelle.

Aus der Vogelperspektive läuft das Geschehen in wenigen Schritten ab: Der Switch erhält den Befehl zur Neuinstallation. Beim anschließenden Reboot startet der Bootloader nicht sein vorhandenes Betriebssystem, sondern leitet den Installationsprozess ein. Dieser holt sich über das Netzwerk die passende Installationsdatei. Anschließend beginnt die normale Installation. Sie endet mit einem Neustart, woraufhin der Switch das neue Betriebssystem lädt.

Für ein reguläres Update vom Betriebssystem oder einzelner Software-pakete empfiehlt der Hersteller den Paketmanager *apt* (vgl. Kap. 3). Die *Neu*installation von OpenSwitch empfiehlt sich, wenn:

- ein Update zu einer speziellen Version angestrebt wird,

- ein Downgrade zu einer älteren Version notwendig ist,

- eine frische Installation erforderlich ist,

- der Switch noch kein Betriebssystem hat,

- der Switch unter einem anderen Betriebssystem läuft.

Hinweis

Die Installation von OpenSwitch ist *kein* Update und wird das vorherige Betriebssystem inklusive der Konfiguration fraglos überschreiben.

Repository-Server

Der anbietende Server muss für den reibungslosen Ablauf einer Installation vorbereitet sein. Dazu muss der Switch als Client seinen Server über das Netzwerk erreichen können. Weiterhin benötigt der Server in seinem Angebot die passende Installationsdatei.

OpenSwitch bietet für alle unterstützten Switches das jeweilige Betriebssystem in einer handlichen Binärdatei. Auf der Webseite unterscheiden sich die Installationsdateien nur nach der Version. Die aktuelle Installationsdatei ist:

```
PKGS_OPX-3.2.0-installer-x86_64.bin
```

Es empfiehlt sich nach dem Download vorsichtshalber die Prüfsumme zu errechnen. Wenn die angezeigte Zeichenkette von der Angabe im Downloadportal von OpenSwitch abweicht, ist Vorsicht geboten. Im einfachsten Fall handelt es sich um einen Übertragungsfehler. Im Zweifel unbedingt den Anbieter kontaktieren.

```
wget https://archive.openswitch.net/installers/3.2.0/Dell-EMC/ \
  PKGS_OPX-3.2.0-installer-x86_64.bin.sha256
sha256sum --check PKGS_OPX-3.2.0-installer-x86_64.bin.sha256
```

Im Labornetz übernimmt der einzige Server die Rolle des Repository-Servers. Die Installationsdatei kommt in das Verzeichnis /var/www/html/ des Apache-Webservers. Falls dieser noch nicht installiert ist, wird dies mit dem Paketmanager von Debian nachgeholt.

```
apt install apache2
systemctl start apache2
mv PKGS_OPX-3.2.0-installer-x86_64.bin /var/www/html/
```

Hinweis

OpenSwitch unterstützt alternativ noch die Protokolle FTP und TFTP, um das Image vom Repository-Server zu laden.

Namensgebung

Damit ist der Repository-Server bereit für Webanfragen der Switches. Diese stellen ihre Anfrage aber auf eigentümliche Weise. Und der Server muss sie trotzdem korrekt beantworten, damit das passende Image auf die richtige Hardwareplattform gelangt.

Der Installationsprozess wird mehrere Dateinamen anfragen, die sich aus den Komponenten seiner Hardware zusammensetzen. Erwartet wird die Betriebssystemdatei unter dem Namen:

```
onie-installer-<arch>-<vendor>_<machine>-r<machine_revision>
```

arch zeigt die Prozessorarchitektur als *x86_64* oder *arm*. Hinter vendor verbirgt sich der Hersteller. Viele Geräte werden auch unter anderem Label verkauft, sodass der Name auf dem Gehäuse vom Namen des Herstellers abweichen kann. Bei machine ist es ähnlich. Sie bezeichnet das Modell, so wie es der Netzausrüster auf dem Markt anbietet. Die machine_revision zeigt die Generationsnummer, damit ähnliche Baureihen unterscheidbar sind.

Falls der Webserver die angefragte Binärdatei nicht im Angebot hat, bohrt der Installer weiter. Mit jedem Versuch wird die Anfrage weniger spezifisch.

```
onie-installer-<arch>-<vendor>_<machine>
onie-installer-<vendor>_<machine>
onie-installer-<cpu_arch>-<switch_silicon_vendor>
onie-installer-<arch>
onie-installer
```

Dieser „Wasserfall" der Fragerei hat Flexibilität und Vielseitigkeit als Ziel. Wenn viele *unterschiedliche* Switches in der Umgebung tätig sind, sollte der Name der angebotenen Binärdatei mit Details nicht geizen und bei den ersten Antworten dabei sein. Falls wenige verschiedene Modelle im Einsatz sind, reicht eventuell schon die Angabe des Herstellers, um die Geräte zu unterscheiden.

Hinweis

Im Zweifelsfall sollte der Name der Binärdatei so genau wie möglich angegeben werden.

Welches Installationsimage erwartet beispielsweise der Switch *S3048-ON* vom Ausrüster Dell? Ein kleiner Blick ins EEPROM liefert den Namen der Plattform:

```
root@sw01:~# opx-show-env | grep Platform
Platform name:          x86_64-dell_s3000_c2338-r0
```

Zusammen mit dem Präfix *onie-installer* lautet der vollständige Name der Binärdatei:

```
onie-installer-x86_64-dell_s3000_c2338-r0
```

Falls der Installationsprozess diese Datei vom Webserver nicht erhält, wird er noch weitere Anfragen nach dem Wasserfall-Prinzip stellen.

```
onie-installer-x86_64-dell_s3000_c2338
onie-installer-dell_s3000_c2338
onie-installer-x86_64
onie-installer
```

Installation

OpenSwitch installiert sein Betriebssystem nicht selber, sondern überlässt diese Aufgabe dem Subunternehmer *Open Network Install Environment* (ONIE). ONIE ist ein Softwareprojekt, welches von Cumulus Networks initiiert und unterstützt wird. Mittlerweile hat sich ONIE zum Standardinstaller für offene Netzwerkswitches etabliert.

Im Wesentlichen ist ONIE ein kleines Betriebssystem mit der einzigen Aufgabe, ein anderes Betriebssystem zu installieren.

ONIE sucht ein neues Betriebssystem nur auf Anfrage. Der Befehl für die Anweisung ist `onie-boot-mode`. Den Wunsch nach einer Neuinstallation erfährt ONIE per Kommandozeile:

```
sudo /mnt/onie-boot/onie/tools/bin/onie-boot-mode -o install
sudo grub-reboot --boot-directory=/mnt/boot ONIE
sudo reboot
```

Beim anschließenden Neustart übergibt der Bootloader an ONIE, welches beim Repository-Server nach dem Installationsimage fragt. Wenn eine der Anfragen mit einer positiven Antwort gewürdigt wurde, beginnt die Installation.

Dazu lädt ONIE die Binärdatei auf das lokale System und führt sie aus. Die ersten vierzig Zeilen der Datei sind Skriptanweisungen, die eine unbeaufsichtigte Installation durchziehen (Abbildung 17.1). Über die serielle Konsole lassen sich die Schritte begutachten, was allerdings für ein erfolgreiches Deployment unwesentlich ist.

Zuletzt rebootet das Installationsskript und nach wenigen Minuten steht ein frischer OpenSwitch bereit. Um die Konfiguration kümmert sich *Zero Touch Provisioning* im nächsten Abschnitt.

```
Dell S3048-ON (Console)                                          _ □ X
Info: Trying DHCPv4 on interface: eth0
ONIE: Using DHCPv4 addr: eth0: 10.5.1.1 / 255.255.255.0
Info: eth1:  Checking link... down.
ONIE: eth1: link down.  Skipping configuration.
ONIE: Failed to configure eth1 interface
ONIE: Starting ONIE Service Discovery
EXT3-fs (sda4): error: couldn't mount because of unsupported optional features )
EXT2-fs (sda4): error: couldn't mount because of unsupported optional features )
Info: Fetching http://10.5.1.7 ...
ONIE: Executing installer: http://10.5.1.7
/installer: line 1: syntax error: unexpected newline
Info: Fetching http://10.5.1.7/onie-installer-x86_64-dell_s3000_c2338-r0 ...
Info: Fetching http://10.5.1.7/onie-installer-x86_64-dell_s3000_c2338 ...
Info: Fetching http://10.5.1.7/onie-installer-dell_s3000_c2338 ...
Info: Fetching http://10.5.1.7/onie-installer-x86_64 ...
Info: Fetching http://10.5.1.7/onie-installer ...
ONIE: Executing installer: http://10.5.1.7/onie-installer
Initializing installer...OK
Verifying image checksum...OK
OPX Installer: machine: dell_s3000_c2338
```

Abbildung 17.1: ONIE beginnt mit der Installation des Betriebssystems

---

Hinweis

Wenn ONIE trotz seiner Anfragen keine Antwort erhält, wartet der Installationsprozess für ein paar Sekunden und versucht es danach erneut. Das läuft solange, bis eine Installationsdatei gefunden ist oder der Admin den Vorgang abbricht.

Der Abbruch erfordert Zugriff auf die ONIE-Konsole. Diese ist per serieller Konsole oder mittels SSH erreichbar. Von dort aus lässt sich die Installationsschleife abbrechen und das normale Betriebssystem starten.

```
ONIE:/ # onie-boot-mode -o none
ONIE:/ # reboot
```

Installationspfad

Woher weiß der zu installierende Switch, mit welchem Server er Kontakt aufnehmen soll? Damit die Installationsumgebung gut skaliert, erhalten die Switches diese Information vom DHCP-Server. Wenn die DHCP-Option nicht zur Verfügung steht oder testweise ein anderer Server benutzt werden soll, akzeptiert der ONIE-Installer die händische Angabe einer Installations-URL. ONIE probiert nacheinander seine Installationsmethoden in folgender Reihenfolge:

1. *Manuell.* Im einfachsten Fall hinterlegt der Administrator die Webadresse schon vor der Installation. Dann erwartet ONIE die Angabe einer URL per Kommandozeile. Die Neuinstallation einer spezifischen Version von OpenSwitch startet der Befehl:

   ```
   onie-nos-install http://10.5.1.7/PKGS_OPX-3.2.0-installer-x86_64.bin
   ```

2. *Lokal.* Falls ein USB-Stick mit passender Datei im Gehäuse steckt, benutzt ONIE diese Quelle für die Installation (vgl. Kap. 2).

3. *DHCP.* Der DHCP-Server verteilt mit den IP-Adressen noch die Adresse des Repository-Servers. Die URL zur Installationsdatei oder zum -verzeichnis steckt in der DHCP-Option 114.
   Am Beispiel der DHCP-Implementierung des *Internet Systems Consortium* (ISC) präsentiert der Server den Installationspfad in der Option default-url (Zeile 3).

   ```
   1  subnet 10.5.1.0 netmask 255.255.255.0 {
   2    range 10.5.1.1 10.5.1.50;
   3    option default-url = "http://10.5.1.7/";
   4  }
   ```

   Der vollständige Ablauf ist in Abbildung 17.2 dargestellt.

4. *Automatisch.* Wenn sich der Switch und der Server im selben Netzsegment befinden, kann die Befragung der IPv6-Nachbarn zum Erfolg führen. ONIE klappert alle IPv6-Adressen ab, die sich gerade in der Nachbarschaftstabelle befinden. Einer der Nachbarn sollte der Repository-Server sein, der das Installationsimage bereitstellt.

5. *Klassisch.* Wenn das alles nicht hilft, fällt ONIE auf das altertümliche TFTP-Protokoll zurück. Mit der Wasserfall-Methode befragt ONIE den Server *onie-server* nach Installationsdateien. Damit die Kommunikation funktionieren kann, muss *onie-server* per DNS auflösbar sein und die IP-Adresse vom Repository-Server liefern.

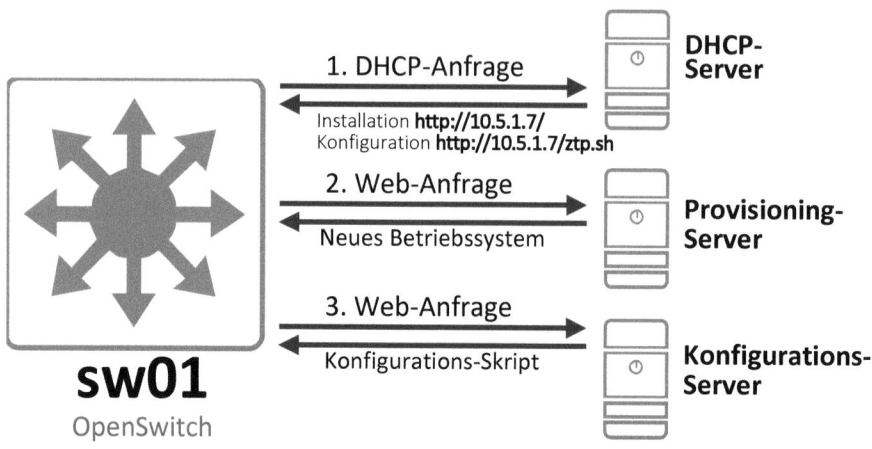

Abbildung 17.2: ONIE bekommt seine Anweisungen vom DHCP-Server

Das Ergebnis ist dasselbe, wobei die Verteilung per DHCP bei der Skalierbarkeit überwiegt. Allerdings geht die manuelle Methode besser auf das jeweilige Switchmodell ein.

Konfiguration

Das Betriebssystem ist installiert und der Switch bootet mit der angestrebten Version von OpenSwitch. Die Konfiguration ist blank. In der Voreinstellung fragt das Gerät auf seinem Managementadapter per DHCP nach einer IP-Adresse – mehr nicht. Das Einklimpern der Befehle von Hand (vgl. Kap. 3) ist in großen Umgebungen keine Option.

Für die Konfiguration setzt OpenSwitch auf *Zero Touch Provisioning* (ZTP). Hinter diesem schönen Namen verbirgt sich ein einfaches Konzept: Beim Booten erfährt der Switch vom DHCP-Server eine Webadresse, die ein Installationsskript bereitstellt. Nach Abschluss des Bootvorgangs fragt der Switch nach diesem Skript und führt es lokal aus.

Das Skript ist ein reguläres Programm für die Bash, welches Shell-Code, opx-Befehle oder weitere Skripte aufrufen kann.

Die Webadresse für das ZTP-Skript und der Repository-Server können unterschiedlichen Maschinen sein. In der Laborumgebung liegen beide Dateien auf demselben Webserver. Der zuständige DHCP-Server verteilt den Pfad zum Skript in seiner DHCP-Option 240. Die Konfiguration des ISC-DHCP erweitert sich um Zeilen 1 und 5 zu:

```
1  option ztd-provision-url code 240 = text;
2  subnet 10.5.1.0 netmask 255.255.255.0 {
3    range 10.5.1.1 10.5.1.50;
4    option default-url = "http://10.5.1.7/";
5    option ztd-provision-url "http://10.5.1.7/ztp.sh";
6  }
```

> **Hinweis**
>
> Bei der Suche nach dem Skript verwendet ZTP *nicht* die Wasserfallmethode – der Pfad zum Skript muss vollständig angegeben werden.

Best Practices

Wer kein großer Skriptkünstler ist, kann sich am Beispiel auf Seite 235 orientieren. Kenner der Bash werden hier auf wenig Neues stoßen. Im Allgemeinen gibt es für ein ZTP-Skript ein paar *Best Practices*:

- *Exit Codes.* Der aufrufende Prozess erfährt anhand des Exitcodes, ob das Skript erfolgreich war. Im Fehlerfall (Exitcode größer als Null) gilt die Erstkonfiguration als gescheitert. Wenn das Skript fehlerfrei durchgelaufen ist, darf sich der Programmcode stolz mit exit 0 beenden.

- *Logging.* Falls etwas schief geht, sollte eine strukturierte Fehlersuche möglich sein. Das Skript ist herzlich eingeladen, Programmausgaben und Fehler in eine Logdatei oder an Syslog zu berichten.

- *Variablen.* Während der Laufzeit des ZTP-Skripts sind zusätzliche Variablen verfügbar, die sich auf die Netzumgebung beziehen. Tabelle 17.1 auf der nächsten Seite zeigt die neuen Variablen mit beispielhaftem Inhalt.

- *Erledigt.* OpenSwitch wird das ZTP-Skript bei jedem Systemstart erneut vom Webserver holen und ausführen, solange die lokale Datei

/etc/opx/ztd/ztd existiert. Ein erfolgreich abgearbeitetes Skript sollte die besagte Datei löschen und damit das Provisioning als erledigt
kennzeichnen.

Variable	Inhalt (Beispiel)
interface	eth0
new_broadcast_address	10.5.1.255
new_dhcp_server_identifier	10.5.1.7
new_domain_name	openswitch.lab
new_domain_name_servers	10.5.1.253
new_host_name	sw01
new_ip_address	10.5.1.1
new_network_number	10.5.1.0
new_routers	10.5.1.250
new_subnet_mask	255.255.255.0
new_ztd_provision_url	http://10.5.1.7/ztp.sh

Tabelle 17.1: Dem ZTP-Skript stehen zusätzliche Variablen zur Verfügung

Skript

Mit guten Ratschlägen und etwas Programmierkenntnissen lässt sich ein
einfaches ZTP-Skript zusammenstellen. Zur Orientierung und als Beispiel
zeigt Listing 17.1 auf der nächsten Seite den Skriptcode für die Ersteinrichtung eines frisch installierten Switches. OpenSwitch führt das Skript
als *root*-User aus. Das vollständige Skript ist online verfügbar (siehe Anhang B).
Die Ausgabe der Kommandos lenkt Zeile 10 in eine Logdatei um. Wenn es
zu einem Fehler kommt, vermeldet die Funktion aus Zeile 3 wo genau das
Problem steckt.
Für die spätere Administration sind SSH-Schlüssel sehr vorteilhaft und
Zeile 22 hinterlegt den öffentlichen Schlüssel eines Ansible-Servers. Und
wenn ein Kommando oder Skript für seinen Erfolg mal *root*-Rechte braucht,
wird durch Zeile 28 nicht nach dem Kennwort gefragt.
Zuletzt berichtet das Skript mit dem Exitcode Null über seinen Erfolg.

```
1  #!/bin/bash
2
3  function error() {
4    echo -e "\e[0;33mERROR: Fehler im Zero Touch Provisioning Skript.
5    Bei Kommando $BASH_COMMAND in Zeile $BASH_LINENO.\e[0m" >&2
6    exit 1
7  }
8
9  # Kommandoausgaben in eine Logdatei umlenken
10 exec >> /var/log/autoprovision 2>&1
11 date "+%FT%T ztp Skript Start"
12 trap error ERR
13
14 # Hostnamen, Sprache und Zeitzone festlegen
15 sed -i -e "s/^127\.0\.1\.1.*/127.0.1.1  $new_host_name/" /etc/hosts
16 hostnamectl set-hostname $new_host_name
17 localectl set-locale LANG=en_US.utf8
18 timedatectl set-timezone Europe/Berlin
19
20 # SSH-Login mit Schlüssel aber ohne Passwort
21 mkdir -p ~root/.ssh/ ~admin/.ssh/
22 cat <<EOF > ~root/.ssh/authorized_keys
23 ssh-rsa AAAAB3NzaC1yc2EAAAABJQAAAQEA1iCLr6uIu0S7bt[...] rsa-key-ansible
24 EOF
25 cat ~root/.ssh/authorized_keys > ~admin/.ssh/authorized_keys
26
27 # Der "admin"-Benutzer darf ohne Kennwort root werden
28 echo "admin ALL=(ALL) NOPASSWD: ALL" >> /etc/sudoers
29
30 # OpenSwitch soll dieses Skript beim nächsten Reboot nicht
31 # downloaden und starten. Dafür die folgende Datei löschen
32 rm -f /etc/opx/ztd/ztd
33
34 # Die weitere Konfiguration darf Ansible übernehmen...
35 curl -k -f -i -H 'Content-Type:application/json' -X POST \
36   --data '"host_config_key": "cfbaae23-81c0-47f8-9a40"' \
37   https://<TOWER_SERVER_NAME>/api/v2/job_templates/1/callback/
38
39 date "+%FT%T ztp Skript Ende"
40 exit 0
```

Listing 17.1: *Zero Touch Provisioning* per Bash-Skript

Zusammenfassung

Große Umgebungen mit vielen Switches erfordern einen automatisierten Ablauf, der ein einzelnes Gerät ohne viel Mühe in einen einsatzfertigen Zustand versetzt.

Der Switch bezieht und installiert das Betriebssystem über das *Open Network Install Environment*. Es wird lediglich ein Server benötigt, der die Dateien per HTTP oder (T)FTP bereitstellt. Nach erfolgreicher Installation läuft ein *Willkommen-im-Netz*–Skript und erledigt die Ersteinrichtung: Managementadapter, Zugangsdaten, Lokalisierung. Zuletzt kommt die spezifische Konfiguration, die für jedes Gerät unterschiedlich ist. Das kann per Automatisierungssoftware oder durch ein weiteres Skript erfolgen.

Die Switches erfahren per DHCP, mit welchen Servern sie Kontakt aufnehmen müssen und welches Skript sie ausführen sollen.

Die Installationsumgebung erfordert nicht viel Aufwand und nimmt die wiederkehrenden Arbeiten ab, die Switches bei der Ersteinrichtung oder beim Restore erwarten. Und wenn kein Server bereitsteht, kann ein anderer Switch diese Aufgabe übernehmen und für seine Kollegen Betriebssystem und Skripte bereitstellen.

Kapitel 18

Fehlersuche im Netz

Wenn sich irgendeine Applikation merkwürdig verhält, steht zuerst das Netzwerk unter Generalverdacht und der Netzwerkadministrator ist in der Beweislast. Glücklicherweise hat OpenSwitch eine Vielzahl von Befehlen und Informationsquellen, die jedem Problem eine Chance auf Lösung bieten.

Aber dieses Kapitel möchte den Leser nicht mit einer weiteren Erklärung von ping, traceroute oder netstat langweilen, sondern setzt den Fokus auf OpenSwitch-spezifische Kommandos und gibt tiefe Einblicke in den Zustand der Hardware.

Netzadapter

OpenSwitch zählt die übermittelten Pakete für jeden einzelnen Netzadapter und führt damit Statistik, wie viele und welche Pakete den Switch durchquert haben. Interessant für die Problembehandlung sind die Zählerstände, die Übertragungsfehler protokollieren.

Die Kommandozeile liefert die Fehlerzähler in hoher Detailtiefe. Eine gute Übersicht bringt opx-show-interface-stats, welches seine Informationen von den *Control Plane Services* (vgl. Kap. 22) erhält. Das zusätzliche Argument --nonzero blendet alle Werte aus, die den Zahlenwert Null haben und damit die Bildschirmausgabe übersichtlich halten.

Ein beispielhafter Netzadapter liefert nach einem harten Arbeitstag eine Vielzahl von Statistiken und problematischen Übertragungen. Die Zeilen mit Error, Discard oder Collision im Namen listen fehlerhafte Pakete, die es nicht zum Switch oder durch den Switch geschafft haben.

```
root@sw01:~# opx-show-interface-stats --nonzero --port e101-001-0
Port e101-001-0
    Ethernet broadcast packets:                1
    Ethernet in packets (64 octets):           9
    Ethernet in packets (65 to 127 octets):    1106375
    Ethernet in packets (128 to 255 octets):   56
    Ethernet in packets (256 to 511 octets):   2
    Ethernet multicast packets:                167
    Ethernet octets:                           33704772530
    Ethernet out packets (64 octets):          8
    Ethernet out packets (65 to 127 octets):   5877
    Ethernet out packets (128 to 255 octets):  5573
    Ethernet out packets (256 to 511 octets):  1674
    Ethernet out packets (512 to 1023 octets): 10999
    Ethernet out packets (1024 to 1518 octets): 22144890
    Ethernet packets:                          23275469
    Ethernet rx no errors:                     1106444
    Ethernet tx no errors:                     22169025
    In broadcast packets:                      1
    In multicast packets:                      73
    In octets:                                 77460164
    In unicast packets:                        1106367
    IPv6 in address errors:                    6
    IPv6 in discards:                          6
    Out multicast packets:                     94
    Out octets:                                33627312366
    Out queue length:                          7
    Out unicast packets:                       22168933
    Time stamp:                                1462325432
```

Die Bedeutung der einzelnen Zähler deutet oft schon auf die Lösung hin:

- Ethernet rx no errors. Der Netzadapter hat das Paket korrekt empfangen und der Netzwerkprozessor hat es korrekt weiterverarbeitet.

- FCS errors. Der Netzadapter hat das Paket erhalten, aber die enthaltene Prüfsumme unterscheidet sich von der errechneten Prüfsumme. Die typische Ursache dafür sind schlechte Kabel oder minderwertige Transceiver.

- In discards. Der Switch musste das erhaltene Paket verwerfen, weil der Empfangspuffer voll ist. Das passiert, wenn zu viele Pakete in einem kurzen Zeitintervall den Switch erreichen.

- Frame too long. Das eingehende Paket ist länger als das erlaubte Maximum. Entweder verwendet der sendende Switch eine größere MTU oder sein Switchport ist im Trunk-Modus, während der lokale Netzadapter als Access-Port arbeitet.

Eine Schwierigkeit dieser Statistik liegt darin, dass sie nicht berücksichtigt, *wann* die Übertragungsfehler entstanden sind. Wenn alle Pakete von Excessive collisions gestern gemessen wurden, wird dieser Zähler *heute* nur Verwirrung stiften und die Fehlersuche in eine falsche Richtung treiben.

Leider lassen sich die Zählerstände im Linux-Kernel nicht auf null setzen. OpenSwitch hat seine eigenen Zähler, die opx-show-stats clear pro Netzadapter zurück auf null dreht.

Achtung

Der Linux-Kernel zählt nur Pakete, die an eine IP-Adresse des Switches gerichtet sind. Von durchreisenden Paketen bekommt der Kernel nichts mit und kann sie folglich nicht zählen.

Die Zählerstände in /proc und /sys sind demnach zu gering und eignen sich nicht für eine Auswertung oder für Statistiken. Die korrekten Werte liefert OpenSwitch mit den opx-Kommandos.

Die weniger offensichtlichen Titel der Interfacestatistiken sind hier kurz erläutert:

- In errors. Pakete werden aus verschiedenen Gründen verworfen, z. B. bei Platzmangel im Empfangspuffer oder bei falscher Fragmentierung.

- Carrier sense errors. Das Paket ließ sich nicht senden, weil der Träger (Carrier) nicht erkennbar war. Die Ursache reicht von flatternden Verbindungen, schlechten Kabeln bis zum defekten Netzadapter.

- `Alignment errors`. Das empfangene Paket hat einen *Alignment error*, denn seine Größe ist nicht durch acht teilbar und damit ungültig.

- `Ethernet undersize packets`. Das empfangene Paket war kürzer als das Minimum.

- `Ethernet oversize packets`. Das Paket war länger als die MTU.

- `Ethernet jabbers`. Hier kommen mehrere Fehlerbilder zusammen: Das empfangene Paket hat die MTU überschritten, die Prüfsumme ist falsch oder die Länge ist nicht durch acht teilbar.

- `Single collision frames`. Auf der Leitung gibt es eine Kollision, weil zwei beteiligte Switches gleichzeitig senden und im Halb-Duplex-Modus arbeiten. Eine Kollision ist grundsätzlich kein Fehler, aber in modernen Netzen arbeiten alle Ports mit Full-Duplex. In diesem Modus gibt es keine Kollisionen, weswegen auch die Kategorien `Late collisions` und `Multiple collision frames` stets null sein sollten.

Wenn eine Zeile einen hohen Wert aufweist, muss das noch kein Problem darstellen, denn OpenSwitch liefert *absolute* Werte. Erst in Verbindung mit der Gesamtzahl der ein- oder ausgehenden Pakete lässt sich abschätzen, ob die Menge alarmierend ist.

Beispielsweise liefert `FCS errors` eine Zahl von 130, während die Anzahl der empfangenen Pakete bei `Ethernet packets` bei einer Viertelmillion liegt. Die verworfenen Pakete nehmen damit weniger als 0,001% ein und sind vernachlässigbar.

sosreport

Der schlichte Befehl `sosreport` stellt ein paar Fragen, hat wenig sichtbare Ausgabe und agiert im Hintergrund. Im Wesentlichen sammelt `sosreport` alle relevanten Informationen des Switches und stopft sie in ein Tarball. Die gepackte Datei ist für den Supportfall gedacht, damit der Bearbeiter sich ein vollständiges Bild vom Problemkind machen kann. Die knappe Ausgabe verdeutlicht den Verwendungszweck:

```
root@sw01:~$ sosreport --batch
sosreport (version 3.3)
[...]
Creating compressed archive...

Your sosreport has been generated and saved in:
  /tmp/sosreport-sw01-20190911214913.tar.xz

The checksum is: b72a97783857e5c81e597794a31e7c25

Please send this file to your support representative.
```

Der Systembericht lässt sich hausintern verwenden, denn die enthaltenen Daten lassen sich mit Bordmitteln herausfischen und betrachten.

```
xz -d /tmp/sosreport-sw01-20190911214913.tar.xz
tar xf /tmp/sosreport-sw01-20190911214913.tar
```

Bei regelmäßiger Verwendung entsteht eine Art Tagebuch der Switches. Damit lassen sich auch Fragen zur Historie („Warum war das Netzwerk letzten Donnerstag so langsam?") nachdrücklich beantworten.

Manchmal ist es auch beruhigend zu wissen, *welche* Informationen über das eigene Netzwerk im Fehlerfall gespeichert werden.

In der `sosreport-sw01-*.tar.xz`–Datei befinden sich:

- die Ausgaben von vielen Kommandos zur Fehlersuche,

- die Konfigurationsdateien in `/etc`,

- Informationen von Zeitplaner *cron*,

- die zentrale Logdatei (vgl. Kap. 5),

- eine Kopie des `/proc`-Dateisystems (ohne einzelne Prozesse),

- eine Kopie von `/sys` und damit viele Infos über Netzadapter und Bündel (vgl. Kap. 8),

- eine Übersicht aller Bestandteile im HTML-Format.

Hardware überwachen

Der Zustand der verschiedenen Hardwarekomponenten eines Switches ist auch ohne Netzprobleme einen Blick wert. Denn diese Informationen sind

241

die Grundlage für eine Prognose, ob in naher Zukunft ein Problem entstehen könnte. Beispielsweise wird ein ausgefallener Lüfter in Verbindung mit ansteigender Temperatur in einem Totalschaden enden.

Temperatur

Die Switches haben an verschiedenen Stellen im Chassis Sensoren zur Temperaturmessung. Kleine Modelle haben meist nur wenige Temperaturquellen, während die großen Kisten bis zu 14 Sensoren haben.
Ein Leaf-Switch mit einzelner Bauhöhe liefert seine aktuelle Temperatur durch das Kommando `opx-show-env` und berichtet (gekürzt):

```
Temperature sensors
      Sensor CPU Front to Rear temp sensor, Card slot 1
            Operating status:           Up
            Fault type:                 OK
            Temperature (degrees C):    28
      Sensor CPU Rear to Front temp sensor, Card slot 1
            Operating status:           Up
            Fault type:                 OK
            Temperature (degrees C):    32
      Sensor Rear to Front Inlet Ambient sensor, Card slot 1
            Operating status:           Up
            Fault type:                 OK
            Temperature (degrees C):    27
```

Wenn die genauen Zahlen weniger interessant sind und der Switch nur melden soll, ob er sich innerhalb seiner Wohlfühltemperatur befindet, gibt `opx-show-alms` (vgl. Kap. 5) darüber Auskunft.

Bauteile

Welche Komponenten sind im vorliegenden Switch verbaut? OpenSwitch liefert detailgetreue Antworten, die jede Information offenbaren. Das passende Kommando dazu ist erneut `opx-show-env`, wobei sich die Informationen über die Bauteile mit den Zustandswerten vermischen (Listing 18.1).
Weitere Informationen zum Mainboard und den verbauten Komponenten bringen die Linux-Befehle `dmidecode` und `biosdecode` zum Vorschein.
Den Wert von *Asset Tag* nutzt der Hersteller Dell als Service-Tag und

```
root@sw01:~# opx-show-env | head -11
Chassis
        Operating status:              Up
        Fault type:                    OK
        Vendor name:                   DELL
        Service tag:                   8N6SG02
        PPID:                          MX0219MJCEM0078L00Q3
        Platform name:                 x86_64-dell_s3000_c2338-r0
        Product name:                  S3048ON
        Hardware version:              A00
        Number of MAC addresses:       256
        Base MAC address:              34:17:eb:34:2e:00
Power supplies
        Slot 1
                Present:               No
        Slot 2
                Present:               Yes
                Operating status:      Up
                Fault type:            OK
                Vondor name:
                Service tag:           AEIOU##
                PPID:                  TH00X3X61797176S09RP
[...]
```

Listing 18.1: Welche Hardware ist im Switch verbaut?

hinterlegt auf seiner Webseite zu jedem Bauteil Hilfestellungen und Dokumentation.

Feuerwerk

Je nach Hersteller sind vorne am Chassis bunte LEDs angebracht, die verschiedene Systemzustände und Fehler anzeigen. Bei voll verkabelten Switches können die Leuchtdioden verdeckt sein, was ihre Warnmöglichkeit einschränkt. Leider gibt es kein einfaches Kommando, was den LED-Status anzeigt. Der Umweg über die CPS (vgl. Kap. 22) liefert zumindest die Rohdaten zu den LEDs. Diese benutzt auch der Alarmdienst, um die Leuchtdioden zu steuern und ihre Farbe an den Gesundheitszustand der Komponenten anzupassen.

```
cps_get_oid.py -qua observed base-pas/led
```

243

In vollen Rechenzentren tummeln sich häufig identisch aussehende Switches. Wenn die Beschriftung fehlt oder unleserlich ist, kann die *Locator LED* den gesuchten Switch identifizieren. Diese blaue LED ist je nach Modell ganz rechts oder ganz links an der Vorderseite angebracht. Über die Kommandozeile wird die Lokalisierungs-LED zum Blinken gebracht. Bei der anschließenden Sichtprüfung der Hardware lässt sich der gesuchte Switch dadurch erkennen, dass die blaue LED in der Nähe des Managementadapters blinkt.

```
opx-config-beacon on
```

Falls der Kabelschungel vor den Switches so dicht ist, dass die Leuchtdioden verdeckt sind, dann dürfen sich die LEDs der Switchports am Feuerwerk beteiligen. Das folgende Kommando lässt die LEDs der ersten 16 Netzadapter aufblitzen.

```
opx-config-beacon --port e101-001-0..e101-016-0 on
```

Die Netzadapter arbeiten während der Lokalisierung normal weiter. Es entsteht keine Unterbrechung für die angeschlossenen Geräte.

Hinweis

Die Identifizierung per LED ist nicht auf allen Modellen mit OpenSwitch möglich; `opx-config-beacon` informiert bei fehlender Funktionalität.

Logbuch

Wenn ein Fehler seine Existenz im Logbuch verewigt, hat er meist eine treffende Beschreibung. OpenSwitch protokolliert mit dem klassischen Syslog sowie mit dem modernen Journal vom *systemd*. Während beide Methoden inhaltlich identisch sind, unterscheiden sie sich in der Benutzung. Syslog packt alle Meldungen in verschiedene Dateien und lässt den Admin mit `more`, `tail` und grep darin rumgraben. Das Prinzip von Syslog gibt es seit den 1980er Jahren und ist jedem Netzwerker bestens bekannt.

Das neuere Journal dagegen speichert alle Meldungen binär und hat sein eigenes Tool `journalctl` für die Auswertung. Aus Skepsis und Unwissenheit

wird das Journal gerne links liegen gelassen, obwohl es ein paar schicke
Features mitbringt. Dieser Abschnitt bringt etwas Licht in den Umgang
mit journalctl, denn *während* einer Fehlersuche ist meist wenig Zeit, ein
neues Kommando zu lernen.

> **Hinweis**
>
> Logmeldungen sind Chefsache. Also muss journalctl als *root*-User
> laufen, oder jeder Aufruf erwartet sudo als Präfix.

- journald ist der Logging-Daemon und journalctl zeigt die Meldungen an.

- Alle Logmeldungen seit dem letzten Systemstart liefert journalctl ohne weitere Optionen.

- Zeitliche Einschränkungen liefern die beiden Argumente --since und --until, die einzeln und gemeinsam nutzbar sind. Alle Meldungen seit letztem Montag um acht Uhr bringt das Kommando:

```
journalctl --since "2019-10-14 08:00:00"
```

  Der Zeitstempel kann auch aus Prosa bestehen, denn beide Optionen verstehen englische Wörter, wie *yesterday, today* oder *now*.

- Welcher Dienst meldet? Dazu kann journalctl nach *Unit* filtern. Eine Unit ist grundsätzlich ein Systemdienst. Ausschließlich die Wortmeldungen von opx-pas bringt der Befehl:

```
journalctl --unit=opx-pas
```

  Weitere Bereiche, die zur Fehlersuche beitragen können, sind: frr, ebtables, hsflowd, lldpd, networking, ntp, opx-cps, opx-nas, opx-pas, opx-pysnmp, opx-vrf, redis-server, rsyslog und ssh.

- Wie kritisch sind die Meldungen? Hier nutzt das Journal dieselben Prioritäten wie Syslog. Tabelle 18.1 ruft die verschiedenen Stufen ins Gedächtnis. Eine Übersicht aller Warnungen listet:

```
journalctl --priority=warning
```

Die wirklich schweren Meldungen der obersten drei Prioritäten beschafft das Kommando:

```
journalctl --priority=crit..emerg
```

Stufe	Bezeichnung	Beschreibung
0	emerg	Höchste Alarmierung; das System steht kurz vor dem Scheitern
1	alert	Schwerer Fehler, der sofort behoben werden muss
2	crit	Ein oder mehrere kritische Zustände
3	err	Ein nicht-fataler Fehler ist aufgetreten
4	warning	Das System warnt mehrfach, um einen Fehler zu vermeiden
5	notice	Ungewöhnliche Situation, die aber keinen Fehler darstellt
6	info	Normale operative Meldungen
7	debug	Nachrichten für Entwickler

Tabelle 18.1: Die möglichen Prioritäten einer Syslogmeldung

- Die aktuellen Meldungen bringt `journalctl -f` auf den Bildschirm,
  wobei sich dieser Befehl mit den vorherigen Beispielen kombinieren
  lässt. Wenn beispielsweise der Switch unter schwankender Last leidet,
  informiert `journalctl`, wann es so weit ist:

```
journalctl -f --unit=opx-nas --priority=warning..alert
```

Kleine Werkzeuge

OpenSwitch hat weitere Helferlein, die sehr spezielle Aufgaben übernehmen
und zumindest kurz erwähnt werden sollten.

MAC-Adresstabelle

Welche MAC-Adressen befinden sich hinter den Netzadaptern? Die gelernten MAC-Adressen hinter einem Switchport legt Linux in die Adresstabelle

der jeweiligen Netzbrücke. Bei einem gerouteten Port speichert die ARP-Tabelle die Zuordnung von IP-Adresse zur MAC-Adresse.

Die gelernten Adressen einer Bridge enthüllt das brctl-Kommando unter Angabe der jeweiligen Netzbrücke:

```
root@sw01:~# brctl showmacs br1
port no   mac addr            is local?   ageing timer
    1     00:3a:06:31:04:31   no          9.68
    1     34:17:eb:34:2e:0e   yes         0.00
    2     34:17:eb:34:2e:1f   yes         0.00
    2     80:2a:a8:5d:04:93   no          5.41
```

Einen Blick in die ARP-Tabelle erhascht das klassische arp-Kommando und neuerdings auch ip mit:

```
root@sw01:~# ip neighbor
10.5.2.23 dev eth0 lladdr 80:2a:a8:5d:04:92 REACHABLE
10.5.2.22 dev eth0 lladdr 5c:fc:66:ad:01:39 STALE
10.5.2.7 dev eth0 lladdr 00:3a:06:07:00:07 REACHABLE
10.5.2.21 dev eth0 lladdr a4:4c:11:5c:0d:b9 STALE
10.5.2.250 dev eth0 lladdr 00:0d:b9:35:b0:9e REACHABLE
```

opx-show-global-switch

Wie viele Routen, Regeln und Einträge kann der Switch vertragen? Diese Frage beantwortet das Kommando opx-show-global-switch übersichtlich in Tabellenform. Die variablen Einstellungen bei Timeouts, Algorithmen und Modi manipuliert das Pendant opx-config-global-switch.

Mirror-Port

Wenn die betroffenen Netzadapter am Switch keine physikalischen Übertragungsfehler zeigen, könnte der Datenstrom inhaltlich inkorrekt sein. Die Hausmarke für Einblicke in die Datenkommunikation ist *tcpdump*, aber mithilfe eines Mirror-Ports kann die eigene Softwaresammlung zur Paketanalyse benutzt werden.

Der Mirror-Port erhält eine Kopie aller Pakete eines ausgewählten Netzadapters. Der Originalport hat dadurch keine Einschränkungen und bemerkt die

Kopieraktion nicht. Für die spontane Fehlersuche kann ein Laptop mit Wireshark am Mirror-Port die Pakete aufzeichnen und analysieren. OpenSwitch spendiert dem Spiegelport das eigene Kommando `opx-config-mirror`. Im folgenden Beispiel soll Netzadapter *e101-008-0* eine Kopie der Pakete von *e101-047-0* erhalten. An *e101-047-0* ist ein Hostsystem für virtuelle Maschinen konnektiert und an *e101-008-0* lauscht ein Analyserechner für Einbruchserkennung.

```
opx-config-mirror create --direction ingress_egress --type span \
  --src_intf e101-047-0 --dest_intf e101-008-0
```

Der `opx-config-mirror`-Befehl erwartet als Argument den überwachenden Netzadapter (`src_intf`), den Empfänger für Paketkopien (`dest_intf`) und die Richtung der Überwachung (`direction`). Danach beginnt OpenSwitch mit dem Duplizieren und *e101-008-0* wird zum anonymen Beobachter. Eine Übersicht der aktuellen Mirror-Sessions zeigt `opx-show-mirror`.

Wenn der betroffene Switchport nicht in der Nähe des Analyserechners ist, kann OpenSwitch die Paketkopien auch per VLAN-Trunks an einen entfernten Rechner verschicken.

Zusammenfassung

Die Suche nach einem Fehler führt schneller zu Resultaten, wenn die verfügbaren Werkzeuge bekannt sind. OpenSwitch erweitert die Befehlssammlung von Linux um eigene Kommandos, die den Fokus auf Hardwarekomponenten und Netzadapter legen. Denn die Zählerstände eines Switchports verraten viel über die Fehlerursache.

Mit den neueren Journalfunktionen wird die Suche im Logbuch einfacher und zielstrebiger. Das Journal ist zwar kein Alleinstellungsmerkmal von OpenSwitch, aber die zentrale Anlaufstelle für Fehlermeldungen. Parallel dazu ist Syslog am Start und archiviert Meldungen dateibasiert.

Kapitel 19

Durchsatz messen

OpenSwitch basiert auf Linux. Als universelles Betriebssystem kann Linux zwar auf fast jeder Hardware benutzt werden, aber der Grundgedanke war stets die Vielseitigkeit und nicht der schnelle Transport von Datenpaketen. Dennoch macht Linux auf Netzwerkgeräten eine gute Figur. Im Linux-Kernel und seinen Anwendungsprogrammen gibt es mehrere Schalter und Regler, um die Paketverarbeitung voranzutreiben.

Dazu kommen die eigenen Entwicklungen von OpenSwitch und die Anpassung an die darunterliegende Hardware. Zusammen ergibt sich ein hochoptimiertes System, welches nur Durchsatz im Kopf hat.

Wie viel Leistung und Bandbreite ist von einem OPX-Switch zu erwarten? Dieses Kapitel zeigt, mit welchen Kommandos sich das Ergebnis nachprüfen lässt.

Auslastung

Zuerst kommt OpenSwitch auf den Prüfstand, um die momentanen Leistungsdaten zu ermitteln. Während benachbarte Geräte mit maximaler Rate Pakete durch den Switch schieben, bieten verschiedene Befehle detaillierten Einblick in die Ressourcenauslastung.

Diese Überwachungstools gehören zu den üblichen verdächtigen Linux-Kommandos, die beim Troubleshooting gern gesehen sind und in keiner Distribution fehlen dürfen.

bwm-ng Der Bandbreitenmonitor holt sich die Zählerstände vom Linux-Kernel aus /proc/net/dev und errechnet daraus die aktuelle Durchsatzrate für jeden Netzadapter. Die Werte werden halbsekündlich aufgefrischt.

top Neben einer aktuellen Liste von Linux-Prozessen liefert top noch die momentane Auslastung von Prozessor, Arbeitsspeicher, SWAP und System-Load.

htop Das aufgehübschte htop zeigt auf einen Blick die Auslastung vom Prozessor, Arbeitsspeicher, SWAP und eine sortierte Liste der Prozesse.

iftop Welche Client-Verbindungen transportiert der Switch? Darüber informiert iftop pro Interface und listet neben der Session auch die Übertragungsraten der letzten 2, 10 und 40 Sekunden.

iptraf-ng Menügestützt beinhaltet iptraf-ng Funktionen zum Anzeigen von IP-Verbindungen und viele Statistiken über die lokalen Netzadapter. Dazu gehört die Aufteilung des Netzverkehrs in Protokolle, Paketgrößen und Portnummern.

ethtool Einem Netzadapter lassen sich mit ethtool viele Parameter und Statistiken entlocken. Darüber hinaus gibt es Funktionen zur Diagnose und zum Selbsttest eines Adapters. OpenSwitch bringt sogar eine optimierte Variante opx-ethtool mit.

bmon Alle lokalen Netzadapter im Überblick, mit Übertragungsraten, in Echtzeit liefert bmon. Der grafische Modus bringt sogar die Auslastung einer Netzwerkkarte der letzten 60 Sekunden in ASCII-Art.

OpenSwitch liefert nicht alle vorgestellten Kommandos mit, bietet sie aber über sein Repository an. Bei Bedarf lassen sich die Programme über den Paketmanager installieren:

```
apt update
apt install htop bwm-ng iftop iptraf-ng
```

Durchsatzmessung

Die interessanteste Kennziffer bei einem Switch ist die Anzahl der übertragenen Pakete pro Sekunde. Verbunden mit einer Paketgröße ergibt sich
daraus die maximale Datenrate pro Sekunde. Was in der Theorie nach
fettem Durchsatz klingt, wird in der Praxis selten erreicht, da Paketfilter,
Zugriffszeiten und Paketverluste eine reale Datenrate festlegen.

Die Ergebnisse einer Messung sind auch abhängig von der Dauer des Tests.
Ein kurzer Test von weniger als 10 Sekunden erzeugt kaum Paketverlus-
te, weil der Switch die Überlastpakete nicht verwerfen muss, sondern in
Puffern zwischenspeichern kann. Das ist grundsätzlich ein vorteilhaftes
Verhalten, aber es verfälscht das Ergebnis. Ein aussagestarkes Resultat wird
nach 30 bis 120 Sekunden erreicht.

Messmethodik

Für die Durchführung der Messung kann Linux auf ein hervorragendes
Werkzeug zurückgreifen: *iperf3* [18]. iperf3 übermittelt Pakete mit ma-
ximalem Durchsatz zwischen zwei Geräten und zeigt anschließend die
erreichte Transferrate an. Auf dem ersten Host wird iperf als Server gest-
artet, der die Messpakete empfängt. Der zweite Rechner startet iperf als
Client mit Angabe der IP-Adresse des Servers. Sofort beginnt der Client,
Pakete zu generieren und an den Server zu senden. Dazwischen ist der
Switch, der während der Messung unter besonderer Beobachtung steht.

Achtung

iperf gibt es in den zueinander inkompatiblen Versionen 2 und 3. Für
die Beispiele in diesem Buch kommt Version 3 zum Einsatz, da es
moderner und weiter verbreitet ist.

Installation

Im Repository der meisten Linux-Distributionen ist iperf3 vorhanden und
wartet auf seine Installation. Diese ist abhängig vom eingesetzten Paketmanager. Debian-basierte Distributionen, wie Ubuntu, holen sich die Software
mit dem Befehl: `apt install iperf3`

Unter Red Hat und seinen Ablegern CentOS und Scientific Linux erfolgt die Installation ähnlich: `yum install iperf3`

Hinweis

Messprogramme, wie *iperf3* oder *nuttcp*, sollten nicht direkt auf dem Switch laufen, da sie dort *nicht* die Durchsatzrate der Netzadapter erreichen.

Ein Switch erreicht seine Höchstleistung nur, wenn der Netzwerkprozessor und die ASICs (vgl. Kap. 22) die Arbeit übernehmen. Bei *iperf3* sendet die CPU die Messpakete durch den Bus an die Netzadapter und erreicht damit maximal ein paar Hundert Mbit/s. Aus diesem Grund messen die benachbarten Server den Durchsatz.

Messung

Zwei Server sind startklar und ihre Netzwerkkarten mit dem OPX-Switch verbunden. Die Links sind *Up* und beide Rechner können sich per IP-Adresse erreichen. Welcher von den Maschinen den iperf-Server spielt, und wer den Client darstellt, entscheidet über die Richtung der Messung. Denn gemessen wird die Strecke *vom* Client *zum* Server.

Der Serverprozess beginnt mit einem schlichten Kommando:

```
iperf3 --server
```

Der Client entscheidet über die Optionen, wie Länge des Tests, Fenstergröße oder maximale Segmentgröße. Im ersten Versuch befeuert der Client eine Minute lang seinen Server mit Paketen und teilt anschießend die gemessene Bandbreite mit:

```
iperf3 --client 10.1.2.2 --time 60 --interval 60
```

Wenn die Rechner die Durchsatzrate in der Gegenrichtung messen sollen, müssen die Client/Server-Rollen vertauscht werden. Alternativ lässt sich der iperf-Client mit der Option `--reverse` starten.

An einem OPX-Switch mit Gigabit-Anschluss sollte das Ergebnis den Messwerten aus Abbildung 19.1 ähneln.

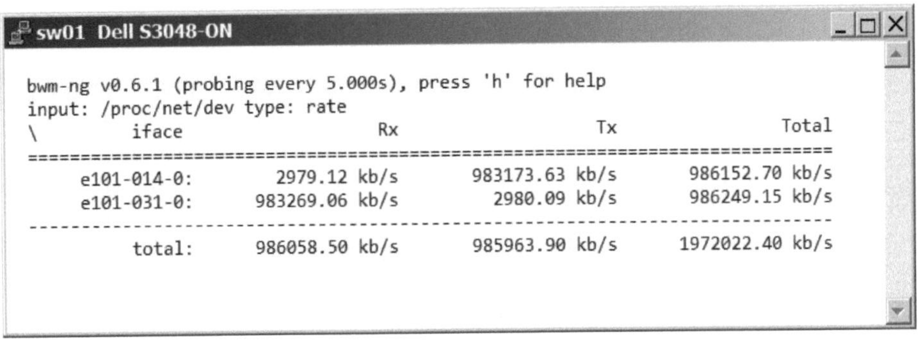

```
┌─ sw01  Dell S3048-ON ──────────────────────────────── _□×
│                                                         ▲
│ bwm-ng v0.6.1 (probing every 5.000s), press 'h' for help
│ input: /proc/net/dev type: rate
│ \        iface            Rx              Tx           Total
│ ================================================================
│   e101-014-0:     2979.12 kb/s     983173.63 kb/s    986152.70 kb/s
│   e101-031-0:   983269.06 kb/s       2980.09 kb/s    986249.15 kb/s
│ ----------------------------------------------------------------
│       total:    986058.50 kb/s     985963.90 kb/s   1972022.40 kb/s
│                                                         ▼
└──────────────────────────────────────────────────────────────
```

Abbildung 19.1: *bwm-ng* bestätigt die maximale Durchsatzrate
von GigabitEthernet

Hinweis

Der Linux-Kernel kennt die Zählerstände der Netzadapter nicht und
kann sie in seinem /proc-Dateisystem nicht darstellen. Also werden
viele Bandbreitentools unter OpenSwitch keine Ergebnisse liefern.

Die ermittelte Durchsatzrate aus Abbildung 19.1 entsteht dadurch, dass ein
modifiziertes opx-show-interface-stats die Zählerstände in eine *Named
Pipe* schreibt und bwm-ng daraus seine Informationen holt und aufbereitet.
Der Programmcode dazu ist in Anhang B erhältlich.

Paketgröße

Am einfachsten erreicht ein Switch seine Höchstleistung bei einer großen
Paketlänge. Für ein aussagestarkes Ergebnis wird die Paketgröße in festen
Schritten erhöht und orientiert sich an RFC 2544.
Auf der Seite von OpenSwitch erhält ein Switchport den Befehl für die
Maximum Transmission Unit (MTU) über die Kommandozeile:

```
ip link set dev e101-005-0 mtu 9216
```

Die unterschiedlichen Größen erhält der benachbarte iperf-Client per Skript
in Listing 19.1 auf der nächsten Seite.
Das Ergebnis ist eine gute Abschätzung der möglichen Durchsatzrate des
Switches und der angeschlossenen Server bei verschiedenen Paketgrößen.

253

```
for MTU in 9000 8192 4096 2048 1420 1280 1024 552 ; do
  echo "*** Messung mit MTU ${MTU} Bytes"
  ip link set dev eth1 mtu ${MTU}
  sleep 2
  iperf3 --client 10.1.2.2 --time 60 --interval 60
done
```

Listing 19.1: *iperf3* prüft die Durchsatzrate bei unterschiedlichen Paketgrößen

Zusammenfassung

Ob ein Switch die versprochene Gesamtleistung tatsächlich erreicht, lässt sich nur mit viel Aufwand bestätigen. Einzelne Ports dagegen prüfen zwei angeschlossene Rechner mit dem Kommandozeilentool *iperf3*, welches für nahezu jedes Betriebssystem verfügbar ist.

Allerdings prüft diese Form der Messung nicht nur die Switchports, sondern auch die Kabel und eventuelle Transceiver, die Netzadapter der Server, sowie deren Durchsatz zwischen CPU und PCIe-Bus. Bei enttäuschender Durchsatzrate ist der OPX-Switch nicht die einzige mögliche Fehlerursache.

Kapitel 20

Automatisierung

Eine größere Menge Switches konfiguriert der erfahrene Admin mit einem
Automatisierungstool, wie Chef, SaltStack, Puppet oder Ansible. Beim Vergleich der „Vier Großen" punktet Ansible beim einfachen Erlernen und funktioniert ohne Agenten oder zusätzliche Softwarepakete auf den Switches.
Ansible verbindet sich per SSH mit dem Zielsystem, prüft die Umgebung,
führt die notwendigen Befehle aus und berichtet dem Admin seine Resultate. Und dabei ist es egal, ob Ansible über einen einzelnen Switch herrscht
oder über eine ganze Armee.

Rechenzentren haben üblicherweise bereits ein System zur Softwareverteilung und Gerätekonfiguration im Einsatz. Daher unterstreicht dieses Kapitel
den Einsatz von Ansible mit OpenSwitch. Die verwendeten Playbooks sind
über Anhang B erhältlich.

Einrichtung

Grundsätzlich behandelt Ansible jedes Zielsystem als SSH-Server, der ein
paar Änderungen erfahren soll. Ein OPX-Switch macht da keine Ausnahme,
denn er bietet einen SSH-Zugang und die übliche Bash-Shell. Für eine
reibungslose Automatisierung empfiehlt sich ein passwortloses Login vom
Ansible-Server auf alle Switches (vgl. Kap. 21).

Eine beliebige Linux-Maschine kann die Rolle des Ansible-Servers einnehmen. Im Labornetz wird der Rechner labsrv zum Automatisierer. Die

Software liegt im Repository bereit, sodass die Installation kaum Aufwand erfordert:

```
apt install ansible
```

Der Laborserver läuft unter Debian 10, welches Ansible Version 2.7 mitbringt.

Anschließend muss Ansible seine Ziele kennen und erwartet diese in der Datei /etc/ansible/hosts. Listing 20.1 zeigt die hosts-Datei passend für die Labor-Switches. Wenn die Namensauflösung unzuverlässig ist, akzeptiert Ansible auch die IP-Adresse seiner Gegenstelle (Zeile 3). Der Hinweis auf das Betriebssystem in Zeile 2 ist optional und ein Schutzmechanismus, damit ein reguläres Linuxsystem nicht versehentlich als OpenSwitch angesprochen wird.

```
1  [spines]
2  sw01    ansible_net_os_name="openswitch"
3  sw02    ansible_host=10.5.1.2
4
5  [leafs]
6  sw[11:14]
```

Listing 20.1: Ansible listet die Teilnehmer unter seiner Verwaltung

Damit ist Ansible startklar und kann Kontakt zu den Switches aufnehmen.

Erster Kontakt

Ansible benötigt keine speziellen Komponenten zur Fernkonfiguration von OPX-Switches. Das mitgelieferte *command*-Modul führt reguläre Linux-Befehle aus und liefert die Ergebnisse zentral zurück.
Sind die Switches einheitlich versioniert oder herrscht ein bunter Linux-Zoo? Ansible holt die Info von allen Geräten mit einem Ad-hoc-Kommando:

```
ansible -m command -a "opx-show-version" all
```

Der Zusatz all führt den angegebenen Befehl in Hochkommata auf allen konfigurierten Switches aus.

Playbooks

Die Stärke von Ansible liegt in den Playbooks, die jedem einzelnen Zielsystem genaue Anweisungen geben. Dazu zählen typische Aufgaben, wie Neuinstallationen, Änderungen in Konfigurationsdateien oder Dienste starten.

Grundsätzlich lässt sich ein OPX-Switch wie ein regulärer Linux-Server behandeln. Für Ansible ist es unbedeutend, auf welchem Zielsystem es den Paketmanager mit der Neuinstallation einer Software beauftragt.

Als Beispiel soll Ansible den OpenSwitch für die RADIUS-Anmeldung konfigurieren, wie es in Kapitel 9 auf Seite 108 erwartet wird. Das passende Playbook ist in Listing 20.2 abgedruckt.

```
 1  ---
 2  - hosts: sw01
 3    become: no
 4
 5    tasks:
 6    - name: RADIUS-Bibliothek installieren
 7      apt:
 8        name: libpam-radius-auth
 9        update_cache: yes
10
11    - name: Verbindung zum RADIUS-Server
12      copy:
13        content: "10.5.1.16:1812   OpenSwitch22   5"
14        dest: "/etc/pam_radius_auth.conf"
15
16    - name: Der SSH-Dienst benutzt RADIUS
17      lineinfile:
18        path: /etc/pam.d/sshd
19        insertbefore: BOF
20        line: 'auth sufficient pam_radius_auth.so'
```

Listing 20.2: Ansible-Playbook für die RADIUS-Anmeldung

Für seine Aufgabe benutzt das Playbook drei Arbeitsschritte. Zuerst triggert Ansible den Paketmanager apt (Zeile 7), um die Software in Zeile 8 zu installieren. Der nächste Schritt legt eine Konfigurationsdatei (Zeile 14)

257

mit dem Inhalt aus Zeile 13 an. Zuletzt fügt Ansible in die PAM-Datei vom SSH-Dienst (Zeile 18) den Hinweis auf die RADIUS-Anmeldung (Zeile 20) ein.

Der Ansible-Server startet das Playbook mit dem sprechenden Kommando:

```
ansible-playbook radius-auth.yaml
```

Anschließend sammelt Ansible Informationen über das Zielsystem und führt die hinterlegten Schritte aus Listing 20.2 aus. Nach erfolgter Arbeit informiert Ansible über seinen Erfolg und die durchgeführten Änderungen.

Module

Ansible hat für nahezu jede Aufgabe ein fertiges Modul, das auf die geforderte Situation zugeschnitten ist. Damit bleiben die Playbooks übersichtlich, da sich die Module intern um die komplexen Details kümmern.

opx_cps

Ansible kann mit einem spezialisierten Modul gezielt auf die *Control Plane Services* (CPS, vgl. Kap. 22) vom OpenSwitch einwirken. Das Modul *opx_cps* ist im Lieferumfang von Ansible enthalten und benötigt keine weitere Installation. Die Syntax orientiert sich an der Namensgebung und Hierarchie der CPS.

Das Playbook in Listing 20.3 benutzt das *opx_cps*-Modul und erstellt damit eine Netzbrücke mit mehreren Switchports.

Inhaltlich spaltet sich das Playbook in zwei Aufgaben: Netzbrücke erstellen und Switchports hinzufügen. Die Argumente ähneln dem Kommando opx-config-vlan, aber die Schlüsselwörter stammen von der CPS API. Entgegen der offiziellen Dokumentation *muss* das Attribut phys-address in Zeile 12 angegeben werden. Der Wert gibt die MAC-Adresse der Netzbrücke vor, kann aber auch leer bleiben.

Die Dokumentation von Ansible [19] liefert weitere Beispiele und enthält die vollständige Liste der Argumente und Rückgabewerte.

```
1    ---
2    - hosts: sw01
3      become: no
4
5      tasks:
6      - name: Netzbrücke für VLAN 20 anlegen
7        opx_cps:
8          module_name: "dell-base-if-cmn/if/interfaces/interface"
9          attr_data: {
10           "base-if-vlan/if/interfaces/interface/id": 20,
11           "if/interfaces/interface/name": "br20",
12           "dell-if/if/interfaces/interface/phys-address": "",
13           "if/interfaces/interface/type": "ianaift:l2vlan"
14         }
15         operation: "create"
16
17     - name: Switchports 1-4 zum VLAN 20 hinzufügen
18       opx_cps:
19         module_name: "dell-base-if-cmn/if/interfaces/interface"
20         attr_data: {
21           "cps/key_data":
22             { "if/interfaces/interface/name": "br20" },
23           "dell-if/if/interfaces/interface/untagged-ports": \
24             ["e101-001-0","e101-002-0","e101-003-0","e101-004-0"],
25         }
26         operation: "set"
```

Listing 20.3: Das Ansible-Playbook benutzt das *opx_cps*-Modul

opx_generic_cps

Dieses Modul ist nicht in Ansible enthalten, sondern wird von OpenSwitch via GitHub angeboten. Die Playbooks verwenden es nicht direkt, sondern benutzen es für Rollen, die der nächste Abschnitt beschreibt.

Rollen

Ansible verwendet Rollen, um Playbooks in mehrere Dateien aufzuteilen. Der Vorteil zeigt sich in komplexen Playbooks, die Funktionalität durch

Rollen nachladen. Eine Rolle in Ansible ist vergleichbar mit einer Programmbibliothek, auf den die Softwareentwickler zugreifen können, ohne ihn selber programmiert zu haben.

Für OpenSwitch stehen vier Rollen bereit, die nach Themen unterteilt sind:

- opx-acl: Erstellt und löscht Einträge in ACL-Tabellen, um eine Firewallrichtlinie anzuwenden (vgl. Kap. 21).

- opx-system: Diese Rolle enthält die Bereiche LLDP, Routen (IPv4/v6), ARP-Tabelle, IPv6-Nachbarn und Spanning-Tree.

- opx-qos: Richtlinie für Quality of Service anwenden.

- opx-mac: Erstellt und löscht Einträge aus der MAC-Tabelle.

Installation

Die verfügbaren Rollen hostet Ansible in seiner *Ansible Galaxy* [20]. Wenn eine Rolle auf dem eigenen Server benötigt wird, beschafft der Befehl ansible-galaxy die Rollendatei vom Galaxy-Server und legt sie im lokalen Dateisystem ab.

Die Voraussetzung für die Rollen (außer opx-system) ist das Ansible-Modul opx_generic_cps aus dem vorherigen Abschnitt. Die folgenden Befehle holen die Rollen und das notwendige Modul auf den lokalen Server:

```
ansible-galaxy install open-switch.opx-system
ansible-galaxy install open-switch.opx-qos
ansible-galaxy install open-switch.opx-acl
ansible-galaxy install open-switch.opx-mac
wget -O /usr/lib/python3/dist-packages/ansible/modules/ \
    network/opx/opx_generic_cps.py \
  https://raw.githubusercontent.com/open-switch/ \
    ansible-opx-examples/master/library/opx_generic_cps.py
```

Anwendung

Wenn Ansible eine Aufgabe erledigen soll, für die es eine fertige Rolle gibt, kann das Playbook die Rolle benutzen. Beispielsweise soll der OpenSwitch eine neue IP-Route erhalten. Die passende Rolle für statische Routen liegt in opx-system. Die Syntax und mehrere Beispiele liegen ebenfalls in der

Ansible Galaxy [20]. Wie eingangs versprochen werden Playbooks durch Rollen übersichtlicher. Das Playbook zum Hinzufügen einer Route ist in Listing 20.4 gezeigt.

```
1   - hosts: sw01
2     vars:
3       opx_route_v4:
4       - ip_and_mask: 198.51.100.0/24
5         nexthop_ip:
6           - 192.0.2.18
7     roles:
8       - role: open-switch.opx-system
9         when: ansible_net_os_name is defined and
10               ansible_net_os_name == "openswitch"
```

Listing 20.4: Das Playbook benutzt die Rolle *opx-system*

Das Playbook bedient sich der Rolle in Zeile 8. Die Bedingungen in Zeilen 9 und 10 sind ein Schutzmechanismus, damit Rollen für OpenSwitch auch nur auf OPX-Switches treffen.
Was das Playbook und die Rolle erledigen müssen, enthüllen die Variablen ab Zeile 3.
Beispiele für die anderen drei Rollen sind über Anhang B verfügbar.

Zusammenfassung

Wenn die Liste der Switches im Rechenzentrum unübersichtlich wird, läuft die händische Konfiguration schnell aus dem Ruder. Trickreiche Admins helfen sich dann gerne mit Skripten, um den Konfigurationsaufwand zu automatisieren. In größeren Teams erfordert die Skripterei viel Disziplin und Ordnung.
Die bessere Alternative ist eine fertige Software zur Automatisierung. Open-Switch begrüßt eine Handvoll Automatisierungs-Tools, von denen dieses Kapitel Ansible beschreibt.
Ansible ersetzt die Skripte durch *Playbooks* und wiederkehrende Aufgaben durch *Rollen*. Für Ansible ist OpenSwitch nicht irgendein Linux-System mit vielen Switchports. Ansible hat spezielle Module und Rollen für die Zusammenarbeit mit OpenSwitch und seinen Eigenarten.

Teil V

Für Trickser

Kapitel 21

Best Practice

Wenn alles funktioniert, geht es nur noch darum, Kleinigkeiten zu verbessern und Arbeitsabläufe zu vereinfachen. Die vorgestellten *Best Practices* gelten gleichermaßen auch für Switches anderer Hersteller, nur die praktische Umsetzung variiert.

Änderungen mit Sicherungsnetz

Nicht alle Switches befinden sich in der unmittelbaren Umgebung. Bei Änderungen an Geräten in weit entfernten Standorten empfiehlt sich eine besondere Vorsicht. Gerade bei Modifikation an IP-Adressen, Routing oder Firewallregeln besteht die Gefahr, dass eine Unachtsamkeit zur Unerreichbarkeit des Switches führt. Ping und SSH sind nicht mehr möglich und der Fernzugang ist erst einmal verloren.
Wie der Seiltänzer im Zirkus ein Sicherungsnetz unter sich hat, gibt es auch bei Linux eine Absicherung gegen Fehler bei Konfigurationsänderungen.

Genau wie bei Cisco IOS plant der Admin einen Reboot des Geräts in der unmittelbaren Zukunft, z. B. in 10 Minuten:

```
root@sw01:~# shutdown +10 --reboot
Shutdown scheduled for Wed 2019-09-11 15:12:11 CEST, \
   use 'shutdown -c' to cancel.
```

Dann folgen die kritischen Änderungen. Wenn alles gut geht, wird der geplante Reboot mit shutdown -c gelöscht und die Änderungen gespei-

chert. Wenn etwas schief geht, erfolgt nach 10 Minuten der Reboot und das
Gerät startet mit der funktionierenden Konfiguration, also *ohne* die fatale
Änderung. Der Neustart unterbricht zwar die Netzwerkverbindungen, aber
kritische Änderungen dieser Art gehören in ein Wartungsfenster, in denen
Anwender Unterbrechungen akzeptieren (müssen).

Hinweis

Bei Änderungen im Routingprozess machen sich Fehler teilweise erst
nach mehreren Minuten bemerkbar.

Wichtig bei der Vorgehensweise mit Sicherungsnetz ist, dass der geplante
Neustart nicht voreilig entfernt wird. Vorsichtige Admins warten eine kurze
Kaffeepause ab, bevor sie ihre Zustimmung geben.

Ungewollter Neustart

Bei der Konfiguration von vielen Switches und Linux-Servern per Kommandozeile füllt sich der Desktop des Admins mit den Fenstern der SSH-Clients.
Dabei kann es vorkommen, dass der Neustart-Befehl im falschen Fenster
abgesetzt wird und der Spine-Switch ungewollt rebootet. Denn OpenSwitch
fragt nicht nach einer Bestätigung, sondern beginnt sofort zu wirken.
Das leichtfertige Herunterfahren von Linux-Systemen lässt sich mit einem
Alias abfangen. Das Alias gibt dem Admin nur einen Hinweis, dass Vorsicht
geboten ist:

```
cat <<EOF >> /etc/bash.bashrc
alias init='echo "ACHTUNG: vollständigen Pfad angeben"'
alias reboot='echo "ACHTUNG: vollständigen Pfad angeben"'
alias shutdown='echo "ACHTUNG: vollständigen Pfad angeben"'
EOF
```

Wenn der Neustart tatsächlich gewünscht ist, erfordert der `reboot`-Befehl
den vollständigen Pfad vor dem Kommando:

```
/sbin/reboot
```

Factory-Default

Jedes gute Netzwerkgerät hat die Möglichkeit, alle Änderungen zu verwerfen und damit den Auslieferzustand zu erreichen. Diese Werkseinstellungen sind nötig, wenn der Switch verkauft wird oder die Teststellung zurück zum Hersteller muss. Im einfachsten Fall wechselt das Gerät nur seine Funktion und soll keine störenden Konfigurationsreste aufweisen. Grundsätzlich wird ein Switch auf *Factory-Default* gesetzt, wenn alle Spuren gelöscht werden sollen.

Durch die verteilte Arbeitsweise von OpenSwitch gibt es keine zentrale Konfigurationsdatei. Die Einstellungen der Netzadapter, Routingprotokolle und Systemdienste verteilen sich Linux-typisch über das ganze Dateisystem. Damit ist jede einzelne Datei an ihrem zugewiesenen Platz.

OpenSwitch hält ein Paar Konfigurationswerte in einer zentralen Datenbank, was die Aufräumarbeit ein wenig vereinfacht, wenn das Gerät in den Werkszustand befördert werden soll.

Für die weitere Vorgehensweise gilt folgende Empfehlung: Wenn der Switch nur seine Funktion wechseln soll, dann reicht *Die oberflächliche Methode* (Seite 267). Fass das Gerät seinen Besitzer wechselt, beseitigt *Die gründliche Methode* (Seite 269) alle Spuren.

Die oberflächliche Methode

Ein tiefer Blick ins System liefert viele verräterische Informationen: Logdateien, SSH-Schlüssel und temporäre Konfigurationsdateien. Verschiedene Kommandos des Betriebssystems bringen das System in Listing 21.1 auf der nächsten Seite auf Vordermann.

In den Zeilen 2 bis 7 geht es den zusätzlich erstellten Benutzerkonten an den Kragen: Diese werden kurzerhand vom System gelöscht. Lediglich *root* und *admin* bleiben verschont. Anschließend (Zeilen 9 bis 16) erhalten die beiden Accounts ein frisches Home-Verzeichnis und das vorgegebene Passwort. Die nächsten sieben Zeilen löschen rigoros Logdateien, Einstellungen von Netzadaptern und Routing, sowie SSH-Schlüssel. Damit der SSH-Dienst wieder funktioniert, erstellt Zeile 24 frische Schlüssel.

Der Hostname wird kurzerhand durch etwas Neutrales in Zeile 27 ersetzt. Alle weiteren Einstellungen in der zentralen Datenbank verlieren in Zeilen 30 und 31 ihren Inhalt.

Zuletzt begibt sich das Log-Level zurück auf das vorgesehene Maß. Dabei muss die Datei ohne Inhalt existieren, oder das Kommando `opx-show-log` wird scheitern.

Für eine Funktionsänderung oder Neuinstallation ist diese Methode ausreichend.

```bash
 1  #!/bin/bash
 2  U=$(getent passwd |awk -F : '$3 >= 1000 && $3 < 65534 {print $1}')
 3  for user in $U ; do
 4    if [ "${user}" != "admin" ]; then
 5      userdel -r ${user}
 6    fi
 7  done
 8
 9  for user in root admin ; do
10    homedir=$(eval echo ~$user)
11    rm -rf $homedir/
12    mkdir --mode=700 $homedir
13    cp -r /etc/skel/. $homedir/
14    chown -R $user.$user $homedir
15    echo -e "admin"'!'"\nadmin"'!' | (passwd $user)
16  done
17
18  rm -rf /var/log/* /etc/frr/* /etc/network/interfaces.d/
19  cat <<EOF > /etc/network/interfaces
20  source-directory /etc/network/interfaces.d
21  EOF
22  opx-config-interface --autoneg on
23  rm -f /etc/ssh/*_key
24  dpkg-reconfigure openssh-server
25  rm -f /etc/sudoers.d/*
26
27  hostnamectl set-hostname OPX
28  sed -i -e '/127.0.1.1/d' /etc/hosts
29
30  redis-cli flushall
31  redis-cli flushdb
32  echo '' > /etc/opx/evlog.cfg
```

Listing 21.1: Das Skript stellt die Werkseinstellungen her

Die gründliche Methode

Falls zukünftige Versionen von OpenSwitch neue Dienste mit neuen Konfigurationsdateien mitbringen, kennt das Aufräumskript des vorherigen Abschnitts diese nicht. Außerdem hat jedes Skript stets einen Programmfehler mehr, als man erwartet.

Bei der gründlichen Methode OpenSwitch zu putzen, löscht ONIE beim nächsten Neustart das Betriebssystem und alle enthaltenen Dateien. Das erfordert zwar eine Neuinstallation von OpenSwitch, aber auf diese Weise können keine Dateien beim Löschen vergessen werden.
Vor dem Reboot aktivieren die folgenden Kommandos den Selbstzerstörungsmechanismus und nach dem Reboot ist alles weg – gründlicher geht es kaum.

```
/mnt/onie-boot/onie/tools/bin/onie-boot-mode -o install
grub-reboot --boot-directory=/mnt/boot ONIE
reboot
```

SSH-Login ohne Passworteingabe

OpenSwitch erwartet für jedes Login auf jedem Switch das richtige Kennwort. Und da ein gutes Passwort aus vielen Buchstaben, Zahlen und Sonderzeichen besteht, ist die wiederholte Eingabe mühsam.
Hinter dem SSH-Login verbirgt sich der vielseitige OpenSSH-Server, der nicht nur die Authentifizierung per Passwort anbietet. Die Kennworteingabe lässt sich mit kryptografischen Schlüsseln erweitern oder ersetzen.

Wenn die vorherrschende Sicherheitsrichtlinie der Umgebung es erlaubt, authentifiziert sich der Administrator mit seinem privaten Schlüssel gegenüber dem OPX-Switch (Abbildung 21.1 auf der nächsten Seite). Dieser validiert den angebotenen Schlüssel und startet eine Login-Shell, welche dem Admin die CLI präsentiert – ohne Passwort. Und solange der Admin seinen privaten Schlüssel nicht verliert, ist diese Einwahlmethode sicherer als das normale Kennwort.

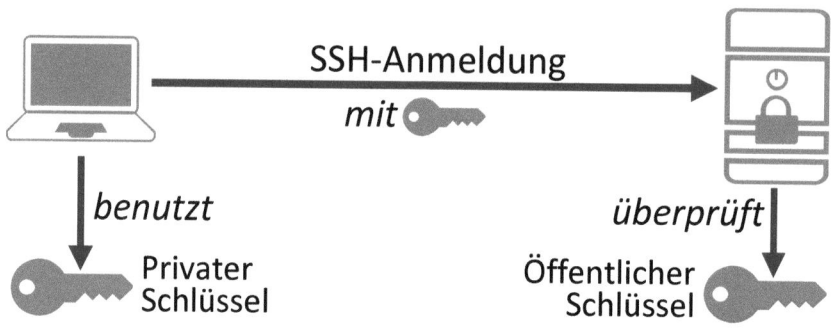

Abbildung 21.1: SSH-Login mit Anmeldung per Schlüssel

Bevor dieser Ablauf nutzbar ist, müssen Schlüssel erzeugt und verteilt werden:

1. Schlüsselpaar erzeugen. Das passiert einmal pro Administrator.

2. Privaten Schlüssel gesichert ablegen.

3. Öffentlichen Schlüssel auf den OPX-Switches eintragen, die in der Verantwortung des Admins sind.

Eine Linux-Distribution bringt häufig OpenSSH als SSH-Client mit. Unter Windows hat es die Software *PuTTY* [21] zu großer Akzeptanz gebracht, was vermutlich daran liegt, dass sie vielseitig und einfach zu bedienen ist. Weiterhin muss PuTTY nicht installiert werden und ist kostenlos.

Schlüsselpaar erzeugen

Ein Windows-Rechner benötigt das grafische Werkzeug *puttygen.exe* zum Erstellen eines Schlüsselpärchens. Die folgenden Beispiele basieren auf einem RSA-Schlüssel mit 2048 Bits Länge. Aus heutiger Sicht ist das ein ausreichend starker Schlüssel. Bei einem hohen Sicherheitsbedarf kann der Schlüssel auch 4096 Bits lang sein.
Der Button *Generate* beginnt mit dem Sammeln von Zufallszahlen und zeigt anschließend den erzeugten öffentlichen Schlüssel. Für die weiteren Schritte werden beide Teile des Schlüssels benötigt, also unbedingt mit dem Save–Button abspeichern. Die Dateinamen sind grundsätzlich egal, daher kann die Namenskonvention von OpenSSH übernommen werden:

`id_rsa.pub` für den öffentlichen Schlüssel und `id_rsa` für den privaten Schlüssel.

Unter Linux ist das Tool zum Schlüsselerzeugen mit dem OpenSSH-Paket meist vorinstalliert. Einen Schlüssel vom selben Typ generiert das Kommando

```
ssh-keygen -t rsa -b 2048 -f ~/.ssh/id_rsa -N ''
```

und legt es in Dateiform im Ordner `.ssh/` des HOME-Verzeichnisses ab. Dieser Teil des Schlüssels muss geheim, verborgen, gesichert und/oder passwort-geschützt werden. Wenn der private Schlüssel kompromittiert wird, ist die Sicherheit dahin! Dann hilft nur: Schnell den öffentlichen Schlüssel dieses Pärchens von den Switches entfernen.

Öffentlichen Schlüssel anzeigen

Zur Kontrolle genügt ein Blick in die Datei mit dem öffentlichen Schlüssel. Ziemlich unspektakulär zeigt sich der Key als ein langes Wort aus ASCII-Zeichen. Dazu gibt es noch einen Identifier, der im Beispiel grau hinterlegt ist. Unter Windows lautet der soeben erzeugte öffentliche Schlüssel:

```
---- BEGIN SSH2 PUBLIC KEY ----
Comment: "rsa-key-opx"
AAAAB3NzaC1yc2EAAAABJQAAAQEA7hx6boBbylFbmj3nI5tB0i1m7fDHAU+bidrq
/h870rB9r0sm6KdbS89KzJfS88Srx1kxS51gmc5t1zE9MWs10osmzaQhQdRjPX14
10naWEAdOhekFkJUCgyVPTDf1lbwq4njEEd+ejTR++dciQTmAoXgXZrHudu1eYTI
nmZY5ikF+o2VUkcEeQPPbMVJud1YeITWjLf11AROta2LwDg8rrf6Z3YynnOuvqHP
9QPXKIJudyvpaMHR2aMyGyw+8yA/Igx1dSNyGqfSSkUEFc1wvbGgmqOVxnUL5v9S
Mn1vvicYGMwkFZuZnUOVtzYvQE0gC8qMJYrPP6O4oH+t1A2A2Q==
---- END SSH2 PUBLIC KEY ----
```

Unter Linux meldet sich der Schlüssel in einer ähnlichen Syntax:

```
ssh-rsa AAAAB3NzaC1yc2EAAAABJQAAAQEA7hx6boBbylFbm[...] root@labsrv
```

Öffentlichen Schlüssel auf OPX-Switch eintragen

Nun muss der lange Buchstabencode des öffentlichen Schlüssels seinen Weg zum OPX-Switch finden. Dieser verbindet dann Schlüssel mit Benutzeraccount, sodass ein passwortloses Login möglich wird.

```
mkdir ~admin/.ssh/
cat << EOF >> ~admin/.ssh/authorized_keys
ssh-rsa AAAAB3NzaC1yc2EAAAABJQAAAQEA7hx6boBbylFbm[...] root@labsrv
EOF
```

Das Beispiel zeigt einen neuen Schlüssel für das vorinstallierte Benutzer-konto admin. Für andere Benutzer oder den root-Zugang ist das Vorgehen identisch.

Hinweis

Pro User können mehrere Schlüssel hinterlegt werden. Das ist hilfreich beim Auswechseln von Schlüsseln oder wenn sich mehrere Admins einen Account teilen.

Achtung

Der öffentliche Schlüssel ist eine *einzeilige* Zeichenkette. Auch wenn puttygen den Schlüssel mehrzeilig abspeichert, muss er im Linux ohne Leerzeichen und Zeilenumbrüchen ankommen.

Für die automatisierte Verteilung des SSH-Schlüssels gibt es ssh-copy-id unter Linux und plink.exe unter Windows.

Login mit privatem Schlüssel

Der SSH-Client unter Linux verwendet automatisch die verwendete Schlüs-seldatei im Unterverzeichnis .ssh/, sodass ein Login auf dem Switch bereits passwortlos erfolgen sollte:

```
ssh admin@10.5.1.1
```

PuTTY dagegen erwartet unter *Connection* → *SSH* → *Auth* den Pfad zur privaten Schlüsseldatei. Anschließend verwendet die SSH-Anmeldung anstelle des Kennworts die Krypto-Schlüssel.

Passwort zurücksetzen

Irgendwann ist es soweit: Der Zugriff auf den Switch scheitert an einem falschen Kennwort oder Schlüssel. Wenn die Anmeldung mittels SSH oder per serielle Konsole unmöglich ist, bietet OpenSwitch eine Vorgehensweise an, die das Passwort zurücksetzt.

Hinweis

Das unbekannte Kennwort wird mit dieser Methode überschrieben. Es wird *nicht* anschließend im Klartext angezeigt oder gespeichert.

Dieser Passwortreset erwartet einen Reboot des Betriebssystems. Bis dahin arbeitet der Switch auch mit vergessenem Passwort unverändert weiter.

Es beginnt im Bootloader, also muss der Switch neu gestartet werden. Der Zugriff auf den Bootloader ist nur über die Textkonsole möglich. Je nach Hardwaremodell ist diese über die serielle Schnittstelle oder einen USB-Anschluss erreichbar.

1. Reboot beginnen. Ohne Zugriff auf die Kommandozeile hilft bei einem physikalischen Switch nur der Power-Schalter. Eine virtuelle Maschine dagegen lässt sich durch die Verwaltungsoberfläche von VirtualBox oder VMware neu starten.

2. Nach dem BIOS zeigt die Konsole das GRUB-Menü. Eintrag *OPX-A* auswählen, aber nicht mit *Enter* starten, sondern mit *e* den GRUB-Editor ausführen.

3. Mit den Pfeiltasten zur Anweisung wandern, die mit `linux` beginnt. Am Ende der mehrzeiligen Anweisung, folgenden Text hinzufügen:

`init=/bin/bash`

4. System mit *Strg-X* starten. OpenSwitch bootet und meldet sich ohne Login mit seinem Prompt `root@(none):/#`

5. Jetzt ist das Linux-Kommando `passwd` am Zug, denn es setzt ein neues Kennwort, ohne das alte Passwort zu wissen. `passwd admin` informiert sich in einer kurzen Fragerunde nach dem neuen Kennwort (Abbildung 21.2). Ohne die Angabe eines Benutzers setzt `passwd` sogar das Kennwort von `root` zurück.

6. Neustart. Der abschließende Neustart mit `reboot -f` bootet das System im normalen Modus.

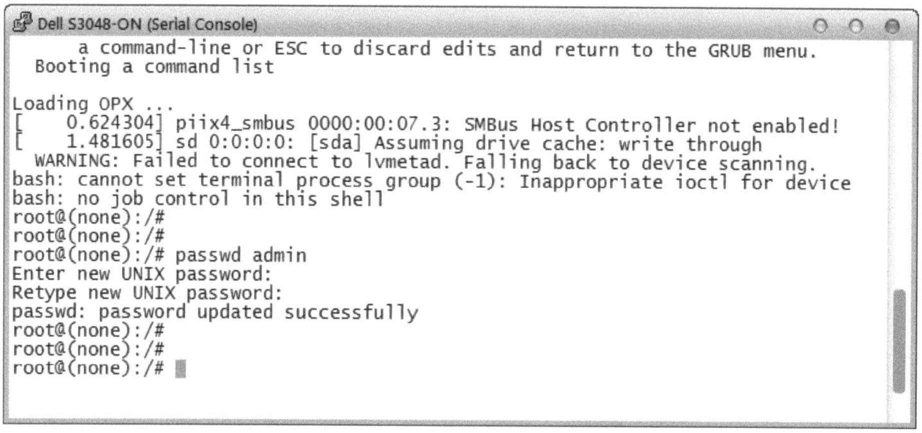

```
Dell S3048-ON (Serial Console)                                    o  o  e
         a command-line or ESC to discard edits and return to the GRUB menu.
     Booting a command list

Loading OPX ...
[    0.624304] piix4_smbus 0000:00:07.3: SMBus Host Controller not enabled!
[    1.481605] sd 0:0:0:0: [sda] Assuming drive cache: write through
  WARNING: Failed to connect to lvmetad. Falling back to device scanning.
bash: cannot set terminal process group (-1): Inappropriate ioctl for device
bash: no job control in this shell
root@(none):/#
root@(none):/#
root@(none):/# passwd admin
Enter new UNIX password:
Retype new UNIX password:
passwd: password updated successfully
root@(none):/#
root@(none):/#
root@(none):/#
```

Abbildung 21.2: Passwortreset per Kommandozeile von OpenSwitch

Ein Login ist jetzt mit dem neuen Passwort wieder möglich.

Firewall

Ein OPX-Switch ist zwar keine waschechte Firewall, aber zumindest ein solider Paketfilter. Als solcher implementiert OpenSwitch eine Richtlinie, die Pakete nur dann akzeptiert, wenn sie zu den hinterlegten Regeln passen. Der Paketfilter erkennt IPv4-, IPv6- und MAC-Adressen und kann Pakete erlauben oder verwerfen. Aber Vorsicht: Der Netzwerkprozessor beherrscht nur wenige Features und Protokolle.

Mit dem Paketfilter schützt OpenSwitch seine Control-Plane oder gibt dem umliegenden Netzwerk einen Basisschutz. Für anspruchsvollere Anforderungen mit tiefer Paketinspektion oder Einbruchserkennung empfiehlt sich eine professionelle Firewall.

Achtung

OpenSwitch hat seine eigenen Kommandos für den Paketfilter. Die bekannten Linux-Befehle `iptables` und `firewallcmd` sind hier wirkungslos.

Die Firewallregeln liegen in der Datei /usr/bin/acl-config.yaml. Von dort lädt OpenSwitch die Regeln beim Systemstart oder beim händischen Aufruf von:

```
acl-loader /usr/bin/acl-config.yaml
```

Die Syntax der Regeln orientiert sich an der Notation von iptables, sodass eine bestehende Sicherheitsrichtlinie leichter portiert werden kann. In der Datei befinden sich bereits einige Beispiele für den schnellen Einstieg.
Eine Regel belegt exakt eine Zeile und besteht aus: einem Minuszeichen, dem Namen der Regel, gefolgt von den Details im iptables-Format. Beispielsweise ist mit Switchport *e101-008-0* ein öffentlicher Server verbunden, der keinen Kontakt zum privaten Subnetz 10.0.0.0/8 erhalten soll. Lediglich die Namensauflösung zum Server 10.1.2.3 ist gestattet.

```
- erlaube-dns-123 -A INPUT -i e101-008-0 -p udp --dport 53 \
  -d 10.1.2.3/255.255.255.255 -j ACCEPT
- block-privat-10 -A INPUT -i e101-008-0 -d 10.0.0.0/255.0.0.0 \
  -j DROP
```

Der Paketfilter von OpenSwitch unterstützt ein- und ausgehende Regeln. Wenn die Bedingungen zutreffen, kann die hinterlegte Aktion das Paket erlauben oder verwerfen. Im Vergleich mit iptables ist das eine sehr überschaubare Vielfalt.
Welche Felder im Paketheader kann die Regel nutzen?

- Quell-IP-Adresse oder -netz mit Argument -s

- Ziel-IP-Adresse oder -netz mit Argument -d

- Netzadapter mit Argument -i

- IP-Protokoll (TCP, UDP oder ICMP) mit Argument -p

- TCP/UDP-Portnummer mit Argumenten --sport oder --dport

- TCP-Flags mit Argument --tcp-flags

- Quell-MAC-Adresse mit Argument --mac-source

- Ziel-MAC-Adresse mit Argument --mac-destination

Was soll mit dem erkannten Paket passieren? Das regelt das Argument -j mit dem Zusatz *DROP* als Verbot und *ACCEPT* erlaubt die Beförderung. Wenn das Paket zu keiner hinterlegten Regel passt, ist es implizit erlaubt und wird transportiert.

Wenn das konstruierte Regelwerk nicht so funktioniert wie erwartet, gibt OpenSwitch Hilfestellung bei der Fehlersuche. Dann lohnt sich ein Blick in die Logdatei, denn der Paketfilter kann sehr ausführlich werden (vgl. Kap. 5):

```
opx-config-log enable --module ACL --level debug
```

Danach berichtet `journalctl -f -u opx-nas` über das Geschehen in der Filterfabrik. Für ernsthafte Probleme hat OpenSwitch per Kommando `base_acl_cli.py` sein Betriebssystem mit dem Schweizer Armeemesser für Paketfilter ausgerüstet.

Kapitel 22

Architektur

OpenSwitch hat die Aufgabe, die Anwendungsprogramme von der unterliegenden Hardware zu entkoppeln. Anwendungen, Netzwerkdienste und Linux-Befehle kommunizieren mit OpenSwitch, welches wiederum die Treiber anspricht, um die Netzadapter zu erreichen.

Diese Aufgabentrennung hat OpenSwitch geschickt gewählt, denn die Anwendungsprogramme ip oder bridge müssen nicht auf jeden möglichen Typ von Netzwerkprozessor umgeschrieben werden. Sie funktionieren wie gewohnt, weil sie unverändert mit dem Kernel kommunizieren und von ihm die benötigten Informationen erhalten. Um die hardwarespezifischen Abläufe kümmert sich OpenSwitch und berichtet sie an den Kernel.

Das Zusammenspiel der Softwarekomponenten versteckt sich in einem Sammelsurium an Abkürzungen. Die wichtigsten Konzepte sind die *Control Plane Services* (CPS) und das *Switch Abstraction Interface* (SAI).

Netzwerkprozessor

OPX-Switches arbeiten wirklich flott, aber warum? Der Trick liegt in der Hardware, denn hohe Bandbreiten erreicht ein Switch nur, wenn sich der Zentralprozessor und der Kernel nicht um die Pakete kümmern müssen.

Die ganze Arbeit erledigt der Netzwerkprozessor (Network Processing Unit, NPU). Dieser zusätzliche Prozessor ist ein Chip auf dem Mainboard, dessen Schaltkreise für die Weiterleitung von Ethernet-Paketen ausgelegt sind.

Mehr können diese Mikrochips nicht, aber dafür sind sie extrem schnell in dem, was sie können!

OpenSwitch setzt auf Switches mit Netzwerkchips von Broadcom und Cavium. Broadcom ist seit 30 Jahren bei der Sache und hat mehrere Modelle im Angebot, die sich in der Durchsatzrate und im Preis unterscheiden. Tabelle 22.1 listet die Chips, die OpenSwitch unterstützt.

Der Netzwerkprozessor schlummert unter der Haube und wartet auf Arbeit. Der Zugriff auf den Chip läuft über das *Switch Abstraction Interface* (SAI), welches wiederum das *Software Development Kit* (SDK) von Broadcom benutzt. Über die Details der Mikrochips lässt der Hersteller nichts raus, die Konfiguration erfolgt über das SDK, sodass interne Abläufe im Verborgenen bleiben.

Deutlich offener geht Cavium mit dem *XPliant*-Chipsatz um. Denn das Entwicklungskit *OpenXPS* ist Open Source und sogar kompatibel mit dem SAI.

Hersteller	Spitzname	Produkt	Bandbreite in Gbit/s	Notiz
Broadcom				
	Helix4	BCM56340	130	[1]
	Broadcom Qumran	BCM88375	800	
	Maverick	BCM56760	960	[1]
	Trident 2	BCM56850	1.280	[1]
	Trident 2+	BCM56860	1.280	[1]
	Trident 3	BCM56870	3.200	
	Tomahawk	BCM56960	3.200	[1]
	Tomahawk 2	BCM56970	6.400	
Cavium/Marvell		XPliant	3.200	

Tabelle 22.1: OpenSwitch nutzt Netzwerkchips von Broadcom und Cavium

Broadcom lässt den Open-Source-Zug natürlich nicht vorbeiziehen und gewährt mit dem *Open Network Switch Layer* (OpenNSL) jedermann Zugriff auf das SDK. Entwickler und Netzwerkausrüster können damit Anwendungen für die Broadcom-Hardware bauen, ohne eine Verschwiegenheitserklä-

---

[1]Schätzwert. Basiert auf der Bandbreite des leistungsstärksten Switches

rung zu unterschreiben. Ganz so quelloffen ist die OpenNSL jedoch nicht, denn Kernkomponenten sind nur als Binärdatei erhältlich.

Hinweis

Der Begriff *Switch* ist hier doppelt belegt. Für die Hersteller von Netzwerkprozessoren ist der *Switch* der Chip auf dem Mainboard, der die Paketverarbeitung in Hardware übernimmt. Für die Netzwerker ist der *Switch* ein Gerät mit vielen Netzadaptern, LEDs und Stromanschluss, welches die Server im Rechenzentrum mit dem Netzwerk verbindet.

Die Angabe bei *Bandbreite* ist die maximale Durchsatzrate, die der Switch auf allen Anschlüssen erreichen kann. Der Netzwerkausrüster wählt einfach den passenden Chip für sein Hardwaredesign. Falls das Portfolio ein neues Modell mit 100-GbE-Ports benötigt, nimmt der Entwickler beispielsweise einen *Broadcom Tomahawk* und führt die erhaltene Switching-Kapazität an die vorderseitigen Netzanschlüsse des Gehäuses.

Zusammenspiel

OpenSwitch klemmt sich zwischen Linux-Kernel, Anwendungen und Hardware. Abbildung 22.1 zeigt die zentralen Komponenten und ihr Zusammenspiel. Die Darstellung und die folgenden Abschnitte verwenden die englischen Bezeichnungen, um mit der offiziellen Dokumentation zu harmonieren.

Control Plane Services

Die Befehle von OpenSwitch übergeben ihre Aufträge an die *Control Plane Services* (CPS) und erwarten von dort Feedback. Eine Clientanwendung wendet sich an die CPS, um Objekte und Anweisungen zu erstellen, verändern, löschen oder einfach nur Informationen zu erhalten. Eine Serveranwendung erhält von der CPS ihre Instruktionen, die eine Clientanwendung angetriggert hat. Client und Server kommunizieren nicht direkt, sondern stets durch das CPS-Framework.

Die CPS hat eine offene Programmierschnittstelle (API) und lässt sich in die eigene Software integrieren. OpenSwitch wählt dafür die Sprachen Python, C und C++.

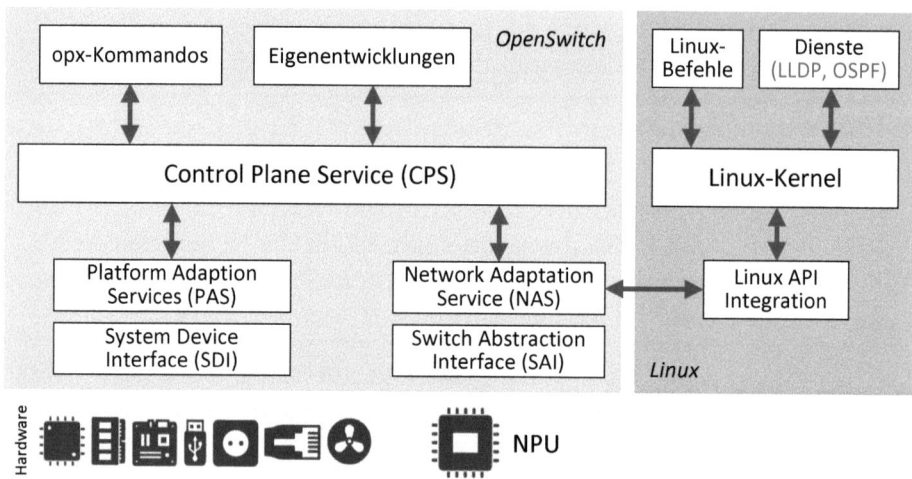

Abbildung 22.1: Das Zusammenspiel von OpenSwitch, Linux-Kernel und Hardware

Switch Abstraction Interface

Ein zentrales Konzept von offenen Switches ist die Abstraktion der Hardware von der Software. Damit ist das physische Netzwerkgerät unabhängig von seinem Betriebssystem. Das *Switch Abstraction Interface* (SAI) ist die Schicht zwischen Betriebssystem und Treiber, SDK und zuletzt der Hardware. Das SAI kennt die Netzwerkprozessoren und hat den entsprechenden Programmcode dabei.

Wenn ein Netzwerkausrüster ein neues Modell ins Rennen schickt, müssen die Entwickler nur die SAI anpassen. Alle anderen Softwarepakete bleiben unverändert, da sie nur indirekt über die SAI mit den Hardwarekomponenten agieren.

Der Administrator von OpenSwitch kommt mit der SAI nicht in Berührung. Die Vorteile liegen bei den Entwicklern, die ihren Code einfacher auf andere Geräte portieren können. Und der positive Effekt funktioniert auch *zwischen* den Herstellern, solange sich alle an die Spezifikation der SAI halten.

Weitere Komponenten

Zur Architektur von OpenSwitch gehören noch weitere Bauteile, die im täglichen Betrieb im Hintergrund arbeiten.

Network Adaptation Service

Der *Network Adaptation Service* (NAS) liefert die Kernkompetenz für Switching und Routing. Der NAS kommuniziert mit dem Netzwerkprozessor und instruiert ihn (via SAI) über seine Aufgaben. Damit ist der NAS der Regisseur für Routing, QoS, ACL und die pure Paketweiterleitung. Das Drehbuch erhält der NAS von den *Control Plane Services*, die ihre Befehle von den Clientanwendungen erhalten.
Der NAS ist ebenfalls die Schnittstelle zur Linux Netzwerk-API und damit zum Kernel. Wenn ein Linux-Befehl oder Dienst im Netzwerk mitmischen möchte, werden seine Funktionsaufrufe an die Tür des NAS anklopfen und die Wünsche übermitteln.

System Device Interface

Das *System Device Interface* (SDI) abstrahiert die physischen Bauteile und stellt sie als Systemgeräte dar. Das SDI macht für die Lüfter, Netzteile, LEDs und Sensoren das Gleiche, was das SAI für den Netzwerkprozessor macht. Zusammen repräsentieren sie die gesamte Hardware und bieten Zugriff über eine Low-Level-API an.

Platform Adaptation Service

Der *Platform Adaptation Service* (PAS) ist das Vorzimmer des SDI und kontrolliert regelmäßig die Hardware auf Veränderung. Sobald sich hier etwas tut, berichtet der PAS das Ereignis an die *Control Plane Services*, die mithilfe der Anwendungen und Dienste entsprechend reagieren können.

Bootvorgang

OpenSwitch benutzt ein reguläres Linux und passt den Systemstart an ein bildschirmloses Netzwerkgerät an. Die Änderungen ermöglichen eine automatische Installation über das Netzwerk (vgl. Kap. 2).
Am Anfang startet das BIOS und übergibt die Führung an den Bootloader GRUB. In der Voreinstellung wählt GRUB die primäre Partition von OPX und lädt den Linux-Kernel. Die Auswahl hält unter dem Label OPX-B eine Reserve vor, falls die erste Wahl fehlerhaft bootet.

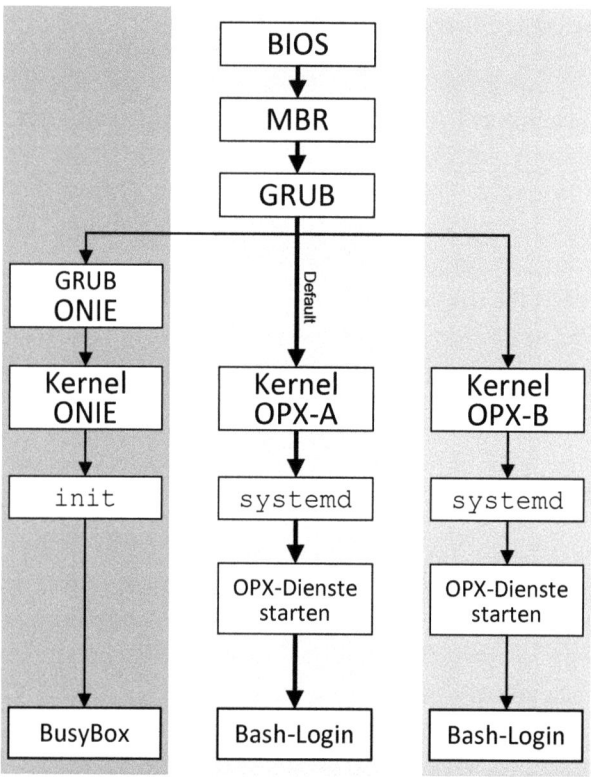

Abbildung 22.2: OpenSwitch bootet mit Umwegen

Der Linux-Kernel startet als ersten Prozess den Bootmanager *systemd*, welcher alle anderen Dienste aufruft. Dazu gehören nicht nur die klassischen Linux-Programme, sondern auch die OpenSwitch-Dienste aus Abschnitt *Zusammenspiel* auf Seite 279.
Sobald alle Prozesse im Speicher schnurren, gibt der Bootmanager den Loginprompt frei, sodass sich der Admin per SSH oder serieller Konsole am System anmelden kann. Abbildung 22.2 visualisiert den Bootvorgang.

Der Startvorgang unterscheidet sich bisher nur kaum von einem herkömmlichen Linux-System. Lediglich der Rettungsanker OPX-B und die Installationsumgebung ONIE (vgl. Kap. 17) sind ungewöhnliche Begleiter.

OPX-A und OPX-B

Das Betriebssystem von OpenSwitch liegt in der vierten Partition sda4 als logisches Volume bereit. Innerhalb der Volumegruppe *OPX* liegen:

- LICENSE (32 MiB). Ein leeres und unbenutztes Dateisystem.

- CONFIG (500 MiB). Ein weiteres leeres und unbenutztes Dateisystem.

- SYSROOT1 (7,6 GiB). Das primäre Dateisystem für OpenSwitch (OPX-A).

- SYSROOT2 (7,6 GiB). Das sekundäre Dateisystem für OpenSwitch (OPX-B).

OpenSwitch hat in der Voreinstellung zwei identische Dateisysteme mit vollständigem Betriebssystem. Der Bootloader startet stets OPX-A, welches in Dateisystem SYSROOT1 schreibt. Alle Änderungen und Updates wirken nur in der Welt von OPX-A. Der Bereich von OPX-B ist unverändert.

Wenn OPX-A unbenutzbar wird, kann ein Reboot das System mit OPX-B starten und ein frisches Dateisystem liegt bereit. Der Schwenk von primärem System zum Reserve-System erfordert Zugriff auf die GRUB-Konsole, oder wird über das grub-reboot-Kommando eingeleitet:

```
grub-reboot --boot-directory=/mnt/boot OPX-B
reboot
```

Hinweis

Die Konfiguration liegt ebenfalls im Dateisystem von OPX-A. Ein Neustart mit OPX-B bringt einen Switch ohne die bisherigen Änderungen.

Leider gibt OpenSwitch keine Warnung oder einen Hinweis, wenn das Betriebssystem auf Reserve läuft. Das lässt sich jedoch einfach ermitteln, denn das eingehängte Dateisystem oder die Kerneloption geben Aufschluss:

```
root@sw01:~# grep SYSROOT /proc/mounts
/dev/mapper/OPX-SYSROOT1 / ext4 rw,relatime,data=ordered 0 0
root@sw01:~# cat /proc/cmdline
BOOT_IMAGE=/vmlinuz console=ttyS0,115200 console=tty0 \
  root=/dev/mapper/OPX-SYSROOT1 rw quiet net.ifnames=0
```

Änderungen am Dateisystem von OPX-A lassen sich manuell in das Dateisystem von OPX-B übertragen. Dazu wird das unbenutzte Dateisystem händisch gemountet und die entsprechenden Dateien werden kopiert. Mit den Kommandos aus Listing 22.1 ist die beispielhafte Konfigurationsdatei von Netzadapter *e101-018-0* in beiden Dateisystemen vorhanden.

```
mkdir /mnt/opx-b
mount /dev/mapper/OPX-SYSROOT2 /mnt/opx-b

cat <<EOF > /etc/network/interfaces.d/e101-018-0
# Änderungen für Netzadapter 18 hier eintragen
EOF

cp /etc/network/interfaces.d/e101-018-0 \
   /mnt/opx-b/etc/network/interfaces.d/
umount /mnt/opx-b
```

Listing 22.1: Händischer Austausch zwischen OPX-A und OPX-B

ONIE

Das *Open Network Install Environment* hat sich als Quasi-Standard für die Installation vom Betriebssystem auf White-Box–Switches etabliert. Kapitel 2 und 17 beschreiben die Verwendung von ONIE.

Die dritte Wahl des Bootloaders von OpenSwitch ist der Eintrag ONIE. Dieser lädt keinen Kernel, sondern übergibt an einen weiteren Bootloader, der die verschiedenen Modi von ONIE präsentiert. Jeder Eintrag startet den Linux-Kernel von ONIE, der in der Partition sda2 liegt. Der ONIE-Kernel setzt auf den klassischen Bootmanager *init*, welcher eine minimale Auswahl an Linux-Prozessen antriggert: telnetd, dropbear (ein SSH-Server), syslogd und einen DHCP-Client. Je nach Auswahl des ONIE-Modus kommt noch ein Discovery- oder Update-Prozess dazu.

Die Partition von ONIE ist mit 120 MB schlank und die Umgebung ist minimalistisch gestaltet. Damit erreicht ONIE sein Ziel: Die Installationsquelle finden und das neue Betriebssystem auf den Switch bringen.

Zusammenfassung

Der Aufbau von OpenSwitch geizt nicht mit Abkürzungen für seine Funktionen und macht damit die Architektur etwas unübersichtlich. Aber alle Bausteine haben ihre festgelegte Aufgabe, was die Entwicklung und Fehlersuche vereinfacht. Im normalen Tagesgeschäft bleiben die Details hinter den opx-Befehlen verborgen.

Das Kernstück ist der *Control Plane Service*, welcher die Aufgaben erledigt und Informationen über die Hardware beschafft. Die Trennung von physischen Komponenten und der restlichen Software erledigt das *Switch Abstraction Interface*, welches auch bei anderen offenen Netzwerkswitches anzutreffen ist.

Die hohen Datenraten erreicht ein OPX-Switch nicht durch schicke Befehle, sondern durch einen leistungsstarken Netzwerkprozessor, der ohne Beteiligung des Zentralprozessors die Pakete weiterleitet. OpenSwitch unterstützt verschiedene NPUs von Broadcom und Cavium, und erstellt daraus seine Kompatibilitätsliste [4].

Kapitel 23

Life Hacks

Wie gestaltet sich das Arbeiten mit OpenSwitch einfacher? Oder effizienter? Als quelloffenes Produkt lässt sich in der Software einiges anpassen, ungewöhnliche Kommandos angleichen oder Features nachrüsten. Dieses Kapitel beschreibt Methoden, mit denen der Umgang und die Fehlersuche mit OpenSwitch wirksamer ablaufen.

Achtung

In diesem Kapitel werden Dateien verändert, deren Modifikation im normalen Switchbetrieb nicht vorgesehen ist. Vor der ersten Umarbeitung sollte eine Kopie der Datei erstellt werden, damit bei Problemen schnell der Originalzustand hergestellt werden kann.

Wer bei Linux oder UNIX zu Hause ist, kann die Dateien direkt auf der Kommandozeile ändern. Als Editor stehen vim und nano bereit. Freunde des *emacs* kommen nicht auf ihre Kosten und müssen sich mit den vorhandenen Editoren begnügen. Eine kleine Auffrischung rund um die Arbeit an Dateien unter Linux gibt es in Anhang A.
Windows-User brauchen sich nicht an der Linux-Welt neu zu orientieren, denn es gibt grafische Dateibrowser, deren bekannter Vertreter im folgenden Abschnitt *Zugriff von Windows* vorgestellt wird.

Die beschriebenen Änderungen in den lokalen Dateien beziehen sich auf OpenSwitch 3.2.0.

Zugriff von Windows

Verfechter von Windows müssen sich für den Zugriff auf die Verzeichnisstruktur von Linux nicht die Finger wundtippen. Unter Windows vollbringt ein grafischer SFTP-Client gute Dienste, sodass mit der Maus in einer Explorer-ähnlichen Ansicht gearbeitet wird. Der namhafte Vertreter *WinSCP* [22] verbindet sich nach Angabe von Hostnamen oder IP-Adresse, Benutzernamen und Kennwort mit dem Linux-System und startet das Browsen im Home-Verzeichnis des Anwenders. Der bequeme Austausch von Dateien kann beginnen.

Für ein Login mit dem Root-Zugang setzt OpenSwitch höhere Anforderungen. Denn Root darf sich nur mit kryptografischen Schlüsseln authentifizieren – Passwort geht nicht. Die Einrichtung gestaltet sich ähnlich wie bei PuTTY und ist in Abschnitt *SSH-Login ohne Passworteingabe* auf Seite 269 beschrieben. Die Clientsoftware WinSCP erwartet die Schlüsseldatei im Dialogfeld *Erweiterte Einstellungen* der konfigurierten Verbindung (siehe Abbildung 23.1).

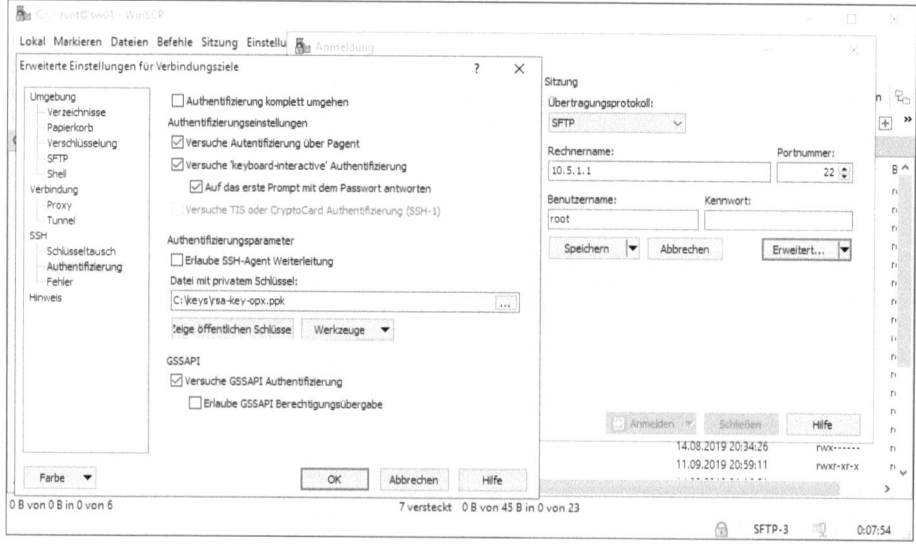

Abbildung 23.1: WinSCP authentifiziert sich mit kryptografischem Schlüssel

Telegram

Ein OPX-Switch kann kritische Zustände per Syslog oder SNMP berichten. Beide Methoden erwarten ein funktionierendes Monitoringsystem. Wenn die Nachricht aber den verantwortlichen Administrator direkt und unabhängig erreichen soll, ist die Alarmierung per Mobiltelefon eine interessante Alternative.

Für den Empfang am Smartphone genügt ein Socialmedia-Messenger, der einen Nachrichtenversand über die Kommandozeile erlaubt, wie beispielsweise *Telegram* [6]. Das Beispiel in Listing 23.1 erwartet einen API-Key und eine Chat-ID, die Telegram nach Einrichtung eines Chatbots preisgibt.

Das Skript erhält seine Meldungen von Syslog per STDIN (Zeile 4). Der Kontakt mit der Telegram-API benötigt einen textbasierten Webclient und beginnt in Zeile 7. In Abbildung 23.2 besteht ein Problem mit der Bandbreite des Break-Out–Kabels. In Kapitel 5 berichtet Rsyslog kritische Meldungen direkt in die Telegram-App.

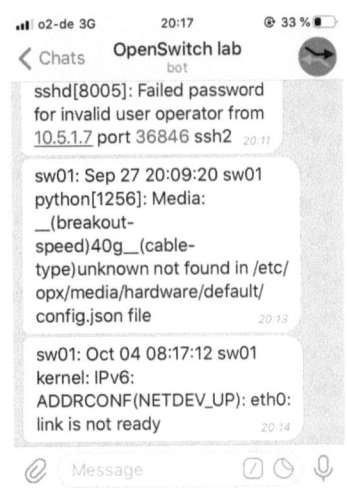

Abbildung 23.2: Wichtige Nachrichten sendet OpenSwitch direkt an das Smartphone

```
1   #!/bin/bash
2   API_KEY="965679143:AAGI-DmoZ2xznh717dceq-emdC9a1xRG7MS"
3   CHAT_ID=271714768
4   MESSAGE="$@"
5
6   # Nachricht an Telegram senden
7   /usr/bin/curl --silent --ipv4 \
8     --data "chat_id=$CHAT_ID&text=$HOSTNAME:+$MESSAGE" \
9     https://api.telegram.org/bot$API_KEY/sendMessage >/dev/null
```

Listing 23.1: OpenSwitch sendet Logmeldungen per Chatbot an Telegram

Cisco Discovery Protocol

Was hat OpenSwitch mit Cisco zu tun? Als Netzwerkausrüster mit ähnlicher Zielgruppe können sich OPX-Switches mit Nachbarn von Cisco anfreunden. Wenn der benachbarte Nexus oder Catalyst kein LLDP (vgl. Kap 4) sprechen kann oder will, zeigt sich OpenSwitch tolerant und aktiviert seine Sprachfähigkeiten für das *Cisco Discovery Protocol* (CDP).

In der Voreinstellung versendet der LLDP-Dienst seine Ankündigungen zusätzlich im CDP-Format, aber nur, wenn bereits CDP-Frames empfangen wurden. Dann geht OpenSwitch davon aus, dass Cisco-Geräte in der Nachbarschaft präsent sind.

Ungeachtet von empfangenen Nachrichten und kleinen Versionsunterschieden, macht die folgende Änderung den OPX-Switch offen für Nachbarn von Cisco.

```
mv /etc/default/lldpd{,.orig}
echo 'DAEMON_ARGS="-ccc -M 4"' > /etc/default/lldpd
systemctl restart lldpd
```

Ein Cisco-Router zeigt den OPX-Switch anschließend in seiner Nachbarschaftstabelle an.

```
c7k2-vm3-os15#show cdp neighbors GigabitEthernet 0/0 detail
-------------------------
Device ID: sw01
Entry address(es):
  IP address: 10.5.1.1
Platform: Linux,  Capabilities: Router Host
Interface: GigabitEthernet0/0,  Port ID (outgoing port): eth0
Holdtime : 99 sec

Version :
Debian GNU/Linux 9 (stretch) Linux 4.9.110 #1 SMP Debian [...]

advertisement version: 2
Management address(es):
```

Netdisco

Netdisco [23] ist eine Verwaltungssoftware für Netzwerke, die eine Übersicht der vorhandenen Geräte, IP- und MAC-Adressen aufbereitet. Die Erkennung und die Abfrage von Netzkomponenten laufen im Hintergrund ab. Das Frontend ist webbasiert und bietet Inventarlisten, eine Suchfunktion und hübsche Diagramme der erkundeten Netzumgebung. In diesem Abschnitt steht Netdisco stellvertretend auch für andere Managementtools, die ihre Switches und Router per SNMP (vgl. Kap. 5) abfragen.

Im Lieferumfang von OpenSwitch ist ein SNMP-Dienst enthalten. Dieser Dienst beherrscht das SNMP-Protokoll, kann aber kaum Abfragen beantworten, da die üblichen MIBs fehlen.

Wenn ein OPX-Switch per SNMP Auskunft erteilen soll, führen zwei Wege zum Ziel: Entweder müssen die MIBs für die Implementierung *PySNMP* [8] angepasst werden, oder die vorinstallierte PySNMP-Software weicht der ausgewachsenen *Net-SNMP*. Für den praktischen Ansatz eignet sich der zweite Weg, da diese Methode mit wenigen Kommandos OpenSwitch fit für Netdisco macht.

Listing 23.2 vollführt der Austausch der SNMP-Implementierung und konfiguriert den neuen Dienst für die Abfrage von Netdisco. Die weniger offensichtlichen Zeilen sind kurz erläutert.

```
1   systemctl disable opx-pysnmp
2   systemctl stop opx-pysnmp
3   apt install snmpd
4
5   cat <<EOF > /etc/snmp/snmpd.conf
6   agentAddress udp:10.5.1.1:161
7   sysName sw01
8   sysLocation DC, Cologne, rack 6D
9   sysContact der.openswitch.praktiker@gmail.com
10  sysDescr OpenSwitch OPX opx-3.2.0 (Linux)
11  sysServices 14
12  rocommunity public 10.0.0.0/8
13  master agentx
14  EOF
15
16  systemctl start snmpd
17  systemctl enable snmpd
```

Listing 23.2: Austausch von PySNMP gegen Net-SNMP

Der neue SNMP-Dienst lauscht ausschließlich auf der IP-Adresse des Managementadapters (Zeile 6). Die Systembeschreibung führt die Versionsnummer in Zeile 10 als drittes Wort, so wie Netdisco es erwartet. Die sysServices weisen mit der Zahl 14 den Switch als Netzgerät der OSI-Ebenen 2–4 aus (Dezimal 14 entspricht Binär 00001110).

Mit dem *Agent Extensibility Protocol* (AgentX) in Zeile 13 kann der SNMP-Dienst auf andere Prozesse (z. B. LLDP-Dienst) zugreifen und die erhaltenen Informationen in die eigenen Antworten einbauen.

Nun ist der OPX-Switch bereit für die *Discovery*-Phase von Netdisco. Nach der erfolgreichen Entdeckung präsentiert Netdisco das Ergebnis in seiner Weboberfläche und in Abbildung 23.3.

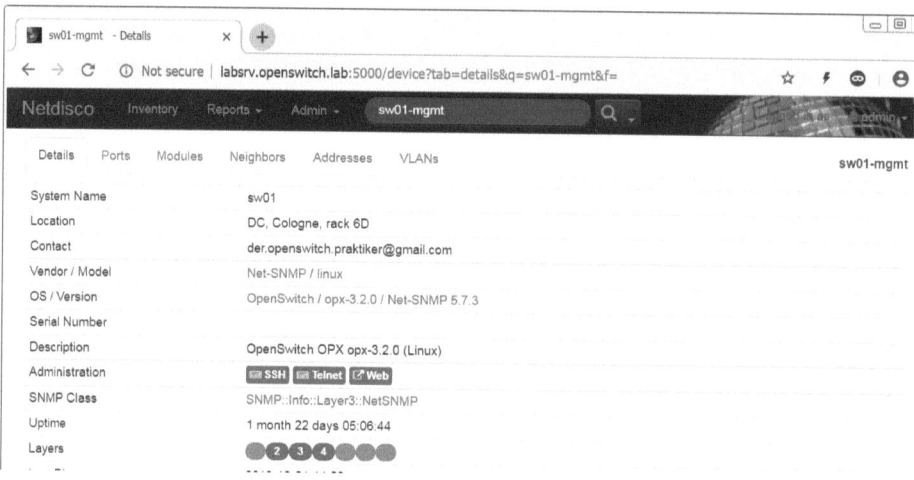

Abbildung 23.3: Netdisco hat den ersten OpenSwitch „entdeckt"

Für die weiteren Abfragen muss der OpenSwitch zusätzliche Auskunft erteilen. Der LLDP-Dienst kann die Liste der Nachbarn per AgentX an den SNMP-Dienst liefern und Netdisco kann aus diesen Informationen ein Netzdiagramm zeichnen. Die Vorbereitung dazu erfordert, dass der LLDP-Dienst mit der Option -x läuft:

```
sed -i -e 's/DAEMON_ARGS="/DAEMON_ARGS="-x /' /etc/default/lldpd
systemctl restart lldpd
```

Danach erhält der SNMP-Dienst via AgentX Einblick in die MAC-Tabellen der Netzbrücken. Für jede Bridge muss dazu ein eigener Prozess laufen, der das

Bindeglied zwischen SNMP-Dienst und MAC-Tabelle fungiert. Die Software ist nicht vorinstalliert, also muss apt einmalig das Programm installieren. Anschließend startet der Vermittler für beispielsweise VLAN 20:

```
apt install snmp
perl /usr/bin/snmp-bridge-mib br20
```

Jetzt kann Netdisco per *macsuck* und *arpnip* den OpenSwitch nach MAC-Adressen aushorchen. Für die aktualisierte Liste der Nachbarn sollte Netdisco den Switch nochmals per *Discovery* interviewen. Die Ergebnisse ordnet Netdisco den jeweiligen Switchports zu und zeigt in Abbildung 23.4 die lokalen Ports und die verbundenen Nachbarn.

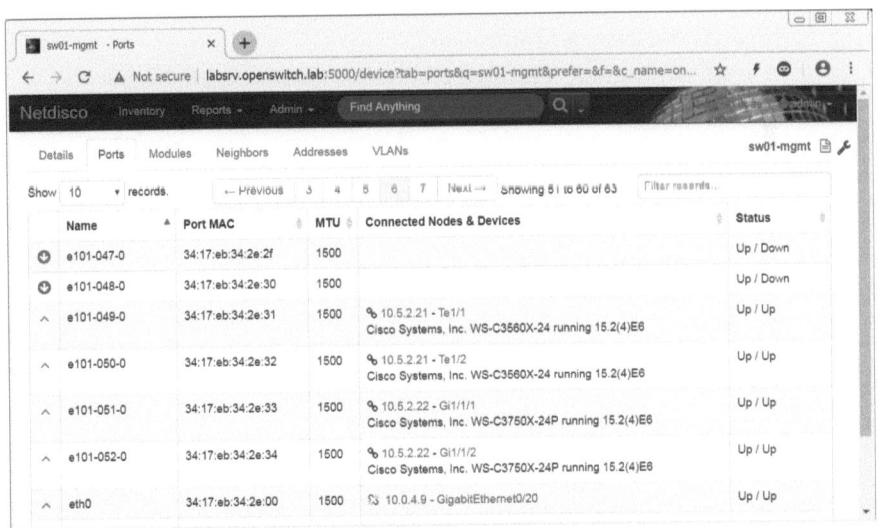

Abbildung 23.4: Netdisco zeigt einen OpenSwitch, seine Netzadapter und Nachbarn

Einschränkung

Netdisco verwendet das Perlmodul *SNMP::Info* für die Kommunikation mit den Netzkomponenten. SNMP::Info kennt viele Hersteller und Modelle, aber leider gehört OpenSwitch nicht dazu. Bis die Entwickler von SNMP::Info soweit sind, wird OpenSwitch als Linuxrechner mit vielen Netzadaptern betrachtet.

Tabelle 23.1 zeigt, welche Funktionen von Netdisco kompatibel mit Open-Switch sind. Die Aussagen gelten für OpenSwitch 3.2.0, Netdisco 2.44.1 und SNMP::Info 3.68.

Fähigkeit von Netzdisco	Unterstützt von OpenSwitch?
Erkennung via SNMP	☑
Inventarisierung	☑
Nachbarn anzeigen	☑[1]
VLANs	☐
Netzteile/Lüfter	☐
IP-Adressen	☑
MAC-Adressen	☑[1]
Status der Netzadapter	☑
Geschwindigkeit/Duplex	☐

Tabelle 23.1: Supportmatrix von Netdisco und OpenSwitch

---

[1]Nur per Zusatzsoftware via AgentX

Kapitel 24

OpenSwitch selber bauen

OpenSwitch ist Open Source und der Quellcode liegt in einem öffentlichen Repository. Damit hat jeder die Möglichkeit, OpenSwitch anzupassen und selber zu kompilieren. Das Ergebnis ist eine Installationsdatei, die einen regulären Netzwerkswitch zum OpenSwitch macht.

Voraussetzung

Grundsätzlich lässt sich OpenSwitch mit jeder Linux-Distribution kompilieren. Empfehlenswert ist Debian, da OpenSwitch ebenfalls auf Debian basiert. Im Labornetz steht der Server labsrv als Buildhost bereit. Alternativ kann ein frisches Debian als virtuelle Maschine installiert werden. Die folgenden Befehle, Pakete und Schritte beziehen sich auf Debian 9.11 auf einer 64-bit–Architektur.
Debian hat im Standardumfang bereits die meisten Pakete vorinstalliert, die zum Kompilieren benötigt werden. Es fehlen das git-Kommando und kleine Helferlein, die während des Build-Prozesses benötigt werden.

```
apt install git git-buildpackage exuberant-ctags
wget -q -O /bin/repo https://storage.googleapis.com/ \
  git-repo-downloads/repo
chmod +x /bin/repo
```

Die OpenSwitch-Entwickler setzen für den Zusammenbau stark auf Docker, sodass der lokale Buildhost ebenfalls die Docker-Software benötigt.

```
apt install apt-transport-https ca-certificates gnupg-agent \
  curl software-properties-common
curl -fsSL https://download.docker.com/linux/debian/gpg | \
  apt-key add -
add-apt-repository \
  "deb [arch=amd64] https://download.docker.com/linux/debian \
  $(lsb_release -cs) stable"
apt update
apt install docker-ce docker-ce-cli containerd.io
```

Quellcode

Als Nächstes benötigt der lokale Rechner den Quellcode von OpenSwitch. Dazu bedienen sich die Befehle `git` und `repo` bei GitHub und kopieren jede Datei aus den Repositories ins eigene Dateisystem unterhalb von `/usr/src/`.

```
1  git config --global user.email \
2    "der.openswitch.praktiker@gmail.com"
3  git config --global user.name "Der OpenSwitch Praktiker"
4
5  cd /usr/src/
6  repo init -u https://github.com/open-switch/opx-manifest
7  repo sync
```

`git` erwartet, dass sich der Benutzer namentlich kurz vorstellt. Die eigene E-Mail-Adresse aus Zeile 2 ist nur für die Dokumentation und wird nicht weiter überprüft.

Zusammenbau

Die Vorbereitung ist abgeschlossen und der Buildhost ist bestückt mit Quellcode, Compiler und der restlichen Tool-Chain. Der folgende Schritt ist der Zusammenbau von allen Paketen. Die OpenSwitch-Entwickler verpacken den Ablauf in einem Skript, das sich um die einzelnen Schritte kümmert. Dementsprechend unspektakulär ist der Aufruf:

```
1  export OPX_RELEASE=3.2.0
2  opx-build/scripts/opx_run opx_build all
```

Ohne Angabe der Versionsnummer in Zeile 1 benutzen die Skripte stets den neuesten Stand der Software, auch wenn es sich nicht um ein stabiles Release handelt.

Im Idealfall ist das Skript erfolgreich und gibt ohne Fehlermeldung die Kommandozeile wieder frei. Auf dem verwendeten Laborserver dauert dieser Arbeitsschritt etwa dreißig Minuten.

Installer

Wenn alle Pakete erfolgreich kompiliert sind, kann daraus ein Installer für ONIE entstehen (vgl. Kap. 17). Auch hierfür spendieren die Entwickler ein Skript, welches aus allen Paketen eine fertige Installationsdatei backt.

```
opx-build/scripts/opx_run opx_rel_pkgasm.py --dist stable \
  -b opx-onie-installer/release_bp/OPX_dell_base_stretch.xml
```

Das Ergebnis ist eine Datei, die von ONIE für die manuelle (vgl. Kap. 2) oder automatische (vgl. Kap. 17) Neuinstallation des Betriebssystems akzeptiert wird.

Zusammenfassung

Der Quellcode von OpenSwitch ist frei zugänglich. Die Entwickler bieten ihn in mehreren GitHub-Repositories an, wobei jedes Repository ein eigenes Thema behandelt. Diese Aufteilung macht den Build-Prozess komplizierter als ein einfaches make. Um den Aufwand überschaubar zu halten, legen die Entwickler Skripte bei, die alle Arbeitsschritte durchführen: Quellen holen, Docker-Umgebung starten, Abhängigkeiten installieren und Dateien kompilieren. Das Ergebnis ist eine Installationsdatei, die einen Switch per ONIE zum OpenSwitch macht.

Literaturverzeichnis

[1] GitHub: *The OpenSwitch project.*
2019. `https://github.com/open-switch`

[2] The Linux Foundation: *OpenSwitch.*
2019. `https://www.openswitch.net/`

[3] Ian Moore, Smart Guide Pty Ltd: *phpVirtualBox.*
2019. `https://phpvirtualbox.github.io/`

[4] OpenSwitch: *Hardware Compatibility List.*
2019. `https://www.openswitch.net/hardware/`

[5] Elasticsearch: *Der Elastic Stack.* 2019.
`https://www.elastic.co/de/products`

[6] Telegram Messenger LLP: *Telegram Messenger.* 2019.
`https://telegram.org/`

[7] Rainer Gerhards: *Regular Expression Checker/Generator.* 2018.
`https://www.rsyslog.com/regex/`

[8] Ilya Etingof: *SNMP library for Python.*
2019. `http://snmplabs.com/pysnmp/`

[9] Jamie Cameron, et al.: *Webmin.* 2019. `http://webmin.com/`

[10] Cisco Systems: *TACACS+ Protocol Specification.*
1995. `ftp://ftp.zedz.net/pub/security/authentication/`
`tacacs/tac_plus/tac_plus.spec.v1.58.ps`

[11] Andrew Young: *tac_plus – TACACS+ server for network devices*. 2018. https://sourceforge.net/projects/tac-plus/

[12] Jeroen Nijhof: *TACACS+ client toolkit*. 2019. https://github.com/jeroennijhof/pam_tacplus

[13] Neil McKee, et al.: *Host sFlow*. 2019. https://sflow.net/

[14] Peter Haag: *nfdump*. 2018. https://github.com/phaag/nfdump

[15] Neil McKee, et al.: *sflowtool*. 2019. https://github.com/sflow/sflowtool/

[16] Vitalii Demianets: *mstpd: Multiple Spanning Tree Protocol Daemon*. 2018. https://github.com/mstpd/mstpd

[17] Kunihiro Ishiguro, et al.: *Quagga Routing Suite*. 2018. https://www.quagga.net

[18] ESnet: *iperf3*. 2018. http://software.es.net/iperf/

[19] Senthil Kumar Ganesan: *Ansible: CPS operations on networking device running Openswitch*. 2019. https://docs.ansible.com/ansible/2.7/modules/opx_cps_module.html

[20] Dell EMC: *Ansible Galaxy: OpenSwitch*. 2018. https://galaxy.ansible.com/open-switch

[21] Simon Tatham: *PuTTY: a free SSH and Telnet client*. 2019. http://www.chiark.greenend.org.uk/~sgtatham/putty/

[22] Martin Prikryl: *WinSCP*. 2019. https://winscp.net/de/

[23] Oliver Gorwits: *Netdisco*. 2019. http://netdisco.org/

[24] Icons8 LLC: *Icons by Icons8*. 2018. https://icons8.com/license/

Stichwortverzeichnis

Anhang A

Editor unter Linux

In verschiedenen Kapiteln geht die Bedienung über die regulären Kommandos hinaus und es wird Zugriff auf das unterliegende Linux benötigt. Dem stellt OpenSwitch keine Barrieren in den Weg und ermöglicht den Wechsel auf die Betriebssystem-Ebene mit einem

```
sudo bash
```

Ab diesem Punkt ist erhöhte Vorsicht geboten, denn nun halten die opx-Befehle nicht mehr die schützende Hand über Änderungen.

Dateien anzeigen

Den Inhalt einer Textdatei zeigt das more–Kommando seitenweise an. Zur nächsten Seite springt man mit der Leertaste, zur nächsten Zeile geht es mit der Enter-Taste.
Einen beispielhaften Blick in die Konfigurationsdatei der Kernelparameter erfolgt mit:

```
more /etc/sysctl.conf
```

Während des Blätterns innerhalb der Datei wechselt die Taste *v* in den Texteditor, falls Änderungen am Inhalt gewünscht sind. Mit *q* beendet more die Anzeige vorzeitig.

Dateien editieren

Keine Änderung ohne vorherige Sicherung! Bevor die Finger im Dateiinhalt wirken, sollte eine Kopie der Originaldatei angefertigt werden. Der Aufwand dafür ist minimal und hilft in der Not, wenn die Änderung zu fatalen Ergebnissen führt.

Das Kommando zum Kopieren von Dateien unter Linux ist cp mit Angabe von Quelldatei und Zieldatei. Eine Sicherungskopie der obigen Textdatei erstellt der folgende Befehl:

```
cp /etc/sysctl.conf /etc/sysctl.conf.orig
```

Die Angabe der Zieldatei lässt sich abkürzen, um Tipparbeit zu sparen.

```
cp /etc/sysctl.conf{,.orig}
```

Unter OpenSwitch stehen mehrere Editoren zur Verfügung, die sich in ihrer Bedienung unterscheiden. Für Anwender mit wenig Vorkenntnissen in Linux ist der nano–Editor leichter zu erlernen. Wer sich in Linux tiefer einarbeiten möchte, sollte einen Blick auf den vi–Editor werfen.

GNU nano

Der nano ist ein leichtgewichtiger Editor, der die grundlegenden Funktionen zum Bearbeiten von Dateiinhalten beherrscht. Beim Start erwartet das Kommando den Dateinamen, der sogleich im Editor-Fenster geöffnet wird.

```
nano /etc/sysctl.conf
```

Die Kopfzeile ist gefüllt mit dem Namen der geladenen Datei. Zur einfachen Bedienung zeigt nano seine Kommandos in der Fußzeile an. Das Kürzel ^X steht dabei für die Tastenkombination *Strg-X* und beendet den Editor. Zum Speichern einer Datei dient der Shortcut *Strg-O*.

Mehr Infos zu diesem Editor bietet die integrierte Hilfe unter *Strg-G* und die Webseite https://www.nano-editor.org/docs.php

Vi IMproved

Der vim-Texteditor ist eine Weiterentwicklung des älteren vi und verbessert Bedienkomfort und Funktionalität. Für einfache Änderungen in Textdateien ist er eigentlich überqualifiziert.

Der vi unterscheidet zwischen dem Normalmodus und dem Einfügemodus. Im Normalmodus werden Eingaben von der Tastatur als Kommandos interpretiert. Damit lassen sich Zeilen löschen, Wörter kopieren, Suchen-und-Ersetzen oder in der Datei navigieren. Mit der Taste i (für *insert*, engl. einfügen) wechselt der vi in den Einfügemodus. Tastatureingaben landen jetzt direkt im Text an der Stelle, die der Cursor markiert. Die *ESC*-Taste bringt den Editor wieder in den Normalmodus.

Die übliche Arbeitsweise mit dem vi besteht aus einem häufigen Wechsel des Modus. Der vi ist gewöhnungsbedürftig, aber mit Kenntnis der wichtigsten Befehle lassen sich Dateien sehr effizient bearbeiten.

Der Editor hört auf das Kommando vi und erwartet einen Dateinamen für die folgenden Änderungen:

```
vi /etc/sysctl.conf
```

Tabelle A.1 auf der nächsten Seite listet die wichtigsten vi-Kommandos auf. Viele Kommandos lassen sich durch Voranstellen einer Zahl mehrfach ausführen. Beispielsweise löscht der Befehl 5dd gleich fünf Zeilen auf einmal. Nach der Eingabe von 10x verschwinden die nächsten zehn Zeichen vom Bildschirm.

Wenn der vi mal wieder zu viel verändert oder gelöscht hat, macht das mehrmalige Drücken der Taste u solange Änderungen rückgängig, bis die Datei wieder die bekannte Form hat. Und wenn der Dateiinhalt hoffnungslos durcheinander ist, hilft nur das Beenden ohne zu Speichern mit :q!

Über den vi wurden vollständige Bücher verfasst, aber einen guten Einstieg bietet die Webseite des Entwicklers http://www.vim.org/

Alle Kapitel dieses Buchs wurden mit dem vi verfasst.

Befehl	Wirkung
:w	*write*. Datei speichern.
:q	*quit*. Editor beenden.
:q!	Editor beenden, ohne zu Speichern.
:wq	Datei speichern und Editor beenden.
i	*insert*. Fügt Text an der Position des Cursors ein.
I	Fügt den Text am Anfang der aktuellen Zeile ein.
a	*append*. Fügt Text an der Position nach dem Cursor ein.
A	Fügt den Text am Ende der aktuellen Zeile ein.
o	Fügt eine neue Zeile unterhalb der aktuellen Zeile ein.
O	Fügt eine neue Zeile oberhalb der aktuellen Zeile ein.
x	Löscht das Zeichen unter dem Cursor.
D	*delete*. Löscht ab der Position des Cursors den Rest der Zeile.
dd	Löscht die aktuelle Zeile.
yy	*yank*. Kopiert die aktuelle Zeile in den Puffer.
p	*paste*. Kopiert den Inhalt des Puffers in den Text.
u	*undo*. Macht die letzte Aktion rückgängig.

Tabelle A.1: Die wichtigsten Kurzkommandos des vim-Editors

Anhang B

Zusatzmaterial

Die abgedruckten Beispiele in den vorherigen Kapiteln enthalten stets nur einen Ausschnitt, der zum jeweiligen Thema passt. Die vollständige Konfiguration aller Geräte ist online verfügbar unter

`https://der-openswitch-praktiker.github.io`
`https://github.com/der-openswitch-praktiker`
und alternativ unter
`https://der-openswitch-praktiker.sourceforge.io`
`https://sourceforge.net/projects/der-openswitch-praktiker/`

Dort befindet sich zusätzliches Material, das den Umfang des Buchs gesprengt hätte.

- Konfiguration der Switches aus allen Kapiteln,

- Netzdiagramm der vollständigen Laborumgebung,

- Errata (Korrekturverzeichnis),

- Alle Skripte, die in den Kapiteln teilweise gekürzt abgedruckt sind oder nur erwähnt werden.